Georg Büchner

Werke und Briefe

LAMBERT SCHNEIDER

Am besten lesen. *Am besten lesen.* *Am besten lesen.*

Georg Büchner

Werke und Briefe

Herausgegeben von
Arnd Beise,
Tilman Fischer,
Gerald Funk

Illustriert von
Benjamin Kniebe

Am besten lesen. *Am besten lesen.* *Am besten lesen.*

Die Deutsche Nationalbibliothek verzeichnet diese Publikation in der Deutschen Nationalbibliografie; detaillierte bibliografische Daten sind im Internet über
http://dnb.d-nb.de abrufbar.

Der Lambert Schneider Verlag ist ein Imprint der WBG (Wissenschaftliche Buchgesellschaft), Darmstadt.

Die Herausgabe des Werkes wurde durch die Vereinsmitglieder der WBG ermöglicht.

Layout und Satz: schreiberVIS, Bickenbach
Einbandgestaltung: Peter Lohse, Heppenheim
Gedruckt auf säurefreiem und alterungsbeständigem Papier
Printed in Germany

Besuchen Sie uns im Internet: www.lambertschneider.de

Leinenausgabe: ISBN 978-3-650-25542-6
Lederausgabe: ISBN 978-3-650-25584-7

Elektronisch sind folgende Ausgaben erhältlich:
eBook (PDF): 978-3-650-73267-5
eBook (epub): 978-3-650-73268-2

INHALT

Einleitung

Am 25. Februar 1835 bewirtete der Frankfurter Feuilletonredakteur Karl Gutzkow in seiner Wohnung einige Gäste und las ihnen aus einem Manuskript vor, das er kurz zuvor erhalten hatte: *Danton's Tod* von Georg Büchner. Die Lesung erregte einhellige „Bewunderung vor dem Talent des jugendlichen Verfassers". In einem Artikel vom Juli 1835 nannte Gutzkow den Autor sogar ein „Genie".[1] Gleichsam aus dem Stand gelang dem 21-jährigen Gießener Studenten, der sich bis dahin – sieht man von den unbedeutenden poetischen Miszellen aus seiner Kindheit ab – nicht literarisch betätigt hatte, eines der herausragenden Geschichtsdramen, ja „eines der genialsten Werke" der deutschsprachigen Literatur überhaupt, wie 1875 der österreichische Schriftsteller Karl Emil Franzos schrieb.[2] Dem reihte sich mit *Lenz* das Fragment einer Erzählung an, mit dem „die moderne europäische Prosa" begonnen habe, so Arnold Zweig 1923;[3] ferner mit *Leonce und Lena* eine Komödie, die ein Literaturkritiker 1848 neben Grabbes *Scherz, Satire, Ironie und tiefere Bedeutung* das einzige deutsche Lustspiel von Rang nannte;[4] und schließlich mit *Woyzeck* das Fragment eines „sozialen Dramas", das in seiner Radikalität „einmalig", ja „fast ein Genre für sich" genannt wurde,[5] und mit dem laut Heiner Müller „eigentlich die moderne Dramatik" anfange.[6]

Diese vier Texte bildeten, so ein Germanist kürzlich, „das intellektuelle Zentrum des 19. Jahrhunderts", weil „die schweren Kränkungen, welche die revolutionären Geister des 19. Jahrhunderts der Menschheit nicht ersparen konnten" – gemeint ist „die Erkenntnis, daß der Mensch vom Tier abstammt (Darwin), daß die Ökonomie das Bewußtsein bestimmt (Marx) und daß das Ich vom Trieb regiert wird (Freud)" –, allesamt „in Büchners Werk vorgebildet" seien.[7]

Das heute nahezu einmütig und zu Recht gerühmte literarische Œuvre Büchners ist in nur knapp zweieinhalb Jahren entstanden: vom Sommer 1834 bis zum Winter 1836/37. Im gleichen Zeitraum setzte Büchner intensiv sein naturwissenschaftliches Studium fort, das er 1836 mit einer noch fast hundert Jahre in einschlägiger Fachliteratur zitierten Dissertation abschloss, übersetzte so gelungen wie keiner seiner Zeitgenossen zwei Dramen Victor Hugos, begann mit einer philosophiegeschichtlichen Vorlesung, deren Bedeutung noch zu entdecken ist, und startete eine hoffnungsvolle Karriere als Hochschuldozent für Vergleichende Anatomie, die durch den plötzlichen Tod des 23-Jährigen jedoch abgebrochen wurde.

Büchners literarisches Werk begann 1835 mit *Danton's Tod,* einer Art dramatischer Selbstreflexion eines revolutionär engagierten jungen Mannes. Dem vorausgegangen war mit dem *Hessischen Landboten* eine der radikalsten Flugschriften des 19. Jahrhunderts und die Erfahrung politischer Verfolgung. Schon als Schüler hatte Büchner, der am 17. Oktober 1813 als erstes Kind des wohlhabenden Arztes Ernst Büchner und seiner Frau Caroline geboren wurde, eine oppositionelle Haltung zu den Verhältnissen im Großherzogtum Hessen entwickelt. Als er von Herbst 1831 bis Sommer 1833 in Straßburg studierte, radikalisierten sich seine politischen Überzeugungen. Wahrscheinlich hatte Büchner Kontakt mit der Straßburger Sektion der „Société des amis du peuple" („Gesellschaft der Volksfreunde"), einer linksradikalen Vereinigung, in der sich Neojakobiner, Babouvisten (also Anhänger der Lehren von François Noël Babeuf) und Frühkommunisten zusammengefunden hatten. In Büchners Briefen habe sich, so der jüngere Bruder Ludwig später, „das Bild der damals in Folge der Julirevolution noch tief aufgeregten Zeit" gespiegelt.[8] Seinen Eltern kündigte Büchner im Frühjahr 1833 an, er „werde mit *Mund* und *Hand*" gegen die gegenwärtigen Zustände „kämpfen", in denen eine Minderheit die große Masse der Bevölkerung unterdrücke und ausbeute (172).

Mit diesem Vorsatz machte Büchner Ernst, als er ab dem Wintersemester 1833/34 sein Studium an der großherzoglich-hessischen Landesuniversität in Gießen fortsetzte. Er warf sich „mit aller Gewalt in die Philosophie" und studierte außerdem „die Geschichte der Revolution" (177). Büchner hatte den Schulrektor und Pfarrer Friedrich Ludwig Weidig und andere hessische Revolutionäre kennen gelernt und versuchte, durch das Studium der Geschichte der Französischen Revolution die Probleme der revolutionären Bewegungen im Europa und Deutschland der 1830er Jahre zu verstehen.

Er schäme sich, schrieb Büchner damals, „ein Knecht mit Knechten" zu sein und war davon überzeugt, dass „die politischen Verhältnisse" nicht nur ihn „krank" machten (182). Mit dem Theologiestudenten August Becker gründete er in Gießen einen politischen Geheimbund, dem einige seiner Darmstädter Schulkameraden beitraten, aber auch Handwerker und ehemalige Teilnehmer am Frankfurter Wachensturm vom 3. April 1833.

Während Weidig mit einer Flugschriften-Serie unter dem Titel *Leuchter und Beleuchter für Hessen oder der Hessen Nothwehr,* die zwischen Januar und Oktober 1834 erschien, die „gebildeten Stände" der Opposition („die Schwachen") mit politischen Reflexionen und Nachrichten zu gewinnen suchte, sollte Büchner ein Flugblatt entwerfen, das „die niederen Volksklassen", die man als entscheidende Kraft der Revolution gewinnen wollte, zu agitieren in der Lage war.[9] Büchners Zielsetzung war dabei klar: Umverteilung von Reichtum und Steuerlast, Erkämpfung der Republik, allgemeines Wahlrecht. Sein Flugschriftenentwurf war Weidig dann allerdings einerseits zu radikal, weil er gegen alle, auch die politisch liberal gesinnten „Reichen", polemisierte, andererseits schien der Text für Weidigs Geschmack noch nicht politisch genug, da er zu wenig auf die „constitutionelle" Wirklichkeit Hessens bezogen war. Weidig überarbeitete daher den Text, damit er die „vortrefflichen Dienste" tun könne, die man von ihm erhoffte.[10]

Bei einer zentralen Versammlung der hessen-darmstädtischen und kurhessischen Demokraten im Juli 1834 auf der Badenburg bei Gießen propagierte Weidig sein doppelgleisiges Vorgehen und holte sich das Plazet für die von ihm überarbeitete Flugschrift, die den Namen *Der Hessische Landbote* erhielt und dem Expressionisten Klabund als „das flammendste deutsche revolutionäre Manifest überhaupt" galt.[11] Für die staatlichen Behörden stand auch sofort fest, dass der *Landbote* alle anderen „Flugschriften" der außerparlamentarischen Opposition „an Bösartigkeit weit hinter sich" ließ und daher die „bei weitem gefährlichste und strafbarste" war, denn sie forderte „zum Umsturz des Bestehenden" auf, und das nicht etwa verklausuliert, sondern „gemeinverständlich".[12] Der Marburger Liberaldemokrat Leopold Eichelberg bestätigte die „gute Wirkung, die der Landbote unter den kurhessischen Bauern" gehabt habe; auch Weidig berichtete von Bauern, „auf welche der Landbote einen ungewöhnlichen Eindruck gemacht" hätte.[13]

Besonders eindrücklich wird der Text, wenn das politisch-argumentative ‚Skelett' mit ‚literarischem Fleisch' umgeben wird. Für die dabei benutzte äußerst konkrete Metaphorik ist der *Landbote* vor allem berühmt. Büchner griff dafür auch auf literarische Prätexte zurück, etwa auf eine metaphernreiche Rede zur Aufwiegelung des Volkes aus Jean Pauls Roman *Hesperus* (1794). Neben literarischen Mitteln im engeren Sinn stützen sich Büchner und Weidig im *Landboten* vor allem auf die Rhetorik der Bibel und brachten neben Anspielungen auch Zitate aus dem Alten und Neuen Testament. Viele von diesen Stellen steuerte Weidig bei. Bei Hörern und Lesern aus den armen Schichten, für die christliche Erbauungsliteratur und die Bibel lange die einzige Literaturerfahrung waren, verlieh dies den Argumenten der beiden Autoren besondere Legitimität.

Während der Drucklegung des *Landboten* wurden die Demokraten um Weidig durch einen Verräter aus den eigenen Reihen denunziert. Seit August 1834 hoben die Behörden die illegale hessische Opposition aus, allerdings ließen sie sich Zeit, so dass sich viele der Verschworenen nicht in Gefahr wähnten. So auch Büchner, dem – obwohl schon länger im Visier der Behörden – erst Anfang 1835 eine Verhaftung drohte, der er sich aber rechtzeitig durch die Flucht nach Straßburg entziehen konnte.

Unterdessen hatte er sich in Darmstadt auf seine geplante Dissertation vorbereitet, abermals die Geschichte der Französischen Revolution studiert und sich erneut in die Philosophie gestürzt, wie wir aus den Ausleihlisten der Darmstädter Bibliothek schließen können. Anders als zu Beginn des Jahres 1834 aber versank Büchner dabei nicht in Schwermut, sondern wurde in unerwarteter Weise produktiv: Aus dem Leser entwickelte sich ein Autor.

Die gelegentlich geäußerte These, dass Büchner aus Enttäuschung über das Scheitern seines aktiven politisch-revolutionären Engagements zum Literaten wurde, stützt sich auf Aussagen wie die seines Freundes August Becker, Büchner habe „alle seine politischen Hoffnungen in Bezug auf ein Anderswerden" der Verhältnisse aufgegeben.[14] Demnach gestaltete er dichterisch „das Sterben der gesamten Revolution", und zwar nicht nur als Selbsttherapie, sondern objektiviert als „Ausdruck einer ganzen gescheiterten Revolution".[15] Diese Annahme vertauscht aber Ursache und Wirkung. Vielmehr diente Büchner die literarische Bearbeitung einer bestimmten Phase der Französischen Revolution als Medium der Reflexion über die revolutionäre Praxis seiner Gegenwart, die ihn einer schon früher gehegten Meinung versicherte, nämlich dass „im gegenwärtigen Zeitpunkt jede revolutionäre Bewegung als eine vergebliche Unternehmung“ zu betrachten sei (172); nach Abschluss der Arbeit an *Danton's Tod* und mit den Erfahrungen aus der *Landboten*-Zeit war er nunmehr „vollkommen überzeugt, daß Nichts zu thun ist, und daß Jeder, der *im Augenblicke* sich aufopfert, seine Haut wie ein Narr zu Markte trägt“: „Hoffen wir auf die Zeit!“ (196)

Hauptproblem der revolutionären Bewegung war ihre Uneinigkeit, die Büchner schon bei dem erwähnten Treffen auf der Badenburg aufgefallen war. „Die ganze Revolution hat sich schon in Liberale und Absolutisten geteilt“ (196), schrieb Büchner; weder die einen noch die anderen nutzten den am meisten Unterdrückten und sollten daher samt der von ihnen gemachten Revolution „von der ungebildeten und armen Klasse aufgefressen werden“ (196). In dieser Einsicht war auch Selbstkritik enthalten; vor allem war diese Einsicht eine Folge der erneuten Beschäftigung mit der Geschichte der Französischen Revolution, genauer gesagt mit den Auseinandersetzungen zwischen den „Häupter[n] der Revolutionspartei“[16] von 1794, die dann in *Danton's Tod* ihren Niederschlag fand. Für die revolutionären Demokraten von 1835 war die Gegenwart noch immer Teil eines Prozesses, der 1789 begonnen hatte. In der Frühphase der Revolution schienen alle Debatten der Gegenwart präfiguriert; durch ihr Studium konnte man daher versuchen zu verstehen, wie die damals gescheiterte Lösung der „sozialen Frage“ vielleicht doch noch gelingen könnte. „Die sociale Revolution ist noch nicht fertig“, stellt Robespierre in Büchners Drama fest, und „wer eine Revolution zur Hälfte vollendet, gräbt sich selbst sein Grab“ (45). Demgegenüber befürchten die Dantonisten, dass eine Fortsetzung der revolutionären „Streiche“ (37) der „Republik“ nicht mehr „nützlich“ (46), sondern kontraproduktiv sei, und fordern daher: „Die Revolution muß aufhören“ und „in das Stadium der Reorganisation“ eintreten (33). Beide Positionen sind Versuche, die Frage zu beantworten, wie sich die materiellen Interessen der einfachen Leute mit denen der Republik vereinbaren lassen. Daher entwickelte sich gerade nach der Julirevolution 1830, welche die genannte Frage wieder auf die politische Tagesordnung setzte, ein neues Interesse an der Begründung der sogenannten ‚Terreur‘, also dem revolutionären Programm von 1793/94.

Danton's Tod folgt den konsultierten Quellen bis in Einzelheiten hinein. Nicht immer wurden die übernommenen Elemente miteinander verschmolzen; bisweilen blieben sie hart aneinander montiert. Was heute ‚modern‘ wirkt, hielten manche Zeitgenossen indes für eine von „Zerrissenheit“ geprägte Szenenfolge.[17] Indem aber aus kontroversen Überlieferungen stammende Elemente von Büchner nicht integriert oder einer Perspektive angepasst wurden, bleiben Situationen oder sogar Charaktere vieldeutig, was in der Rezeptionsgeschichte zu den unterschiedlichsten, mitunter diametral entgegengesetzten Interpretationen führte. Tatsächlich ist der Polyperspektivismus in dem Stück so stark, dass keine der sozialen und politischen Gruppierungen bevorzugt wird.

Neben den historischen und politischen Themen flossen in *Danton's Tod* aber auch die philosophischen Interessen des jungen Autors ein. Die Fragen nach der Bedeutung des Todes und nach der Existenz Gottes, die die Gefangenen im III. und IV. Akt erörtern, gehen über die politische Thematik hinaus. Ein antisystematischer Impuls ließ Büchner dabei das „Gefühl" (63) und das „Schreien" (173) des Einzelnen gegen die totalitären Systeme Gottes oder der Vernunft verteidigen. Nichts sei „dummer als die Lippen zusammenpressen, wenn einem was weh thut", lässt er Hérault-Séchelles im letzten Akt von *Danton's Tod* sagen (83). Lessing hatte 1766 das „Schreien" als „natürlichen Ausdruck des körperlichen Schmerzes" verteidigt, der auch edlen „Seelen" anstünde, während alle „Schmerzen verbeißen" der Ausdruck eines barbarischen „Heroismus" oder des militärischen Drills oder auch eines überzivilisierten „Anstands" sei. Man müsse schreien, „um der leidenden Natur ihr Recht zu geben". Dies sei Voraussetzung für „wahre" Menschlichkeit, die durch das „Mitleiden" definiert werde.[18]

Büchner stand in der Tradition der von Lessing begründeten Mitleidspoetik und lehnte eine Kunst ab, die den Kult der Kälte betrieb. Als Beispiel dafür steht in *Danton's Tod* der jakobinische Maler Jacques-Louis David. Während David angeblich von dem Leid der von ihm gezeichneten Personen unberührt geblieben sei und mit seiner Kunst auch keine Empathie hervorrufen möchte, strebte Büchner nach einer Kunst, die, vom Mitleid für die Leidenden getragen, auch ebensolches beim Publikum hervorruft. Zu Büchners Zeit wurde damit in der Malerei der Wechsel vom „kalten" Klassizismus zur romantischen Malerei vollzogen und zwar als synästhetische Erweiterung. Während David nur schaut, müsse der wirkliche Künstler „sehen" und zugleich – zum Beispiel auf das Schreien der Einzelnen – „hören" (53). Das Auge als der kalte Sinn des Verstands wird so ergänzt durch das Ohr als Sinn des Gefühls und des direkten Zugangs zur Seele. In *Danton's Tod* heißt es daher wie im *Lenz*, es käme alles auf das „Leben" in der Kunst an, nur müsse der Künstler „Aug und Ohren dafür haben" (94). Wer aber Augen und Ohren hat für eine Wirklichkeit, die „sich jeden Augenblick neu gebiert" (53), kann diese nicht mehr einfach irgendwelchen „Grundsätzen" (58, 60), die allenfalls noch für das eigene Leben gelten (173: „Ich werde [...] immer meinen Grundsätzen gemäß handeln"), unterwerfen wollen, sondern muss die Grundsätze, der mannigfaltigen Realität gemäß, beständig modifizieren.

Mit dieser Einstellung lässt sich schlecht Propaganda machen. Und in der Tat betrachtete Büchner literarische Werke zu keinem Zeitpunkt als Vehikel des „Ideenschmuggels", wie z. B. sein Entdecker Gutzkow.[19] Vielmehr handelt es sich bei Büchners Texten sozusagen um Ergebnisse sozialpsychologischer Einzelfallstudien. Bei Spinoza hatte der Student lernen können, „daß die Menschen wohl ihrer Handlungen bewusst, aber in Unwissenheit über die Ursachen sind, die sie zum Handeln bestimmen".[20] Was das im Einzelnen heißen mochte, hat Büchner in seinen literarischen Texten untersucht, und zwar sowohl auf dramatische wie erzählerische Weise, sowohl in tragischer wie in komischer Manier. Für diese Untersuchungen war die Anomalie aufschlussreicher als der Normalfall, so dass ihn, was die Themen der Dichtung angeht, die „Nachtseite unseres irdischen Seyns"[21] mehr interessierte als die vermeintlich aufgeklärte „Helle des Tages" (38). Nicht zufällig lautet eine seiner zentralen Fragen: „Was ist das, was in uns hurt, lügt, stiehlt und mordet?" (57)

Um Licht in den „Abgrund“ (153) der menschlichen Psyche zu bringen – und darum scheint es in seinen literarischen Texten primär zu gehen –, musste Büchner sich einer quasi wissenschaftlichen Vorgehensweise bedienen. Auch literarische Arbeit war ihm Forschung, Zergliederung, Sektion der Wirklichkeit. Karl Gutzkow vermutete einmal, die analytische „Force“ von Büchners literarischen Texten verdanke sich seiner medizinischen Ausbildung, weil so etwas wie „Autopsie“ aus „allem“ spreche, was er schreibe.[22] Gutzkows Eindruck ergab sich aus dem realistischen Gestus von Büchners Poetik, den der Autor selbst so umschrieb: „Der Dichter ist kein Lehrer der Moral“; vielmehr habe er die „Welt“ so zu „zeigen wie sie ist“, nicht „wie sie sein solle“. Die „Leute mögen dann daraus lernen, so gut, wie aus [...] der Beobachtung dessen, was im menschlichen Leben um sie herum vorgeht.“ Idealisierende Dichtung sei ihm ein Gräuel, weil ihm darin keine „Menschen von Fleisch und Blut“ begegneten, sondern „fast nichts als Marionetten“, welche ihn nicht „mitempfinden“ machten (193).

Diese ästhetischen Grundsätze sprechen auch aus den sogenannten Kunstgesprächen in *Danton's Tod* und *Lenz*. Camille Desmoulins wie Lenz beklagen sich über idealisierte „Holzpuppen“ an Stelle wirklicher Charaktere in der Dichtung der Klassizisten; dieser „Idealismus“ aber sei „die schmählichste Verachtung der menschlichen Natur“. Stattdessen solle man sich „in das Leben des Geringsten“ versenken; „es darf einem keiner zu gering, keiner zu häßlich seyn, erst dann“ könne man die Menschheit „verstehen.“ Noch „die prosaischsten Menschen unter der Sonne“ seien interessanter als die „idealistischen Gestalten“ der Autoren, „welche die Wirklichkeit verklären“ statt wiedergeben wollten (94 f.).

Büchner schienen zwar die meisten Menschen seiner Zeit nur Marionetten oder Automaten zu sein, doch wenn die literarischen Werke auch noch mit künstlich „zusammengeschraubt[en]“[23] Idealmaschinen bevölkert werden, dann potenziert man nur die menschliche Entfremdung, erklärt sie aber nicht. Mit Sicherheit aber gelangt man so nicht zum Kern dessen, was interessiert. Für den Schriftsteller Büchner war das die Frage nach dem, was uns bestimmt und uns so und nicht anders handeln macht: „Ich oder es?“ könnte man mit Danton fragen (55).

Um dem auf die Spur zu kommen, muss ein Autor sich an die „Wirklichkeit“ (53, 94) halten, d. h. an beglaubigte Figuren und Vorgänge. Büchners „Phantasie“, mit der er seine „poetischen Produkte“ schuf (211), ist durchgehend dokumentengeleitet. Der Forderung seines Lenz, sich in das Leben der Menschen hineinzuversetzen, kam Büchner nach. Er versenkte sich in die überlieferten Dokumente zu Danton, Lenz oder Woyzeck, um die „Triebfedern des menschlichen Herzens“, die wahren „Motive“ ihres Handelns zu entdecken.[24] Der Vorgang ist im Fall des Lustspiels *Leonce und Lena* der gleiche, nur dass die befragten Dokumente ihrerseits schon überwiegend literarische Texte im engeren Sinn waren. Auch sie las Büchner in Hinblick auf den „Mechanismus“ (131) der menschlichen Existenz. Dabei bediente er sich einer Methode von Descartes, den er ebenfalls studiert hatte: Wer sich die Aufgabe stelle, Gewissheit zu finden, „der muß offenbar in demselben Augenblick eine Person spielen, die überall noch nichts Gewisses weiß“.[25] Das gespielte Nichtwissen also wird zum heuristischen Prinzip. Es soll vermeiden, dass die Untersuchung der natürlichen wie der „menschliche[n] Dinge“ (177) durch a priori gesetzte „Zwecke“ ad absurdum geführt wird.[26]

Büchners Umgang mit den Dokumenten folgte dabei stets einem ähnlichen Muster, gleichgültig ob er eine agitatorische Flugschrift entwarf oder ein sozialkritisches Drama. Auf einer ersten Stufe notierte er sich ein argumentatives Gerüst oder ein Handlungsskelett, das an einer Strukturquelle orientiert war. Dies konnte eine Finanzstatistik, ein historiografisches Werk, ein halböffentlicher Rechtfertigungsbericht, eine Komödie, eine philosophiegeschichtliche Darstellung oder eine kriminalistische Fallbeschreibung sein. Auf späteren Bearbeitungsstufen wurde die ursprüngliche Skizze dann durch Informationen aus weiteren Quellen angereichert, mitunter neu geordnet und Unbrauchbares aus ihr ausgeschieden. In ästhetischer Hinsicht vermochte sich Büchner so von der Erwartung eines abgerundeten Kunstwerks frei zu machen, indem er an vorklassische Muster anknüpfte, also vor allem an die Sturm-und-Drang-Ästhetik von Goethe oder Lenz sowie an Shakespeare, in dessen Tradition er sich ausdrücklich sah. In sprachlicher und thematischer Hinsicht hatte sich Büchner die wesentlichen Anregungen aber aus der romantischen Literatur geholt, namentlich bei Jean Paul und Tieck, Hoffmann, Brentano, Eichendorff und Heine.

Büchners Texte überschreiten permanent die Grenzen der damals herrschenden Ordnung, sei es auf politischem, moralischem oder ästhetischem Gebiet. Dies erfordert in weit höherem Maß als konventionellere Texte eine Mitarbeit der Leser im Akt der Rezeption. Büchners Texte sind „offene“ Kunstwerke im Sinne des Semiotikers, weil sie bei dem Balanceakt zwischen dem notwendigen Anknüpfen an Bekanntes und der experimentellen Suche nach dem Unbekannten mehr zu Letzterem tendieren und daher „für immer neue Reaktionen und Interpretationen offen“ bleiben.[27] Dies macht Büchners Werke bis heute zu gern herangezogenen Vorbildern einer avantgardistischen Moderne. Sie sind keinem einheitlichen Stilprinzip untergeordnet, das Werkganze ist heterogen, die Werke selbst sind durch Montagen gekennzeichnet. Montiert werden vorgefundene Elemente; bei Büchner kann man mitunter fast schon von einem Zitatismus sprechen, der die Kohärenz der Texte zu sprengen droht.

Im Fall des Erzählfragments *Lenz* ist es vor allem der Bericht des Pfarrers Johann Friedrich Oberlin über den Aufenthalt des Dichters Jacob Michael Reinhold Lenz in Waldersbach im Januar und Februar 1778, den Büchner in einem ersten Anlauf zu einer geplanten „Novelle“[28] zitierte. Büchner wollte vermutlich einen Gegenentwurf zu dem Lenz-Bild liefern, das Goethe in *Dichtung und Wahrheit* (1814) entworfen hatte. Lenz wurde von Goethe als „talentvoller“ Schelm mit einem „entschiedenen Hang“ zur „Selbstquälerei“ geschildert, der sein Leben an „Originalspäße“ verschwende. Letztlich habe er nie begriffen, dass „die Absurditäten der Clowns“ wohl der „Jugend“ anstünden, diese Phase aber irgendwann auch einmal „abgeschlossen sein sollte“. Goethe stellte Lenz als reales und ebenso zeitgebundenes Pendant zu seinem Werther dar, der „sich durch Speculation“ selbst untergraben habe.[29]

Büchner schien nach Lektüre verschiedener Berichte über Lenz zu einer anderen Diagnose zu kommen. „Lenzens Verrückung"[30] schien ihm keine moralische, sondern eine somatische Erkrankung zu sein. Büchners Erzählung lässt sich als literarische Rekonstruktion eines Falls von – wie es damals hieß – „religiöser Melancholie" lesen.[31] Den Ursachen der Erkrankung maß Büchner allerdings kaum Bedeutung bei, sondern interessierte sich nur für deren Verlauf und das subjektive Leidempfinden. Das Neuartige an der Bewertung der in ihren Symptomen seit Jahrhunderten bekannten Krankheit war um 1800, dass sie von einem Teil der Ärzteschaft nicht mehr auf moralische Verfehlungen zurückgeführt, sondern als körperliche Krankheit behandelt wurde. Noch zu Büchners Zeit war die Kontroverse zwischen ‚Psychikern', die unter Hinweis auf die menschliche Willensfreiheit und die christliche Ethik psychische Störungen als selbstverschuldet ansahen, und ‚Somatikern', die sich die Einmischung von Nichtmedizinern in die Therapie verbaten, nicht entschieden. Die Sorge somatisch orientierter Ärzte war, dass manche ‚wohlwollende' Behandlung des Kranken diesen noch stärker in seinen religiösen Wahn treibe, statt ihn zu befreien. Büchner führt dies in seiner Erzählung am Beispiel Oberlins vor. Seine tröstend gemeinten Worte nach der Rückkehr von einer kurzen Reise werden in der Erzählung zum Auslöser der „heftige[n] Unruhe" eines eben noch „heiter[en]" Lenz (100).

In einem zweiten Anlauf versuchte Büchner das in Oberlins Bericht geschilderte Geschehen in der Art eines psychiatrischen Berichts zu objektivieren; in einem letzten Anlauf machte er sich an eine personale Erzählung aus der Erlebnisperspektive des kranken Dichters, von der er nur den Anfang und den Schluss ausformulierte, bevor er die Arbeit an der Erzählung aufgab. Dass Büchner seine Erzählung in der letzten Arbeitsphase perspektivisch subjektivierte, war das bewusste Gegenprogramm zu einem Erzählen „mehr in Resultaten als schildernd",[32] das Goethe erklärtermaßen für sein Lenz-Porträt verwandte. Es war auch der Versuch einer Umsetzung des innerhalb der Erzählung entwickelten Programms: ein sich Versenken in das Leben eines andern, sei er noch so gering oder krank.

Karl Gutzkow, der 1839 den ersten Druck des *Lenz* veranlasste, montierte darin die überlieferten Manuskripte der drei unterschiedlichen Arbeitsphasen zu einem Text: Nach dem Anfang aus der dritten Phase (bis zum Atheismus-Erlebnis) setzte er Text aus der ersten (Oberlins Rückkehr aus der Schweiz bis zu Lenz' zweitem Sprung aus dem Fenster), in den er Passagen aus der zweiten Phase (Beschreibung des trostlosen Zustands bis zu den Autotherapieversuchen mittels selbst zugefügtem Schmerz) einbettete; am Ende folgte noch die Schlusspassage aus der letzten Bearbeitungsphase, die den Abtransport von Lenz schildert. Auch in den zuletzt geschriebenen Passagen stehen noch in Kurzform notierte, aber nicht ausgeführte Ideen Büchners: „Wie Oberlin ihm erzählte, wie ihn eine unaufhaltsame Hand auf der Brücke gehalten hätte" (92) usw. Die nicht künstlerisch gewollte, sondern durch den Entwurfscharakter bedingte Fragmentarität der Erzählung wirkte seit dem Ende des 19. Jahrhunderts so ‚zeitgemäß', dass Büchners Bruchstücke eines „Aufsatzes" zu einer Ikone der modernen Literatur wurden, in der sich angeblich die fragmentierte Wahrnehmung des modernen Subjekts in der Form spiegele. Tatsächlich kann dieser Eindruck zustande kommen, da der Leser, eingestimmt durch den innovativen, die Grenzen zwischen Innen- und Außenwelt durchlässig machenden Beginn, das anders erzählte Folgende, auch wenn es sich um eine Arbeitsnotiz oder Skizze handelt, als krisenhafte Verschärfung der anomalen Befindlichkeit von Lenz lesen könnte.

Nachdem Büchner sich im Winter und Frühling 1836 auf den Abschluss seiner Dissertation über das Nervensystem der Flussbarbe konzentriert hatte, kehrte er im Sommer zu literarischen Arbeiten zurück, nicht zuletzt, um damit auch Geld zu verdienen. Vermutlich wollte er seine Eltern nach Ende des verabredeten „Studienplan[s]" (189) im Frühjahr 1836 nicht mehr um Unterstützung bitten: „wenn ich meinen Doctor bezahlt habe, so bleibt mir kein Heller mehr [...]. Ich muß eine Zeitlang vom lieben Kredit leben und sehen, wie ich mir in den nächsten 6-8 Wochen Rock und Hosen aus meinen großen weißen Papierbogen, die ich vollschmiren soll, schneiden werde" (203). Gemeint war damit der Plan zu zwei Dramen, eine Gattung, die ihm nach eigener Einschätzung mehr lag als die erzählende Prosa.

Leonce und Lena wurde als komisches Gegenstück zu *Danton's Tod* wie auch zu *Woyzeck* bezeichnet. Wie die Titelfigur des Geschichtsdramas leidet der Prinz der Komödie an Lebensüberdruss, wie die Figuren in der Proletariertragödie scheinen die meisten Lustspielfiguren nicht Herr ihrer Handlungen zu sein. In der mitunter absurd anmutenden Komödie finden zwei vom ‚ennui' (‚Weltschmerz') der 1830er Jahre angekränkelte Jugendliche doch noch ihr Glück. Bei ihrer Flucht vor dem sinnlosen Leben der „moderne[n] Gesellschaft" (205) und einer drohenden Zwangsverheiratung treffen sich beide, Leonce und Lena, in einem Wirtshausgarten. Zwischen ihnen ereignet sich das Wunder der Liebe, an das der Prinz schon nicht mehr geglaubt hat. Sie erkennen sich gegenseitig in ihrer gespiegelten Melancholie, die eben dadurch verfliegt. Anderntags wollen sie heiraten, noch ohne dass sie ihre jeweilige Abkunft kennen. Valerio führt sie verkleidet als Automaten an den Hof von Popo, wo sie „in effigie" (131) für das scheinbar abhanden gekommene Thronfolgerpaar getraut werden – „Zufall" oder „Vorsehung" (132)?

Gerührt tritt König Peter die Regierung an seinen Sohn ab. König Leonce und Königin Lena stehen vor der Frage, ob sie so weiter machen sollen wie bisher (132: „morgen fangen wir [...] den Spaß noch einmal von vorn an"). Doch Lena „schüttelt den Kopf" (133). Daraufhin beschließen sie, die Hölle des Immergleichen in ein „Paradies" (132) zu verwandeln, wo es angenehm warm ist, kein Zeitdruck herrscht und niemand mehr arbeiten muss. Diese Schlussutopie irritierte viele Leser, weil sie offenkundig unrealistisch ist. Nun sollten Komödien nach Meinung avancierter Autoren des Vormärz aber keine „Paketpost für Moral"[33] oder gar Abbilder der Wirklichkeit sein, sondern deren „lustige" Gegenbilder, ihr Zweck nicht „Naturtreue", sondern „das Komische selbst".[34] In Büchners Komödie wird das unrealistische Element sogar besonders betont (z. B. wenn die Diener vom Schloss aus über die Grenzen des Landes hinaus Ausschau halten können). Die eminente Bedeutung, die das „Wortspiel" in diesem Lustspiel hat – die heimliche Hauptfigur Valerio wird sogar explizit als solches bezeichnet (117) –, macht klar, dass es sich um ein Spiel mit Worten handelt, bei dem es nicht um realistische Schilderung der Welt geht –

allen satirischen Spitzen gegen das aristokratische Hofleben und -zeremoniell eines deutschen Kleinstaates zum Trotz. Büchner plünderte dazu die Literaturgeschichte in kongenialer Weise, um eine Komödie aus Zitaten und Anspielungen zu bauen.

Der im Lustspiel forcierte Zitatismus ist ein widerständiges ästhetisches Prinzip. Einerseits wird den Phrasen nachgegangen, „bis zu dem Punkt wo sie verkörpert werden" (67), wie es in *Danton's Tod* gefordert wird; andererseits macht gerade die Wiederholung das Muster bewusst und bietet die Chance, den Kreislauf des Immergleichen aufzubrechen. Es erlaubte Büchner außerdem, unter dem Schutz der (Selbst-)Ironie auch von Glückserfahrungen zu sprechen, die literarisch sonst eher selten sind.

Parallel zur Arbeit an *Leonce und Lena* begann Büchner 1836 auch ein Trauerspiel über einen Mörder aus Eifersucht, von dem unterschiedliche Entwurfsmanuskripte überliefert sind (H1 – H4). Diese Handschriften allein hätten ausgereicht, seinem Autor einen Platz in der Weltliteratur zu sichern und bilden die Grundlage für das heute weltweit meistgepielte deutschsprachige Drama. Büchner skizzierte zunächst 21 Szenen (H1), in denen gezeigt wird, wie sich der Soldat Louis in einen Mordplan hineinsteigert, weil seine Gefährtin Margreth ihn mit einem Unterofficier betrogen hat. Die letzten sechs Szenen zeigen, was ein einfacher Mann tut, nachdem er einen anderen Menschen umgebracht hat; Büchner lehnte sich hier an die Beschreibung des Mordfalls Schneider in Darmstadt 1816 an. Noch in Straßburg begann Büchner eine zweite Fassung des Dramas (H2), bei der nicht die Eifersucht, sondern die Frage nach der Zurechnungsfähigkeit des Mörders im Zentrum stand. Hier orientierte sich Büchner am Mordfall Woyzeck in Leipzig 1821. Franz Woyzeck neigt bei Büchner schon vor dem Beziehungsunglück zu Wahnvorstellungen, die sich verstärken, nachdem ihn seine Geliebte Louise mit einem Tambourmajor betrogen hat. Die Wahnvorstellungen motivierte Büchner, indem er ein blindes Motiv aus dem ersten Entwurf in dem zweiten Entwurf der Hauptperson zuordnete: Franz verdingt sich als Versuchsperson für ernährungswissenschaftliche Experimente. Diese Skizze bricht mit der neunten Szene ab.

Erst in Zürich, wohin er im Oktober 1836 übersiedelte, setzte sich Büchner erneut an das Stück, notierte zwei einzelne Szenen auf einem Extrablatt (H3) und begann eine dritte durchgehende Handschrift (H4), in der er den ersten und zweiten Entwurf zu integrieren trachtete. Vor allem präzisierte er die soziale Situierung der Dramenhandlung. Im ersten Entwurf (H1) war das gesellschaftliche Bedingungsgefüge der Handlung noch nahezu ausgeblendet. Im zweiten Entwurf (H2) seufzt Louise zwar einmal: „Ach wir armen Leute" (147), doch wurde das Motiv noch nicht so produktiv gemacht wie im dritten Anlauf (H4). Erst jetzt wird klar, dass Woyzeck seinen Körper für die Ernährungsexperimente verkauft, weil er seine „Löhnung" (158) bzw. das „Geld für die menage" (162) zum Unterhalt für Frau und Kind braucht (in H2 sparte er seinen Zusatzverdienst noch, um sich ein Ausgeh-Vergnügen leisten zu können). Auch wird erst in H4 deutlich, dass es nicht nur die sexuelle Attraktivität des Tambourmajors ist, die Woyzecks Lebensgefährtin fremdgehen lässt, sondern auch die soziale Stellung des Liebhabers, die es ihm erlaubt, Marie Schmuck zu schenken.

Woyzecks Mordtat ist in den verschiedenen Entwürfen unterschiedlich motiviert. Im ersten Entwurf war es vor allem die Strafe für Untreue, die Louis an Margreth vollzog; im zweiten Entwurf sollte der Mord wohl vor allem als eine Folge der geistigen Verwirrung Woyzecks erscheinen; im dritten Anlauf sollte beides noch mit der pervertierten Reaktion eines Deklassierten verbunden werden: Als Woyzeck bei der Prügelei mit dem Nebenbuhler unterliegt, richtet sich seine hilflose Aggression gegen Marie. Gemeinsam mit der geistig-psychischen „aberratio" (161) verbindet sich dies zu einem tödlichen Gemisch. Entscheidend dabei ist, dass Woyzeck nicht im Affekt handelt. Er findet das Messer nicht, sondern kauft die Tatwaffe mit dem Vorsatz, Marie zu töten. Und ebenso kalt macht er sein Testament, so dass sein Kamerad „ganz starr" vor Schrecken ist (166). Dann bricht auch diese Fassung ab.

Obwohl Woyzeck nicht im Affekt handelt, ist klar, dass er nicht verantwortlich ist für seine Tat. Damit verschärfte Büchner sogar noch die Argumentation der intensiv geführten Debatte, die sich während der 1820er und 1830er Jahre nach der Hinrichtung seines historischen Vorbildes, des Leipziger Mörders Johann Christian Woyzeck, über die strafmildernde Möglichkeit einer partiellen Unzurechnungsfähigkeit entzündet hatte. Der Leipziger Psychiater Johann Christian August Clarus hatte als Gutachter zwei Mal den Delinquenten als zurechnungsfähig auch zum Tatzeitpunkt beurteilt. Daraufhin wurde Woyzeck verurteilt (11. Okt. 1821) und hingerichtet (27. Aug. 1824). Liberale Psychiater griffen Clarus und die gerichtsmedizinischen Grundsätze, nach denen er geurteilt hatte, jedoch heftig an, weil bekannt geworden war, dass Woyzeck im Sommer 1821 häufig „an Verstandesirrungen"[35] litt, wofür akustische Halluzinationen und Verfolgungswahn Symptome waren. Während konservative Publizisten Woyzeck wegen seiner Trunksucht dafür selbst die Schuld gaben und den Täter auch dann, wenn er zum Tatzeitpunkt unzurechnungsfähig gewesen sein sollte, wegen seines früheren sündhaften Verhaltens für straffähig hielten (da er sich so schuldhaft in einen unfreien Zustand gebracht habe), nahmen liberale Psychiater an, dass eine Einschränkung der Schuld- und Straffähigkeit auch dann gegeben war, wenn „die irrige Vorstellung" den Patienten nicht „ausschliessend" beherrscht habe, sondern nur teilweise; es gebe auch einen „partiellen Wahnsinn", bei dem jenseits der „fixen Idee" der Patient „mit ungestörter Verstandeskraft und selbst mit Schärfe des Urtheils" begabt sein könne.[36] Momentane oder partielle psychische Aberrationen seien meist durch „somatische Krankheiten" bedingt, die außerhalb der moralischen Verantwortung des Individuums lägen.[37]

Büchner verschärfte den Fall insofern, als er den partiellen Wahnsinn (161: „fixe Idee") Woyzecks zeigt, zugleich aber klar macht, dass kein Eigenverschulden vorliegt. Woyzecks psychische Zerrüttung ist durch Armut bedingt. Sie zwingt ihn, mehrere ‚Jobs' auszuüben – einer davon ist der als Versuchsperson für Ernährungsexperimente bei einem Doktor. Und Büchner verschärfte den Fall auch, weil er ebenfalls verdeutlicht, dass die Zwangslage, in der sich Woyzeck befindet, es ihm unmöglich macht, zu reflektieren und zu handeln wie der mündige Bürger, der als Fiktion dem *Bürgerlichen* wie dem *Straf-Gesetzbuch* zu Grunde liegt.

Die Hauptschwierigkeit der Interpretation des *Woyzeck* besteht darin, dass es kein fertiges Drama gibt, sondern nur drei Fragmente aus unterschiedlichen Entstehungsstufen des Stückes überliefert sind. Eine Lese- und Spielfassung muss von Editoren oder Theatermachern aus diesen Fragmenten erst hergestellt werden. Wer dies unternimmt, hat stets Brüche im Text und in den Charakteren in Kauf zu nehmen.

Der Entwurfscharakter der Bruchstücke ließ das Fragment zugleich zum Paradigma eines ‚offenen' Theaterstücks werden, obwohl die innere Struktur in ihrer Kompaktheit, was Zeit und Handlung angeht, durchaus zur ‚geschlossenen' Form tendiert. In der Mischung von grotesken und tragischen Elementen spottet das Stück allerdings jeder konventionellen Form, mit seinem unsentimentalen Blick auf die Lebenswirklichkeit einfacher Leute verweigert es sich jeglicher Sozialromantik – erstmals wagte ein Dramatiker eine derart depravierte Person wie Woyzeck als ‚Held' eines Dramas zu präsentieren und eine Sprache für sie zu finden.

Außer durch sein literarisches Werk wird Büchner heutzutage vor allem wegen seiner (leider zum großen Teil nur bruchstückhaft überlieferten) Briefe gerühmt, die in dieser Ausgabe den Abschluss bilden. Schon Hugo von Hofmannsthal nahm 1926 in seine *Deutsches Lesebuch* betitelte Sammlung der „vorzüglichsten Prosa" aus dem klassischen Jahrhundert deutscher Dichtung zwischen 1750 und 1850 nicht etwa das Erzählfragment *Lenz* auf, sondern drei Briefe Büchners an seine Verlobte. Von allen Briefen zeigen die an Wilhelmine Jaeglé den höchsten Grad an literarischer Stilisierung. Doch könne man die Briefe insgesamt „gewissermaßen" Büchners „erste Werke" nennen, wie ein Büchner-Herausgeber 1927 schrieb, weil in ihnen schon alles im Ansatz enthalten sei: „die Naturschilderungen des *Lenz*, die politische Formulierung des *Landboten*, die kleine dramatische Szene in knapp erzählten Anekdoten und schließlich die große Thematik seiner Weltanschauung".[38] Die Briefe sind als Zugang zu Büchners Œuvre sogar besonders geeignet, da sie quer zu allen Gattungen stehen und Büchner hier alle literarischen Register zog. Das heißt auch, dass die hier wirkenden Fiktionalisierungsprozesse nicht unterschätzt werden dürfen. Büchner handelte in den Briefen von Politik und Psychologie, Wissenschaft und Literatur auf ernste und komische Weise, und nicht selten von allem zugleich. Daher verwundert es nicht, dass der Briefwechsel dieses Autors, so „ramponiert" er „überliefert" ist, „so angelegentlich zitiert, publizistisch verarbeitet und künstlerisch adaptiert" wurde wie „kein anderer".[39] Noch stärker als die anderen Texte stehen die Briefe für Büchners immer wieder beschworene Gegenwärtigkeit. Volker Braun sprach 1978 davon, man müsse „sich mitunter mit Gewalt erinnern, daß es nicht die eines Zeitgenossen sind".[40]

Nachweise

Zitate Büchners, sofern in der vorliegenden Ausgabe zu finden, werden durch bloße Nennung der Seitenzahl nachgewiesen.

1 K. Gutzkow: Liberale Energie. Hg. v. Peter Demetz. Frankfurt/M. 1974, S. 177 f. u. 180. – 2 Neue Freie Presse, Wien 4. Juli 1875, S. 3 f. – 3 G. B.: Sämtliche poetische Werke. Hg. v. A. Zweig. München 1923, S. 42. – 4 Wiener Zeitschrift für Kunst, Literatur, Theater und Mode 33 (1848), Nr. 13, S. 30 f. – 5 E. Dosenheimer: Das deutsche soziale Drama. Konstanz 1949, S. 65. – 6 H. Müller: Werke 8. Hg. v. F. Hörnigk. Frankfurt/M. 2005, S. 347. – 7 H. Schlaffer: Kurze Geschichte der deutschen Literatur. München 2002, S. 130 f. – 8 G. B.: Nachgelassene Schriften. Hg. v. L. Büchner. Frankfurt/M. 1850, S. 1 f. – 9 R. Görisch/T. M. Mayer: Untersuchungsberichte zur republikanischen Bewegung in Hessen 1831–1834. Frankfurt/M. 1982, S. 280, 328 u. 340. – 10 F. Noellner: Actenmässige Darlegung des [...] Verfahrens gegen Pfarrer D. Friedrich Ludwig Weidig. Darmstadt 1844, S. 423 u. 425. – 11 Klabund: Deutsche Literaturgeschichte in einer Stunde. Leipzig ^{2}1921, S. 70. – 12 Vgl. A. Beise: Einführung in das Werk Georg Büchners. Darmstadt 2010, S. 46. – 13 Georg Büchner 1813–1837. Revolutionär, Dichter, Wissenschaftler. Basel u. a. 1987, S. 180. – 14 Noellner (wie Anm. 10), S. 425. – 15 H. Mayer: Georg Büchner und seine Zeit. Wiesbaden 1946, S. 184 f. – 16 Noellner (wie Anm. 10), S. 98. – 17 „Felix Frei“ 1835 zit. n. MBA (zur Sigle vgl. unten S. 213) 3.2, S. 316 f. u. 340. – 18 G. E. Lessing: Werke. Hg. v. H. G. Göpfert u. a. München 1970–79, Bd. 6, S. 14–16. – 19 K. Gutzkow: Briefe eines Narren an eine Närrin. Hamburg 1832, S. 125. – 20 L. Feuerbach: Geschichte der neuern Philosophie. Hg. v. J. Höppner. Leipzig ^{2}1990, S. 355. – 21 G. H. Schubert: Ansichten von der Nachtseite der Naturwissenschaft. Dresden ^{4}1840, S. 139. – 22 MBA 10.1, S. 95. – 23 MBA 9.1, S. 85 – 24 Noellner (wie Anm. 10), S. 95; sowie die Schüler-Aufsätze „Der Helden-Tod der vierhundert Pforzheimer“ u. die „Kato“-Rede im Goethe- und Schiller-Archiv Weimar, Sign. 10/14, p. 16; 10/15, p. 2 u. 5 f. – 25 MBA 9.2, S. 43 – 26 MBA 8, S. 153. – 27 U. Eco: Im Labyrinth der Vernunft. Leipzig ^{2}1990, S. 122. – 28 Gutzkow in: MBA 10.1, S. 60 u. 85. – 29 Goethes Werke in 14 Bänden. Hamburger Ausgabe. Hg. v. E. Trunz. München 1981, Bd. 9, S. 495 f. u. Bd. 6, S. 525 – 30 „Lenzens Verrückung“. Hg. v. B. Dedner u. a. Tübingen 1999. – 31 Georg Büchner Jahrbuch 9 (1995–99), S. 188. – 32 Goethe (wie Anm. 28), Bd. 10, S. 7. – 33 R. Prutz in: Hallische Jahrbücher 2 (1839), Sp. 2386 f. – 34 A. Ruge: Neue Vorschule der Ästhetik. Halle 1837, S. 254 u. 256. – 35 J. A. Bergk 1821; zit. n. MBA 7.2, S. 361. – 36 C. M. Marc 1825, zit. n. MBA 7.2, S. 388. – 37 Annalen für die gesammte Heilkunde 3 (1827), H. 1, S. 76. – 38 G. B.: Werke. Hg. v. A. Kuckhoff. Berlin 1927, S. 223. – 39 H. Poschmann in: Büchner-Handbuch. Hg. v. R. Borgards u. H. Neumeyer. Stuttgart 2009, S. 151. – 40 Georg Büchner Jahrbuch 1 (1981), S. 11.

Der Hessische Landbote

Erste Botschaft.

Darmstad[t], im Juli 1834.

Vorbericht.

Dieses Blatt soll dem hessischen Lande die Wahrheit melden, aber wer die Wahrheit sagt, wird gehenkt, ja sogar der, welcher die Wahrheit liest, wird durch meineidige Richter vielleicht ge[str]aft. Darum haben die, welchen dies Blatt zukommt, folgendes zu beobachten:

1) Sie müssen das Blatt sorg[fä]ltig außerhalb ihres Hauses vo[r d]er Polizei verwahren;
2) sie dürfen es nur an treue Freunde mittheilen;
3) denen, welchen sie nicht trauen, wie sich selbst, dürfen sie es nur heimlich hinlegen;
4) würde das Blatt dennoch bei Einem gefunden, der es gelesen hat, so muß er gestehen, daß er es eben dem Kreisrath habe bringen wollen;
5) wer das Blatt nicht gelesen hat, wenn man es bei ihm fi[nd]et, der ist natürlich ohne Schuld.

Friede den Hütten! Krieg den Pallästen!

Im Jahr 1834 siehet es aus, als würde die Bibel Lügen gestraft. Es sieht aus, als hätte Gott die Bauern und Handwerker am 5ten Tage, und die Fürsten und Vornehmen am 6ten gemacht, und als hätte der Herr zu diesen gesagt: Herrschet über alles Gethier, das auf Erden kriecht, und hätte die Bauern und Bürger zum Gewürm gezählt. Das Leben der Vornehmen ist ein langer Sonntag, sie wohnen in schönen Häusern, sie tragen zierliche Kleider, sie haben feiste Gesichter und reden eine eigne Sprache; das Volk aber liegt vor ihnen wie Dünger auf dem Acker. Der Bauer geht hinter dem Pflug, der Vornehme aber geht hinter ihm und dem Pflug und treibt ih[n] mit den Ochsen am Pflug, er nimmt das Korn und läßt ihm die Stoppeln. Das Leben des Bauern ist ein langer Werktag; Fremde verzehren seine Aecker vor seinen Augen, sein Leib ist eine Schwiele, sein Schweiß ist das Salz auf dem Tische des Vornehmen.

Im Großherzogthum Hessen sind 718,373 Einwohner, die geben an den Staat jährlich an 6,363,364 Gulden, als

1) Direkte Steuern	2,128,131	fl.
2) Indirecte Steuern	2,478,264	„
3) Domänen	1,547,394	„
4) Regalien	46,938	„
5) Geldstrafen	98,511	„
6) Verschiedene Quellen	64,198	„
	6,363,363	fl.

Dies Geld ist der Blutzehnte, der von dem Leib des Volkes genommen wird. An 700,000 Menschen schwitzen, stöhnen und hungern dafür. Im Namen des Staates wird es erpreßt, die Presser berufen sich auf die Regierung und die Regierung sagt, das sey nöthig die Ordnung im Staat zu erhalten. Was ist denn nun das für gewaltiges Ding: der Staat? Wohnt eine Anzahl Menschen in einem Land und es sind Verordnungen oder Gesetze vorhanden, nach denen jeder sich richten muß, so sagt man, sie bilden einen Staat. Der Staat also sind *Alle*; die Ordner im Staate sind die Gesetze, durch welche das Wohl *Aller* gesichert wird, und die aus dem Wohl *Aller* hervorgehen sollen. – Seht nun, was man in dem Großherzogthum aus dem Staat gemacht hat; seht was es heißt: die Ordnung im Staate erhalten! 700,000 Menschen bezahlen dafür 6 Millionen, d. h. sie werden zu Ackergäulen und Pflugstieren gemacht, damit sie in Ordnung leben. In Ordnu[n]g leben heißt hungern und geschunden werden.

Wer sind denn die, welche diese Ordnung gemacht haben, und die wachen, diese Ordnung zu erhalten? Das ist die Großherzogliche Regierung. Die Regierung wird gebildet von dem Großherzog und seinen obersten Beamten. Die andern Beamten sind Männer, die von der Regierung berufen werden, um jene Ordnung in Kraft zu erhalten. Ihre Anzahl ist Legion: Staatsräthe und Regieru[n]gsräthe, Landräthe und Kreisräthe, Geistliche Räthe und Schulräthe, Finanzräthe und Forsträthe u. s. w. mit allem ihrem Heer von Secretären u. s. w. Das Volk ist ihre Heerde, sie sind seine Hirten, Melker und Schinder; sie haben die Häute der Bauern an, der Raub der Armen ist in ihrem Hause; die Thränen der Wittwen und Waisen sind das Schmalz auf ihren Gesichtern; sie herrschen frei und ermahnen das Volk zur Knechtschaft. Ihnen gebt ihr 6,000,000 fl. Abgaben; sie haben dafür die Mühe, euch zu regieren; d. h. sich von euch füttern zu lassen und euch eure Menschen- und Bürgerrechte zu rauben. Sehet, was die Ernte eures Schweißes ist.

Für das Ministerium des Inn[e]rn und der Gerechtigkeitspflege werden bezahlt 1,110,607 Gulden. Dafür habt ihr einen Wust von Gesetzen, zusammengehäuft aus willkührlichen Verordnungen aller Jahrhunderte, meist geschrieben in einer fremden Sprache. Der Unsinn aller vorigen Geschlechter hat sich darin auf euch vererbt, der

Druck, unter dem sie erlagen, sich auf euch fortgewälzt. Das Gesetz ist das Eigenthum einer unbedeutenden Klasse von Vornehmen und Gelehrten, die sich durch ihr eignes Machwerk die Herrschaft zuspricht. Diese Gerechtigkeit ist nur ein Mittel, euch in Ordnung zu halten, damit man euch bequemer schinde; sie spricht nach Gesetzen, die ihr nicht versteht, nach Grundsätzen, von denen ihr nichts wißt, Urtheile, von denen ihr nichts begreift. Unbestechlich ist sie, weil sie sich gerade theuer genug bezahlen läßt, um keine Bestechung zu brauchen. Aber die meisten ihrer Diener sind der Regierung mit Haut und Haar verkauft. Ihre Ruhestühle stehen auf einem Geldhaufen von 461,373 Gulden (so viel betragen die Ausgaben für die Gerichtshöfe und die Kriminalkosten). Die Fräcke, Stöcke und Säbel ihrer unverletzlichen Diener sind mit dem Silber von 197,502 Gulden beschlagen (so viel kostet die Polizei überhaupt, die Gensdarmerie u. s. w.[)] Die Justiz ist in Deutschland seit Jahrhunderten die Hure der deutschen Fürsten. Jeden Schritt zu ihr müßt ihr mit Silber pflastern, und mit Armuth und Erniedrigung erkauft ihr ihre Sprüche. Denkt an das Stempelpapier, denkt an euer Bücken in den Amtsstuben, und euer Wachestehen vor denselben. Denkt an die Sporteln für Schreiber und Gerichtsdiener. Ihr dürft euern Nachbar verklagen, der euch eine Kartoffel stiehlt; aber klagt einmal über den Diebstahl, der von Staatswegen unter dem Namen von Abgabe und Steuern jeden Tag an eurem Eigenthum begangen wird, damit eine Legion unnützer Beamten sich von eurem Schweiße mästen: klagt einmal, daß ihr der Willkühr einiger Fettwänste überlassen seyd und daß diese Willkühr Gesetz heißt, klagt, daß ihr die Ackergäule des Staates seyd, klagt über eure verlorne Menschenrechte: Wo sind die Gerichtshöfe, die eure Klage annehmen, wo die Richter, die rechtsprächen? – Die Ketten eurer Vogelsberger Mitbürger, die man nach Rockenburg schleppte, werden euch Antwort geben.

Und will endlich ein Richter oder ein andrer Beamte von den Wenigen, welchen das Recht und das gemeine Wohl lieber ist, als ihr Bauch und der Mamon, ein Volksrath und kein Volksschinder seyn, so wird er von den obersten Räthen des Fürsten selber geschunden.

Für das Ministerium der Finanzen 1,551,502 fl.

Damit werden die Finanzräthe[,] Obereinnehmer, Steuerboten, die Untererheber besoldet. Dafür wird der Ertrag eurer Aecker berechnet und eure Köpfe gezählt. Der Boden unter euren Füßen, der Bissen zwischen euren Zähnen ist besteuert. Dafür sitzen die Herren in Fräcken beisammen und das Volk steht nackt und gebückt vor ihnen, sie legen die Hände an seine Lenden und Schultern und rechnen aus, wie viel es noch tragen kann, und wenn sie barmherzig sind, so geschieht es nur, wie man ein Vieh schont, das man nicht so sehr angreifen will.

Für das Militär wird bezahlt 914,820 Gulden.

Dafür kriegen eure Söhne einen bunten R[o]ck auf den Leib, ein Gewehr oder eine Trommel auf die Schulter und dürfen jeden Herbst einmal blind schießen, und erzählen, wie die Herren vom Hof, und die ungerathenen Buben vom Adel allen Kindern ehrlicher Le[u]te vorgehen, und mit ihnen in den breiten Straßen der Städte herumziehen mit Trommlen und Trompeten. Für jene 900,000 Gulden müssen eure Söhne den Tyrannen

schwören und Wache halten an ihre[n] Pallästen. Mit ihren Trommeln übertäuben sie eure Seufzer, mit ihren Kolben zerschmettern sie euch den Schädel, wenn ihr zu denken wagt, daß ihr freie Menschen seyd. Sie sind die gesetzlichen Mörder, welche die gesetzlichen Räuber schützen, denkt an Södel! Eure Brüder, eure Kinder waren dort Brüder- und Vatermörder.

Für die Pensi[o]nen 480,000 Gulden.

Dafür werden die Beamten aufs Polster gelegt, wenn sie eine gewisse Zeit dem Staate treu gedient haben, d. h. wenn sie eifrige Handlanger bei der regelmäßig eingerichteten Schinderei gewesen, die man Ordnung und Gesetz heißt.

Für das Staatsministerium und den Staatsrath 174,600 Gulden.

Die größten Schurken stehen wohl jetzt allerwärts in Deutschland den Fürsten am nächsten, wenigstens im Großherzogthum: Kommt ja ein ehrlicher Mann in einen Staatsrath, so wird er ausgestoßen. Könnte aber auch ein ehrlicher Mann jetzo Minister seyn oder bleiben, so wäre er, wie die Sachen stehn in Deutschland, nur eine Drathpuppe, an der die fürstliche Puppe zieht und an dem fürstlichen Popanz zieht wieder ein Kammerdiener oder ein Kutscher oder seine Frau und ihr Günstling, oder sein Halbbruder – oder alle zusammen. In Deutschland stehet es jetzt, wie der Prophet Micha schreibt, Cap. 7., V. 3 und 4: „Die Gewaltigen rathen nach ihrem Muthwillen, Schaden zu thun, und drehen es, wie sie es wollen. Der Beste unter ihnen ist wie ein Dorn, und der Redlichste wie eine Hecke." Ihr müßt die Dörner und Hecken theuer bezahlen; denn ihr müßt ferner für das großherzogliche Haus und den Hofstaat 827,772 Gulden bezahlen.

Die Anstalten, die Leute, von denen ich bis jetzt gesprochen, sind nur Werkzeuge, sind nur Diener. Sie thun nichts in ihrem Namen, unter der Ernennung zu ihrem Amt, steht ein L. das bedeutet *Ludwig* von Gottes Gnaden und sie sprechen mit Ehrfurcht: „im Namen des Großherzogs." Dies ist ihr Feldgeschrei, wenn sie euer Geräth versteigern, euer Vieh wegtreiben, euch in den Kerker werfen. Im Namen des Großherzogs sagen sie, und der Mensch, den sie so nennen, heißt: unverletzlich, heilig, souverain, königliche Hoheit. Aber tretet zu dem Menschenkinde und blickt durch seinen Fürstenmantel. Es ißt, wenn es hungert, und schläft wenn sein Auge dunkel wird. Sehet, es kroch so nackt und weich in die Welt, wie ihr und wird so hart und steif hinausgetragen, wie ihr, und doch hat es seinen Fuß auf e[ure]m Nacken, hat 700,000 Menschen an seinem Pflug, hat Minister die verantwortlich sind, für das, was er thut, hat Gewalt über euer Eigenthum durch die Steuern, die es ausschreibt, [ü]ber euer Leben, durch die Gesetze, die es macht, es hat adliche Herrn und Damen um sich, die man Hofstaat heißt, und seine göttliche Gewalt vererbt sich auf seine Kinder mit Weibern, welche aus eben so übermenschlichen Geschlechtern sind.

Wehe über euch Götzendiener! – Ihr seyd wie die Heiden, die das Krokodill anbeten, von dem sie zerrissen werden. Ihr setzt ihm eine Krone auf, aber es ist eine Dornenkrone, die ihr euch selbst in den Kopf drückt; ihr gebt ihm ein Scepter in die Hand, aber es ist eine Ruthe, womit ihr gezüchtigt werdet; ihr setzt ihn auf euern Thron, aber es ist ein Marterst[u]hl für euch und eure Kinder. Der Fürst ist der Kopf des Blutigels, der über euch hinkriecht, die Minister sind seine Zähne und die Beamten sein Schwanz.

Die hungrigen Mägen aller vornehmen Herren, denen er die hohen Stellen vertheilt, sind Schröpfköpfe, die er dem Lande setzt. Das L. was unter seinen Verordnungen steht, ist das Mahlzeichen des Thieres, das die Götzendiener unserer Zeit anbeten. Der Fürstenmantel ist der Teppich, auf dem sich die Herren und Damen vom Adel und Hofe in ihrer Geilheit übereinander wälzen – mit Orden und Bändern decken sie ihre Geschwüre und mit kostbaren Gewändern bekleiden sie ihre aussätzigen Leiber. Die Töchter des Volks sind ihre Mägde und Huren, die Söhne des Volks ihre Laquaien und Soldaten. Geht einmal nach Darmstadt und seht, wie die Herren sich für euer Geld dort lustig machen, und erzählt dann euern hungernden Weibern und Kindern, daß ihr Brod an fremden Bäuchen herrlich angeschlagen sey, erzählt ihnen von den schönen Kleidern, die in ihrem Schweiß gefärbt, und von den zierlichen Bändern, die aus den Schwielen ihrer Hände geschnitten sind, erzählt von den stattlichen Häusern, die aus den Knochen des Volks gebaut sind; und dann kriecht in eure rauchigen Hütten und bückt euch auf euren steinichten Aeckern, damit eure Kinder auch einmal hingehen können, wenn ein Erbprinz mit einer Erbprinzessin für einen andern Erbprinzen Rath schaffen will, und durch die geöffneten Glasthüren das Tischtuch sehen, wovon die Herren speisen und die Lampen riechen, aus denen man mit dem Fett der Bauern illuminirt. Das alles duldet ihr, weil euch Schurken sagen: [„]diese Regierung sey von Gott." Diese Regierung ist nicht von Gott, sondern vom Vater der Lügen. Diese deutschen Fürsten sind keine rechtmäßige Obrigkeit, sondern die rechtmäßige Obrigkeit, den deutschen Kaiser, der vormals vom Volke frei gewählt wurde, haben sie seit Jahrhunderten verachtet und endlich gar verrathen. Aus Verrath und Meineid, und nicht aus der Wahl des [V]olkes ist die Gewalt der deutschen Fürsten hervorgegangen, und darum ist ihr Wesen und Thun von Gott verflucht; ihre Weisheit ist Trug, ihre Gerechtigkeit ist Schinderei. Sie zertreten das Land und zerschlagen die Person des Elenden. Ihr lästert Gott, wenn ihr einen dieser Fürsten einen Gesalbten des Herrn nennt, das heißt: Gott habe die Teufel gesalbt und zu Fürsten über die deutsche Erde gesetzt. Deutschland, unser liebes Vaterland, haben diese Fürsten zerrissen, den Kaiser, den unsere freien Voreltern wählten, haben dies[e] Fürsten verrathen und nun fordern diese Verräther und Menschenquäler Treue von euch! – Doch das Reich der Finsterniß neiget sich zum Ende. Ueber ein Kleines und Deutschland, das jetzt die Fürsten schinden, wird als ein *Freistaat* mit einer vom Volk gewählten Obrigkeit wieder auferstehn. Die heilige Schrift sagt: Gebet dem Kaiser, was des Kaisers ist. Was ist aber dieser Fürsten, der Verräther? – *Das Theil von Judas!*

Für die Landstände 16,000 Gulden.

Im Jahr 1789 war das Volk in Frankreich müde, länger die Schindmähre seines Königs zu seyn. Es erhob sich und berief Männer, denen es vertraute, und die Männer traten zusammen und sagten, ein König sey ein Mensch wie ein anderer auch, er sey nur der erste Diener im Staat, er müsse sich vor dem Volk verantworten und wenn er sein Amt schlecht verwalte, könne er zur Strafe gez[o]gen werden. Dann erklärten sie die Rechte des Menschen: „Keiner erbt vor dem andern mit der Geburt ein Recht oder einen Titel, keiner erwirbt mit dem Eigenthum ein Recht vor dem andern[.] Die höchste Gewalt ist in dem Willen Aller oder der Mehrzahl. Dieser Wille ist das Gesetz, er thut sich kund durch die Landstände oder die Vertreter des Volks, sie werden von Allen gewählt und Jeder kann gewählt werden; diese Gewählten sprechen den Willen ihrer Wähler aus, und so entspricht der Wille der Mehrzahl unter ihnen dem Willen der Mehrzahl unter dem Volke; der König hat nur für die Ausübung der von ihnen erlassenen Gesetze zu sorgen." Der König schwur dieser Verfassung treu zu seyn, er wurde aber meineidig an dem Volke und das Volk richtete ihn, wie es einem Verräther geziemt. Dann schafften die Franzosen die erbliche Königswürde ab und wählten frei eine neue Obrigkeit, wozu jedes Volk nach der Vernunft und der heiligen Schrift das Recht hat. Die Männer, die über die Vollziehung der Gesetze wachen sollten, wurden von der Versammlung der Volksvertreter ernannt, sie bildeten die neue Obrigkeit. So waren Regierung und Gesetzgeber vom Volk gewählt und Frankreich war ein Freistaat.

Die übrigen Könige aber entsetzten sich vor der Gewalt des französischen Volkes, sie dachten, sie könnten alle über der ersten Königsleiche den Hals brechen und ihre mißhandelten Unterthanen möchten bei dem Freiheitsruf der Franken erwachen. Mit gewaltigem Kriegsgeräth und reisigem Zeug stürzten sie von allen Seiten auf Frankreich und ein großer Theil der Adligen und Vornehmen im Lande stand auf und schlug sich zu dem Feind. Da ergrimmte das Volk und erhob sich in seiner Kraft. Es erdrückte die Verräther und zerschmetterte die Söldner der Könige. Die junge Freiheit wuchs im Blut der Tyrannen und vor ihrer Stimme bebten die Throne und jauchzten die Völker. Aber die Franzosen verkauften selbst ihre junge Freiheit für den Ruhm, den ihnen Napoleon darbot, und erhoben ihn auf den Kaiserthron. – Da ließ der Allmächtige das Heer des Kaisers in Rußland erfrieren und züchtigte Frankreich durch die Knute der Kosacken und gab den Franzosen die dickwanstigen Bourbonen wieder zu Königen, damit Frankreich sich bekehre vom Götzendienst der erblichen Königsherrschaft und dem Gotte diene, der die Menschen frei und gleich geschaffen. Aber als die Zeit seiner Strafe verflossen war, und tapfere Männer im Julius 1830 den meineidigen König Karl den Zehnten aus dem Lande jagten, da wendete dennoch das befreite Frankreich sich abermals zur *halberblichen* Königsherrschaft und band sich in dem Heuchler Louis Philipp eine neue Zuchtruthe auf. In Deutschland und ganz Europa aber war große F[r]eude als der zehnte Karl vom Thron gestürzt ward, und die unterdrückten deutschen Länder richteten sich zum Kampf für die Freiheit. Da rathschlagten die Fürsten, wie sie dem Grimm des Volkes entgehen sollten und die listigen unter ihnen sagten: Laßt uns einen Theil unserer Gewalt abge-[b]en, daß wir das Uebrige behalten. Und sie traten vor das Volk und sprachen: Wir wollen euch die Freiheit schenken um die ihr kämpfen wollt. – Und zitternd vor Furcht warfen sie einige Brocken hin und sprachen von ihrer Gnade. Das Volk traute ihnen leider und legte sich zur Ruhe. – Und so ward Deutschland betrogen wie Frankreich.

Denn was sind diese Verfassungen in Deutschland? Nichts als leeres Stroh, woraus die Fürsten die Körner für sich herausgeklopft haben. Was sind unsere Landtage? Nichts als langsame Fuhrwerke, die man einmal oder zweimal wohl der Raubgier der Fürsten und ihrer Minister in den Weg schieben, woraus man aber nimmermehr eine feste Burg für deutsche Freiheit bauen kann. Was sind unsere Wahlgesetze? Nichts als Verletzungen der Bürger- und Menschenrechte der meisten Deutschen. Denkt an das Wahlgesetz im Großherzogthum, wornach keiner gewählt werden kann, der nicht hoch begütert ist, wie rechtschaffen und gutgesinnt er auch sey, wohl aber der *Grolmann*, der euch um die zwei Millionen bestehlen wollte. Denkt an die Verfassung des Großherzogthums. – Nach den Artikeln derselben ist der Großherzog unverletzlich, heilig und unverantwortlich. Seine Würde ist erblich in seiner Familie, er hat das Recht Krieg zu führen und ausschließliche Verfügung über das Militär. Er beruft die Landstände, vertagt sie oder lößt sie auf. Die Stände dürfen keinen Gesetzes-Vorschlag machen, sondern sie müssen um das Gesetz bitten, und dem Gutdünken des Fürsten bleibt es unbedingt überlassen, es zu geben oder zu verweigern. Er bleibt im Besitz einer fast unumschränkten Gewalt, nur darf er keine neuen Gesetze machen und keine neuen Steuern ausschreiben ohne Zustimmung der Stände. Aber theils kehrt er sich nicht an diese Zustimmung, theils genügen ihm die alten Gesetze, die das Werk der Fürstengewalt sind, und er bedarf darum keiner neuen Gesetze. Eine solche Verfassung ist ein elend jämmerlich Ding. Was ist von Ständen zu erwarten, die an eine solche Verfassung gebunden sind? Wenn unter den Gewählten auch keine Volksverräther und feige Memmen wären, wenn sie aus lauter entschlossenen Volksfreunden bestünden?! Was ist von Ständen zu erwarten, die kaum die elenden Fetzen einer armseligen Verfassung zu vertheidigen vermögen! – Der einzige Widerstand, den sie zu leisten vermochten, war die Verweigerung der zwei Millionen Gulden, die sich der Großherzog von dem überschuldeten Volke wollte schenken lassen zu Bezahlung seiner Schulden. – Hätten aber auch die Landstände des Großherzogthums genügende Rechte, und hätte das Großherzogthum, aber nur das Großherzogthum allein, eine wahrhafte Verfassung, so würde die Herrlichkeit doch bald zu Ende seyn. Die Raubgeyer in Wien und Berlin würden ihre Henkerskrallen ausstrecken und die kleine Freiheit mit Rumpf und Stumpf ausrotten. Das ganze deutsche Volk muß sich die Freiheit erringen. Und diese Zeit, geliebte Mitbürger, ist nicht ferne. – Der Herr hat das schöne deutsche Land, das viele Jahrhunderte das herrlichste Reich der Erde war, in die Hände der fremden und einheimischen Schinder gegeben, weil das Herz des deutschen Volkes von der Freiheit und Gleichheit seiner Voreltern und von der Furcht des Herrn abgefallen war, weil ihr dem Götzendienste der vielen Herrlein, Kleinherzoge und Däumlings-Könige euch ergeben hattet.

Der Herr, der den Stecken des fremden Treibers Napoleon zerbrochen hat, wird auch die Götzenbilder unserer einheimischen Tyrannen zerbrechen durch die Hände des Volks. Wohl glänzen diese Götzenbilder von Gold und Edelsteinen, von Orden und Ehrenzeichen, aber in ihrem Innern *stirbt der Wurm nicht und ihre Füße sind von Lehm.* – Gott wird euch Kraft geben ihre Füße zu zerschmeißen, sobald ihr euch bekehret von dem Irrthum eures Wandels und die Wahrheit erkennet: „daß nur Ein Gott ist und keine Götter neben ihm, die sich Hoheiten und Allerhöchste, heilig und unverantwortlich nennen lassen, daß Gott alle Menschen frei und gleich in ihren Rechten schuf und daß keine Obrigkeit von Gott zum Segen verordnet ist, als die, welche auf das Vertrauen des Volkes sich gründet und vom Volke ausdrücklich oder stillschweigend erwählt ist; daß dagegen die Obrigkeit, die Gewalt, aber kein Recht über ein Volk hat, nur *also* von Gott ist, wie der Teufel auch von Gott ist, und daß der Gehorsam gegen eine solche Teufels-Obrigkeit nur so lange gilt, bis ihre Teufelsgewalt gebrochen werden kann; – daß der Gott, der ein Volk durch Eine Sprache zu Einem Leibe vereinigte, die Gewaltigen die es zerfleischen und viertheilen, oder gar in dreißig Stücke zerreißen, als Volksmörder und Tyrannen hier zeitlich und dort ewiglich strafen wird, denn die Schrift sagt: was Gott vereinigt hat, soll der Mensch nicht trennen; und daß der Allmächtige, der aus der Einöde ein Paradies schaffen kann, auch ein Land des Jammers und des Elends wieder in ein Paradies umschaffen kann, wie unser theuerwerthes Deutschland war, bis seine Fürsten es zerfleischten und schunden."

Weil das deutsche Reich morsch und faul war, und die Deutschen von Gott und von der Freiheit abgefallen waren, hat Gott das Reich zu Trümmern gehen lassen, um es zu einem Freistaat zu verjüngen. Er hat eine Zeitlang „den Satans-Engeln Gewalt gegeben, daß sie Deutschland mit Fäusten schlügen, er hat den Gewaltigen und Fürsten, die in der Finsterniß herrschen, den bösen Geistern unter dem Himmel, (Ephes. 6.) Gewalt gegeben, daß sie Bürger und Bauern peinigten und ihr Blut aussaugten und ihren Muthwillen trieben mit Allen, die Recht und Freiheit mehr lieben als Unrecht und Knechtschaft." – – Aber ihr Maas ist voll!

Sehet an das von Gott gezeichnete Scheusal, den König Ludwig von Baiern, den Gotteslästerer, der redliche Männer vor seinem Bilde niederzuknien zwingt, und die, welche die Wahrheit bezeugen, durch meineidige Richter zum Kerker verurtheilen läßt; das Schwein, das sich in allen Lasterpfützen von Italien wälzte, den Wolf, der sich für seinen Baals-Hofstaat für immer jährlich fünf Millionen durch meineidige Landstände verwilligen läßt, und fragt dann: „Ist das eine Obrigkeit von Gott zum Segen verordnet?"

Ha! du wärst Obrigkeit von Gott?
Gott spendet Segen aus;
Du raubst[,] du schindest, kerkerst ein,
Du nicht von Gott, Tyrann!

Ich sage euch: sein und seiner Mitfürsten Maas ist voll. Gott, der Deutschland um seiner Sünden willen geschlagen hat durch diese Fürsten, wird es wieder heilen. „Er wird die Hecken und Dörner niederreißen und auf einem Haufen verbrennen."

Jesaias 27, 4. So wenig der Höcker noch wächset, womit Gott diesen König Ludwig gezeichnet hat, so wenig werden die Schandthaten dieser Fürsten noch wachsen können. Ihr Maas ist voll. Der Herr wird ihre Zwingburgen zerschmeißen und in Deutschland wird dann Leben und Kraft, der Segen der Freiheit wieder erblühen. Zu einem großen Leichenfelde haben die Fürsten die deutsche Erde gemacht, wie Ezechiel im 37 Capitel beschreibt: „Der Herr führte mich auf ein weites Feld, das voller Gebeine lag, und siehe, sie waren sehr verdorrt." Aber wie lautet des Herrn Wort zu den verdorrten Gebeinen: „Siehe, ich will euch Adern geben und Fleisch lassen über euch wachsen, und euch mit Haut überziehen, und will euch Odem geben, daß ihr wieder lebendig werdet, und sollt erfahren, daß Ich der Herr bin." Und des Herrn Wort wird auch an Deutschland sich wahrhaftig beweisen, wie der Prophet spricht: „Siehe, es rauschte und regte sich und die Gebeine kamen wieder zusammen, ein jegliches zu seinem Gebein. – Da kam Odem in sie und sie wurden wieder lebendig und richteten sich auf ihre Füße, und ihrer war ein sehr groß Heer."

Wie der Prophet schreibet, also stand es bisher in Deutschland: eure Gebeine sind verdorrt, denn die Ordnung, in der ihr lebt, ist eitel Schinderei. 6 Millionen bezahlt ihr im Großherzogthum einer Handvoll Leute, deren Willkühr euer Leben und Eigenthum überlassen ist, und die anderen in dem zerrissenen Deutschland gleich also. Ihr seyd nichts, ihr habt nichts! Ihr seyd rechtlos. Ihr müsset geben, was eure unersättlichen Presser fordern, und tragen, was sie euch aufbürden. So weit ein Tyrann blicket – und Deutschland hat deren wohl dreißig – verdorret Land und Volk. Aber wie der Prophet schreibet, so wird es bald stehen in Deutschland: der Tag der Auferstehung wird nicht säumen. In dem Leichenfelde wird sichs regen und wird rauschen und der Neubelebten wird ein großes Heer seyn.

Hebt die Augen auf und zählt das Häuflein eurer Presser, die nur stark sind durch das Blut, das sie euch aussaugen und durch eure Arme, die ihr ihnen willenlos leihet. Ihrer sind vielleicht 10,000 im Großherzogthum und Eurer sind es 700,000 und also verhält sich die Zahl des Volkes zu seinen Pressern auch im übrigen Deutschland. Wohl drohen sie mit dem Rüstzeug und den Reisigen der Könige, aber ich sage euch: Wer das Schwert erhebt gegen das Volk, der wird durch das Schwert des Volkes umkommen. Deutschland ist jetzt ein Leichenfeld, bald wird es ein Paradies seyn. Das deutsche Volk ist Ein Leib[,] ihr seyd ein Glied dieses Leibes. Es ist einerlei, wo die Scheinleiche zu zucken anfängt. Wann der Herr euch seine Zeichen gibt durch die Männer, durch welche er die Völker aus der Dienstbarkeit zur Freiheit führt, dann erhebet euch und der ganze Leib wird mit euch aufstehen.

Ihr bücktet euch lange Jahre in den Dornäckern der Knechtschaft, dann schwitzt ihr einen Sommer im Weinberge der Freiheit, und werdet frei seyn bis ins tausendste Glied.

Ihr wühltet ein langes Leben die Erde auf, dann wühlt ihr euren Tyrannen ein Grab. Ihr bautet die Zwingburgen, dann stürzt ihr sie, und bauet der Freiheit Haus. Dann könnt ihr eure Kinder frei taufen mit dem Wasser des Lebens. Und bis der Herr euch ruft durch seine Boten und Zeichen, wachet und rüstet euch im Geiste und betet ihr selbst und lehrt eure Kinder beten: „Herr, zerbrich den Stecken unserer Treiber und laß dein Reich zu uns kommen, das Reich der Gerechtigkeit. Amen."

DANTON'S TOD

Ein Drama

Personen.

Georg Danton
Legendre
Camille Desmoulins
Hérault-Séchelles
Lacroix
Philippeau
Fabre d'Eglantine
Mercier
Thomas Payne
} Deputirte.

Robespierre
St. Just
Barrère
Collot d'Herbois
Billaud-Varennes
} Mitglieder des Wohlfahrts-ausschusses.

Chaumette, Procurator des Gemeinderaths.
Dillon, ein General.

Fouquier-Tinville, öffentlicher Ankläger.

Herrmann
Dumas
} Präsidenten des Revolutions-tribun[a]les.

Paris, ein Freund Danton's.
Simon, Soufleur.
Laflotte.
Julie, Danton's Gattinn.
Lucile, Gattinn des Camille Desmoulins.

Rosalie
Adelaide
Marion
} Grisetten.

Männer und Weiber aus dem Volk, Grisetten, Deputirte, Henker e: c. t.

[I,1]

I. Act.

Hérault-Séchelles, *einige* Damen (*am Spieltisch*), Danton, Julie (*etwas weiter weg,* Danton *auf einem Schemel zu den Füßen von* Julie).

Danton. Sieh die hübsche Dame, wie artig sie die Karten dreht! ja wahrhaftig sie versteht's, man sagt sie halte ihrem Manne immer das coeur und andren Leuten das carreau hin. Ihr könntet einem noch in die Lüge verliebt machen.

Julie. Glaubst du an mich?

Danton. Was weiß ich? Wir wissen wenig voneinander. Wir sind Dickhäuter, wir strecken die Hände nacheinander aus aber es ist vergebliche Mühe, wir reiben nur das grobe Leder aneinander ab – wir sind sehr einsam.

Julie. Du kennst mich Danton.

Danton. Ja, was man so kennen heißt. Du hast dunkle Augen und lockiges Haar und einen feinen Teint und sagst immer zu mir: lieb Georg. Aber (*er deutet ihr auf Stirn und Augen*) da da, was liegt hinter dem? Geh, wir haben grobe Sinne. Einander kennen? Wir müßten uns die Schädeldecken aufbrechen und die Gedanken einander aus den Hirnfasern zerren.

Eine Dame. Was haben Sie nur mit ihren Fingern vor?

Hérault. Nichts!

Dame. Schlagen Sie den Daumen nicht so ein, es ist nicht zum Ansehn.

Hérault. Sehn Sie nur, das Ding hat eine ganz eigne Physiognomie.

Danton. Nein Julie, ich liebe dich wie das Grab.

Julie (*sich abwendend*). oh!

Danton. Nein, höre! Die Leute sagen im Grab sey Ruhe und Grab und Ruhe seyen eins. Wenn das ist, lieg' ich in deinem Schooß schon unter der Erde. Du süßes Grab, deine Lippen sind Todtenglocken, deine Stimme ist mein Grabgeläute, deine Brust mein Grabhügel und dein Herz mein Sarg.

Dame. Verloren!

Hérault. Das war ein verliebtes Abentheuer, es kostet Geld wie alle andern.

Dame. Dann haben Sie Ihre Liebeserklärungen, wie ein Taubstummer, mit den Fingern gemacht.

Hérault. Ey warum nicht? Man will sogar behaupten gerade die würden am Leichtesten verstanden. Ich zettelte eine Liebschaft mit einer Kartenkönigin an, meine Finger waren in Spinnen verwandelte Prinzen, Sie Madame waren die Fee; aber es gieng schlecht, die Dame lag immer in den Wochen, jeden Augenblick bekam sie einen Buben. Ich würde meine Tochter dergleichen nicht spielen lassen, die Herren und Damen fallen so unanständig übereinander und die Buben kommen gleich hinten nach.

(Camille Desmoulins *und* Philippeau *treten ein.*)

Hérault. Philippeau, welch trübe Augen! Hast Du Dir ein Loch in die rothe Mütze gerissen, hat der heilige Jakob ein böses Gesicht gemacht, hat es während des Guillotinirens geregnet oder hast du einen schlechten Platz bekommen und nichts sehen können?

Camille. Du parodirst den Socrates. Weißt du auch, was der Göttliche den Alcibiades fragte, als er ihn eines Tages finster und niedergeschlagen fand? Hast du deinen Schild auf dem Schlachtfeld verloren, bist du im Wettlauf oder im Schwertkampf besiegt worden? Hat ein Andrer besser gesungen oder besser die Cither geschlagen? Welche klassischen Republicaner! Nimm einmal unsere Guillotinenromantik dagegen!

Philippeau. Heute sind wieder zwanzig Opfer gefallen. Wir waren im Irrthum, man hat die Hebertisten nur auf's Schaffott geschickt, weil sie nicht systematisch genug verfuhren, vielleicht auch weil die Decemvirn sich verloren glaubten wenn es nur eine Woche Männer gegeben hätte, die man mehr fürchtete, als sie.

Hérault. Sie möchten uns zu Antediluvianern machen. St. Just säh' es nicht ungern, wenn wir wieder auf allen Vieren kröchen, damit uns der Advokat von Arras nach der Mechanik des Genfer Uhrmachers Fallhütchen, Schulbänke und einen Herrgott erfände.

Philippeau. Sie würden sich nicht scheuen zu dem Behuf an Marat's Rechnung noch einige Nulln zu hängen.
Wie lange sollen wir noch schmutzig und blutig seyn wie neugeborne Kinder, Särge zur Wiege haben und mit Köpfen spielen?
Wir müssen vorwärts. Der Gnadenausschuß muß durchgesetzt, die ausgestoßnen Deputirten müssen wieder aufgenommen werden.

Hérault. Die Revolution ist in das Stadium der Reorganisation gelangt.
Die Revolution muß aufhören und die Republik muß anfangen.
In unsern Staatsgrundsätzen muß das Recht an die Stelle der Pflicht, das Wohlbefinden an die der Tugend und die Nothwehr an die der Strafe treten. Jeder muß sich geltend machen und seine Natur durchsetzen können. Er mag nun vernünftig oder unvernünftig, gebildet oder ungebildet, gut oder böse seyn, das geht den Staat nichts an. Wir Alle sind Narren es hat Keiner das Recht einem Andern seine eigenthümliche Narrheit aufzudringen.
Jeder muß in seiner Art genießen können, jedoch so, daß Keiner auf Unkosten eines Andern genießen oder ihn in seinem eigenthümlichen Genuß stören darf.

Camille. Die Staatsform muß ein durchsichtiges Gewand seyn, das sich dicht an den Leib des Volkes schmiegt. Jedes Schwellen der Adern, jedes Spannen der Muskeln, jedes Zucken der Sehnen muß sich darin abdrücken. Die Gestalt mag nun schön oder häßlich seyn, sie hat einmal das Recht zu seyn wie sie ist, wir sind nicht berechtigt ihr ein Röcklein nach Belieben zuzuschneiden.
Wir werden den Leuten, welche über die nackten Schultern der allerliebsten Sünderin Frankreich den Nonnenschleier werfen wollen, auf die Finger schlagen.

Wir wollen nackte Götter, Bachantinnen, olympische Spiele und melodische Lippen: ach, die gliederlösende, böse Liebe!

Wir wollen den Römern nicht verwehren sich in die Ecke zu setzen und Rüben zu kochen aber sie sollen uns keine Gladiatorspiele mehr geben wollen.

Der göt[t]liche Epicur und die Venus mit dem schönen Hintern müssen statt der Heiligen Marat und Chalier die Thürsteher der Republik werden.

Danton du wirst den Angriff im Convent machen.

DANTON. Ich werde, du wirst, er wird. Wenn wir bis dahin noch leben, sagen die alten Weiber. Nach einer Stunde werden 60 Minuten verflossen seyn. Nicht wahr mein Junge?

CAMILLE. Was soll das hier? das versteht sich von selbst.

DANTON. Oh, es versteht sich Alles von selbst. Wer soll denn all die schönen Dinge ins Werk setzen?

PHILIPPEAU. Wir und die ehrlichen Leute.

DANTON. Das *und* dazwischen ist ein langes Wort, es hält uns ein wenig weit auseinander, die Strecke ist lang, die Ehrlichkeit verliert den Athem eh wir zusammen kommen. Und wenn auch! – den ehrlichen Leuten kann man Geld leihen, man kann bey ihnen Gevatter stehn und seine Töchter an sie verheirathen, aber das ist Alles!

CAMILLE. Wenn du das weißt, warum hast du den Kampf begonnen?

DANTON. Die Leute waren mir zuwider. Ich konnte dergleichen gespreizte Katonen nie ansehn, ohne ihnen einen Tritt zu geben. Mein Naturell ist einmal so. (***er erhebt sich.***)

JULIE. Du gehst?

DANTON (*zu* **JULIE**). Ich muß fort, sie reiben mich mit ihrer Politik noch auf.

(***im Hinausgehn.***)

Zwischen Thür und Angel will ich euch prophezeien: die Statue der Freiheit ist noch nicht gegossen, der Ofen glüht, wir Alle können uns noch die Finger dabey verbrennen. (***ab.***)

CAMILLE. Laßt ihn, glaubt ihr er könne die Finger davon lassen, wenn es zum Handeln kömmt?

HÉRAULT. Ja, aber bloß zum Zeitvertreib, wie man Schach spielt.

[I,2]

Eine Gasse.

SIMON, ***sein*** **WEIB.**

SIMON (*schlägt das* **WEIB**). Du Kuppelpelz, du runzliche Sublimatpille, du wurmstichischer Sündenapfel!

WEIB. He Hülfe! Hülfe!

(***Es kommen*** **LEUTE** ***gelaufen***: reißt sie auseinander! reißt sie auseinander!)

SIMON. Nein, laßt mich Römer, zerschellen will ich dieß Geripp! Du Vestalin!

Weib. Ich eine Vestalin? das will ich sehen, ich.

Simon. So reiß ich von den Schultern dein Gewand
Nackt in die Sonne schleudr' ich dann dein Aas.
Du Hurenbett, in jeder Runzel deines Leibes nistet Unzucht.

(*sie werden getrennt.*)

1. Bürger. Was giebt's?

Simon. Wo ist die Jungfrau? sprich! Nein, so kann ich nicht sagen. Das Mädchen! nein auch das nicht; die Frau, das Weib! auch das, auch das nicht! nur noch ein Name! oh der erstickt mich! Ich habe keinen Athem dafür.

2. Bürger. Das ist gut sonst würde der Name nach Schnaps riechen.

Simon. Alter Virginius verhülle dein kahl Haupt. Der Rabe Schande sizt darauf und hackt nach deinen Augen. Gebt mir ein Messer, Römer! (*er sinkt um.*)

Weib. Ach, er ist sonst ein braver Mann, er kann nur nicht viel vertragen, der Schnaps stellt ihm gleich ein Bein.

2. Bürger. Dann geht er mit dreien.

Weib. Nein, er fällt.

2. Bürger. Richtig, erst geht er mit dreien und dann fällt er auf das dritte, bis das dritte selbst wieder fällt.

Simon. Du bist die Vampyrzunge die mein wärmstes Herzblut trinkt.

Weib. Laßt ihn nur, das ist so die Zeit, worin er immer gerührt wird, es wird sich schon geben.

1. Bürger. Was giebts denn?

Das Weib. Seht ihr, ich saß da so auf dem Stein in der Sonne und wärmte mich seht ihr, denn wir haben kein Holz, seht ihr –

2. Bürger. So nimm deines Mannes Nase.

Weib. und meine Tochter war da hinunter gegangen um die Ecke, sie ist ein braves Mädchen und ernährt ihre Eltern.

Simon. Ha sie bekennt!

Weib. Du Judas, hättest du nur ein Paar Hosen hinaufzuziehen, wenn die jungen Herren die Hosen nicht bey ihr herunterließen? Du Brantweinfaß, willst du verdursten, wenn das Brünnlein zu laufen aufhört, he?
Wir arbeiten mit allen Gliedern warum denn nicht auch damit; ihre Mutter hat damit geschafft wie sie zur Welt kam und es hat ihr weh gethan, kann sie für ihre Mutter nicht auch damit schaffen, he? und thut's ihr auch weh dabey, he? Du Dummkopf!

Simon. Ha Lucrecia! ein Messer, gebt mir ein Messer, Römer! Ha Appius Claudius!

1. Bürger. Ja ein Messer, aber nicht für die arme Hure, was that sie? Nichts! Ihr Hunger hurt und bettelt. Ein Messer für die Leute, die das Fleisch unserer Weiber und Töchter kaufen! Weh über die, so mit den Töchtern des Volkes huren! Ihr habt Kollern im Leib und sie haben Magendrücken, ihr habt Löcher in den Jacken und sie haben warme Röcke, ihr habt Schwielen in den Fäusten und sie haben Sammthände. Ergo ihr arbeitet und sie thun nichts, ergo ihr habt's erworben und sie haben's gestohlen; ergo, wenn ihr von eurem gestohlnen Eigenthum ein paar Heller wieder haben wollt, müßt ihr huren und bettlen; ergo sie sind Spitzbuben und man muß sie todtschlagen.

3. Bürger. Sie haben kein Blut in den Adern, als was sie uns ausgesaugt haben. Sie haben uns gesagt: schlagt die Aristocraten todt, das sind Wölfe! Wir haben die Aristocraten an die Laternen gehängt. Sie haben gesagt das Veto frißt euer Brot, wir haben das Veto todtgeschlagen, Sie haben gesagt die Girondisten hungern euch aus, wir haben die Girondisten guillotinirt. Aber sie haben die Todten ausgezogen und wir laufen wie zuvor auf nackten Beinen und frieren. Wir wollen ihnen die Haut von den Schenkeln ziehen und uns Hosen daraus machen, wir wollen ihnen das Fett auslassen und unsere Suppen mit schmelzen. Fort! Todtgeschlagen, wer kein Loch im Rock hat!

1. Bürger. Todtgeschlagen, wer lesen und schreiben kann!

2. Bürger. Todtgeschlagen, wer auswärts geht!

(*Alle schreien:* todtgeschlagen, todtgeschlagen!
Einige schleppen einen **jungen Menschen** *herbey.*)

Einige Stimmen. Er hat ein Schnupftuch! ein Aristocrat! an die Laterne! an die Laterne!

2. Bürger. Was? er schneuzt sich die Nase nicht mit den Fingern? An die Laterne!

(*Eine Laterne wird herunter gelassen.*)

Junger Mensch. Ach meine Herren!

2. Bürger. Es giebt hier keine Herren! An die Laterne!

Einige singen.
Die da liegen in der Erden,
Von de Würm gefresse werden.
Besser hangen in der Luft,
Als verfaulen in der Gruft!

Junger Mensch. Erbarmen!

3. Bürger. Nur ein Spielen mit einer Hanflocke um den Hals! S'ist nur ein Augenblick, wir sind barmherziger als ihr. Unser Leben ist der Mord durch Arbeit, wir hängen 60 Jahre lang am Strick und zapplen, aber wir werden uns losschneiden.
An die Laterne!

Junger Mensch. Meinetwegen, ihr werdet deßwegen nicht heller sehen!

Die Umstehenden. Bravo, bravo!

Einige Stimmen. laßt ihn laufen!

(*er entwischt.*)

(**Robespierre**, *tritt auf, begleitet von* **Weibern** *und* **Ohnehosen**.)

Robespierre. Was giebt's da Bürger?

3. Bürger. Was wird's geben? Die paar Tropfen Bluts vom August und September haben dem Volk die Backen nicht roth gemacht. Die Guillotine ist zu langsam. Wir brauchen einen Platzregen.

1. Bürger. Unsere Weiber und Kinder schreien nach Brod, wir wollen sie mit Aristocratenfleisch füttern. Heh! todtgeschlagen wer kein Loch im Rock hat.

Alle. todtgeschlagen! todtgeschlagen!

Robespierre. Im Namen des Gesetzes

1. Bürger. Was ist das Gesetz?

Robespierre. Der Wille des Volks.

1. Bürger. Wir sind das Volk und wir wollen, daß kein Gesetz sey. ergo ist dießer Wille das Gesetz, ergo im Namen des Gesetzes giebts kein Gesetz mehr, ergo todtgeschlagen!

Einige Stimmen. Hört den Aristides, hört den Unbestechlichen!

Ein Weib. Hört den Messias, der gesandt ist zu wählen und zu richten; er wird die Bösen mit der Schärfe des Schwertes schlagen. Seine Augen sind die Augen der Wahl und seine Hände sind die Hände des Gerichts!

Robespierre. Armes, tugendhaftes Volk! Du thust deine Pflicht, du opferst deine Feinde. Volk du bist groß. Du offenbarst dich unter Blitzstrahlen und Donnerschlägen. Aber Volk deine Streiche dürfen deinen eignen Leib nicht verwunden, du mordest dich selbst in deinem Grimm. Du kannst nur durch deine eigne Kraft fallen, das wissen deine Feinde. Deine Gesetzgeber wachen, sie werden deine Hände führen, ihre Augen sind untrügbar, deine Hände sind unentrinnbar. Kommt mit zu den Jacobinern. Eure Brüder werden euch ihre Arme öffnen, wir werden ein Blutgericht über unsere Feinde halten.

Viele Stimmen. Zu den Jacobinern! es lebe Robespierre!

(*Alle ab.*)

Simon. Weh mir, verlassen! (*er versucht sich aufzurichten.*)

Sein Weib. Da! (*sie unterstüzt ihn.*)

Simon. Ach meine Baucis, du sammelst Kohlen auf mein Haupt.

Weib. Da steh!

Simon. Du wendest dich ab? Ha, kannst du mir vergeben, Porcia? Schlug ich dich? Das war nicht meine Hand, war nicht mein Arm, mein Wahnsinn that es.
Sein Wahnsinn ist des armen Hamlet Feind
Hamlet that's nicht, Hamlet verläugnet's.
Wo ist unsre Tochter, wo ist mein Sannchen?

Weib. Dort um das Eck herum.

Simon. Fort zu ihr, komm mein tugendreich Gemahl.

(*Beyde ab.*)

[I,3]

Der Jacobinerklubb.

Ein Lyoner. Die Brüder von Lyon senden uns um in eure Brust ihren bittern Unmuth auszuschütten. Wir wissen nicht ob der Karren, auf dem Ronsin zur Guillotine fuhr, der Todtenwagen der Freiheit war, aber wir wissen, daß seit jenem Tage die Mörder Chalier's wieder so fest auf den Boden treten, als ob es kein Grab für sie gäbe. Habt Ihr vergessen, daß Lyon ein Flecken auf dem Boden Frankreichs ist, den man mit den Gebeinen der Verräther zudecken muß? Habt Ihr vergessen, daß dieße Hure der Könige ihren Aussatz nur in dem Wasser der Rhone abwaschen kann? Habt Ihr vergessen, daß dießer revolutionäre Strom die Flotten Pitts im Mittelmeere auf den Leichen der Aristocraten muß stranden machen? Eure Barmherzigkeit mordet die Revolution. Der Athemzug eines Aristocraten ist das Röcheln der Freiheit. Nur ein Feigling stirbt für die Republik, ein Jacobiner tödtet für sie. Wißt, finden wir in Euch nicht mehr die Spannkraft der Männer des zehnten August, des September und des 31. May, so bleibt uns, wie dem Patrioten Gaillard nur der Dolch des Cato. (*Beifall und verwirrtes Geschrei*)

Ein Jacobiner. Wir werden den Becher des Socrates mit Euch trinken.

Legendre (*schwingt sich auf die Tribune*). Wir haben nicht nöthig unsere Blicke auf Lyon zu werfen. Die Leute, die seidne Kleider tragen, die in Kutschen fahren, die in den Logen im Theater sitzen und nach dem Dictionnär der Academie sprechen, tragen seit einigen Tagen die Köpfe fest auf den Schultern. Sie sind witzig und sagen man müsse Marat und Chalier zu einem doppelten Märtyrerthum verhelfen und sie in effigie guillotiniren.

(*heftige Bewegung in der Versammlung.*)

Einige Stimmen. Das sind todte Leute, Ihre Zunge guillotinirt sie.

Legendre. Das Blut dießer Heiligen komme über sie. Ich frage die anwesenden Mitglieder des Wohlfahrtsausschusses, seit wann ihre Ohren so taub geworden sind –

Collot d'Herbois (*unterbricht ihn*). Und ich frage Dich Legendre, wessen Stimme solchen Gedanken Athem giebt, daß sie lebendig werden und zu sprechen wagen. Es ist Zeit die Masken abzureißen. Hört! die Ursache verklagt ihre Wirkung, der Ruf sein Echo, der Grund seine Folge. Der Wohlfahrtsausschuß versteht mehr Logik, Legendre! Sey ruhig. Die Büsten der Heiligen werden unberührt bleiben, sie werden wie Medusenhäupter die Verräther in Stein verwandlen.

Robespierre. Ich verlange das Wort.

Die Jacobiner. Hört, hört den Unbestechlichen!

Robespierre. Wir warteten nur auf den Schrei des Unwillens, der von allen Seiten ertönt, um zu sprechen. Unsere Augen waren offen, wir sahen den Feind sich rüsten und sich erheben, aber wir haben das Lärmzeichen nicht gegeben, wir ließen das Volk sich selbst bewachen, es hat nicht geschlafen, es hat an die Waffen geschlagen. Wir ließen den Feind aus seinem Hinterhalt hervorbrechen, wir ließen ihn anrücken, jetzt steht er frei und ungedeckt in der Helle des Tages, jeder Streich wird ihn treffen, er ist todt, sobald ihr ihn erblickt habt.

Ich habe es Euch schon einmal gesagt: in zwei Abtheilungen, wie in 2 Heereshaufen sind die inneren Feinde der Republik zerfallen. Unter Bannern von verschiedener Farbe und auf den verschiedensten Wegen eilen sie alle dem nämlichen Ziele zu. Die eine dießer Factionen ist nicht mehr. In ihrem affectirten Wahnsinn suchte sie die erprobtesten Patrioten als abgenuzte Schwächlinge bey Seite zu werfen

um die Republik ihrer kräftigsten Arme zu berauben. Sie erklärte der Gottheit und dem Eigenthum den Krieg um eine Diversion zu Gunsten der Könige zu machen. Sie parodirte das erhabne Drama der Revolution um dieselbe durch studirte Ausschweifungen bloß zu stellen. Hebert's Triumph hätte die Republik in ein Chaos verwandelt und der Despotismus war befriedigt. Das Schwert des Gesetzes hat den Verräther getroffen. Aber was liegt den Fremden daran, wenn ihnen Verbrecher einer anderen Gattung zur Erreichung des nämlichen Zwecks bleiben? Wir haben nichts gethan, wenn wir noch eine andere Faction zu vernichten haben.
Sie ist das Gegentheil der vorhergehenden. Sie treibt uns zur Schwäche, ihr Feldgeschrei heißt: Erbarmen! Sie will dem Volk seine Waffen und die Kraft, welche die Waffen führt, entreißen um es nackt und entnervt den Königen zu überantworten.
Die Waffe der Republik ist der Schrecken, die Kraft der Republik ist die Tugend. Die Tugend, weil ohne sie der Schrecken verderblich, der Schrecken, weil ohne ihn die Tugend ohnmächtig ist. Der Schrecken ist ein Ausfluß der Tugend, er ist nichts anders als die schnelle, strenge und unbeugsame Gerechtigkeit. Sie sagen der Schrecken sey die Waffe einer despotischen Regierung, die unsrige gliche also dem Despotismus. Freilich, aber so wie das Schwert in den Händen eines Freiheitshelden dem Säbel gleicht, womit der Satellit der Tyrannen bewaffnet ist. Regiere der Despot seine thierähnlichen Unterthanen durch den Schrecken, er hat Recht als Despot, zerschmettert durch den Schrecken die Feinde der Freiheit und ihr habt als Stifter der Republik nicht minder Recht. Die Revolutionsregierung ist der Despotismus der Freiheit gegen die Tyrannei.
Erbarmen mit den Royalisten!, rufen gewisse Leute. Erbarmen mit Bösewichten? Nein! Erbarmen für die Unschuld, Erbarmen für die Schwäche, Erbarmen für die Unglücklichen, Erbarmen für die Menschheit. Nur dem friedlichen Bürger gebührt von Seiten der Gesellschaft Schutz. In einer Republik sind nur Republicaner Bürger, Royalisten und Fremde sind Feinde. Die Unterdrücker der Menschheit bestrafen ist Gnade, ihnen verzeihen ist Barbarei. Alle Zeichen einer falschen Empfindsamkeit, scheinen mir Seufzer, welche nach England oder nach Oestreich fliegen.
Aber nicht zufrieden den Arm des Volkes zu entwaffnen, sucht man noch die heiligsten Quellen seiner Kraft durch das Laster zu vergiften. Dieß ist der feinste, gefährlichste und abscheulichste Angriff auf die Freiheit. Das Laster ist das Kainszeichen des Aristocratismus. In einer Republik ist es nicht nur ein moralisches sondern auch ein politisches Verbrechen; der Lasterhafte ist der politische Feind der Freiheit, er ist ihr um so gefährlicher je größer die Dienste sind, die er ihr scheinbar erwiesen. Der gefährlichste Bürger ist derjenige, welcher leichter ein Dutzend rothe Mützen verbraucht, als eine gute Handlung vollbringt.
Ihr werdet mich leicht verstehen, wenn ihr an Leute denkt, welche sonst in Dachstuben lebten und jezt in Karossen fahren und mit ehemaligen Marquisinnen und Baronessen Unzucht treiben. Wir dürfen wohl fragen ist das Volk geplündert

oder sind die Goldhände der Könige gedrückt worden, wenn wir Gesetzgeber des Volks mit allen Lastern und allem Luxus der ehemaligen Höflinge Parade machen, wenn wir dieße Marquis und Grafen der Revolution reiche Weiber heirathen, üppige Gastmähler geben, spielen, Diener halten und kostbare Kleider tragen sehen. Wir dürfen wohl staunen, wenn wir sie Einfälle haben, schöngeistern und so etwas vom guten Ton bekommen hören. Man hat vor Kurzem auf eine unverschämte Weise den Tacitus parodirt, ich könnte mit dem Sallust antworten und den Catilina travestiren; doch ich denke, ich habe keine Striche mehr nöthig, die Portraits sind fertig.
Keinen Vertrag, keinen Waffenstillstand mit den Menschen welche nur auf Ausplünderung des Volkes bedacht waren, welche dieße Ausplünderung ungestraft zu vollbringen hofften, für welche die Republik eine Speculation und die Revolution ein Handwerk war. In Schrecken gesezt durch den reißenden Strom der Beispiele suchen sie ganz leise die Gerechtigkeit abzukühlen. Man sollte glauben, jeder sage zu sich selbst: wir sind nicht tugendhaft genug um so schrecklich zu seyn. Philosophische Gesetzgeber erbarmt Euch unsrer Schwäche, ich wage Euch nicht zu sagen, daß ich lasterhaft bin, ich sage Euch also lieber, seyd nicht grausam!
Beruhige dich tugendhaftes Volk, beruhigt Euch Ihr Patrioten, sagt Euern Brüdern zu Lyon, das Schwert des Gesetzes roste nicht in den Händen, denen Ihr es anvertraut habt. – Wir werden der Republik ein großes Beispiel geben …

(***Allgemeiner Beifall, viele* Stimmen:** es lebe die Republik, es lebe Robespierre.)

Praesident. Die Sitzung ist aufgehoben.

[I,4]

Eine Gasse.

Lacroix. Legendre.

Lacroix. Was hast du gemacht Legendre, weißt du auch, wem du mit deinen Büsten den Kopf herunter wirfst?

Legendre. Einigen Stutzern und eleganten Weibern, das ist Alles.

Lacroix. Du bist ein Selbstmörder, ein Schatten, der sein Original und somit sich selbst ermordet.

Legendre. Ich begreife nicht.

Lacroix. Ich dächte Collot hätte deutlich gesprochen.

Legendre. Was macht das? er war wieder betrunken.

Lacroix. Narren, Kinder und – nun? – Betrunkne sagen die Wahrheit. Wen glaubst du denn, daß Robespierre mit dem Catilina gemeint habe?

Legendre. Nun?

Lacroix. Die Sache ist einfach man hat die Atheisten und Ultrarevolutionärs aufs Schaffott geschickt; aber dem Volk ist nicht geholfen es läuft noch barfuß in den Gassen und will sich aus Aristocratenleder Schuhe machen. Der Guillotinenthermometer darf nicht fallen, noch einige Grade und der Wohlfahrtsausschuß kann sich sein Bett auf dem Revolutionsplatz suchen.

Legendre. Was haben damit meine Büsten zu schaffen?

Lacroix. Siehst du's noch nicht? Du hast die Contrerevolution officiell bekannt gemacht, du hast die Decemvirn zur Energie gezwungen, du hast ihnen die Hand geführt. Das Volk ist ein Minotaurus, der wöchentlich seine Leichen haben muß, wenn er sie nicht auffressen soll.

Legendre. Wo ist Danton?

Lacroix. Was weiß ich? Er sucht eben die mediceische Venus stückweise bey allen Grisetten des palais royal zusammen, er macht Mosaik, wie er sagt; der Himmel weiß bey welchem Glied er gerade ist. Es ist ein Jammer, daß die Natur die Schönheit, wie Medea ihren Bruder, zerstückelt und sie so in Fragmenten in die Körper gesenkt hat. Gehn wir in's palais royal. (***Beyde ab.***)

[I,5]

Ein Zimmer.

Danton. Marion.

Marion. Nein, laß mich! So zu deinen Füßen. Ich will Dir erzählen.

Danton. Du könntest deine Lippen besser gebrauchen.

Marion. Nein laß mich einmal so. Meine Mutter war eine kluge Frau, sie sagte mir immer die Keuschheit sey eine schöne Tugend, wenn Leute in's Haus kamen und von manchen Dingen zu sprechen anfingen, hieß sie mich aus dem Zimmer gehn; frug ich was die Leute gewollt hätten so sagte sie mir ich solle mich schämen; gab sie mir ein Buch zu lesen so mußt ich fast immer einige Seiten überschlagen. Aber die Bibel las ich nach Belieben, da war Alles heilig, aber es war etwas darin, was ich nicht begriff, ich mochte auch niemand fragen; ich brütete über mir selbst. Da kam der Frühling, es gieng überall etwas um mich vor, woran ich keinen Theil hatte. Ich gerieth in eine eigne Atmosphäre, sie erstickte mich fast, ich betrachtete meine Glieder, es war mir manchmal, als wäre ich doppelt und verschmölze dann wieder in Eins. Ein junger Mensch kam zu der Zeit in's Haus, er war hübsch und sprach oft tolles Zeug, ich wußte nicht recht, was er wollte, aber ich mußte lachen. Meine Mutter hieß ihn öfters kommen, das war uns Beyden recht. Endlich sahen wir nicht ein, warum wir nicht eben so gut zwischen zwei Bettüchern bei einander liegen, als auf zwei Stühlen nebeneinander sitzen durften. Ich fand dabey mehr Vergnügen, als bey seiner Unterhaltung und sah nicht ab, warum man mir das geringere gewähren und das größere entziehen wollte. Wir thaten's heimlich. Das gieng so fort. Aber ich wurde wie ein Meer, was Alles verschlang und sich tiefer und tiefer wühlte. Es war für mich nur ein Gegensatz da, alle Männer verschmolzen in einen Leib. Meine Natur war einmal so, wer kann da drüber hinaus? Endlich merkt er's. Er kam eines Morgens und küßte mich, als wollte er mich ersticken, seine Arme schnürten sich um meinen Hals, ich war in unsäglicher Angst. Da ließ er mich los und lachte und sagte: er hätte fast einen dummen Streich gemacht, ich solle mein Kleid nur behalten und es brauchen, es würde sich schon von selbst abtragen, er wolle mir den Spaß nicht vor der Zeit verderben, es wär doch das Einzige, was ich hätte. Dann gieng er, ich wußte wieder nicht was er wollte. Den Abend saß ich am Fenster, ich bin sehr reizbar und hänge mit Allem um mich nur durch eine Empfindung zusammen, ich versank in die Wellen der Abendröthe. Da kam ein Haufe die Straße herab, die Kinder liefen voraus, die Weiber sahen aus den Fenstern. Ich sah hinunter sie trugen ihn in einem Korb vorbey, der Mond schien auf seine bleiche Stirn, seine Locken waren feucht, er hatte sich ersäuft. Ich mußte weinen. Das war der einzige Bruch in meinem Wesen. Die andern Leute haben Sonn- und Werktage, sie arbeiten 6 Tage und beten am 7.ten, sie sind jedes Jahr auf ihren Geburtstag einmal gerührt und denken jedes Jahr auf Neujahr einmal nach. Ich begreife nichts davon. Ich kenne keinen Absatz, keine Veränderung. Ich bin immer nur Eins. Ein ununterbrochnes Sehnen und Fassen, eine Gluth, ein Strom. Meine Mutter ist vor Gram gestorben, die Leute weisen mit Fingern auf mich. Das ist dumm. Es läuft auf eins hinaus, an was man seine Freude hat, an Leibern, Christusbildern, Blumen oder Kinderspielsachen, es ist das nemliche Gefühl, wer am Meisten genießt, betet am Meisten.

Danton. Warum kann ich deine Schönheit nicht ganz in mich fassen, sie nicht ganz umschließen?

Marion. Danton, deine Lippen haben Augen.

Danton. Ich möchte ein Theil des Aether[s] seyn, um dich in meiner Fluth zu baden, um mich auf jeder Welle deines schönen Leibes zu brechen.

(Lacroix, Adelaide, Rosalie, *treten ein.*)

Lacroix (*bleibt in der Thür stehn*). Ich muß lachen, ich muß lachen.

Danton (*unwillig*). Nun?

Lacroix. Die Gasse fällt mir ein

Danton. Und?

Lacroix. Auf der Gasse waren Hunde, eine Dogge und ein Bologneser Schooßhündlein, die quälten sich.

Danton. Was soll das?

Lacroix. Das fiel mir nun grade so ein und da mußt' ich lachen. Es sah erbaulich aus! Die Mädel guckten aus den Fenstern, man sollte vorsichtig seyn und sie nicht einmal in die Sonne sitzen lassen, die Mücken treiben's ihnen sonst auf den Händen, das macht Gedanken.

Legendre und ich sind fast durch alle Zellen gelaufen, die Nönnlein von der Offenbarung durch das Fleisch hingen uns an den Rockschößen und wollten den Segen. Legendre giebt einer die Disciplin, aber er wird einen Monat dafür zu fasten bekommen. Da bringe ich zwei von den Priesterinnen mit dem Leib.

Marion. Guten Tag, demoiselle Adelaide, guten Tag, demoiselle Rosalie.

Rosalie. Wir hatten schon lange nicht das Vergnügen.

Marion. Es war mir recht leid.

Adelaide. Ach Gott, wir sind Tag und Nacht beschäftigt.

Danton (*zu* **Rosalie**). Ey Kleine, du hast ja geschmeidige Hüften bekommen,

Rosalie. Ach ja, man vervollkommnet sich täglich.

Lacroix. Was ist der Unterschied zwischen dem antiken und einem modernen Adonis?

Danton. Und Adelaide ist sittsam interessant geworden! eine pikante Abwechslung. Ihr Gesicht sieht aus wie ein Feigenblatt, das sie sich vor den ganzen Leib hält. So ein Feigenbaum an einer so gangbaren Straße giebt einen erquicklichen Schatten.

Adelaide. Ich wäre ein Heerdweg, wenn Monsieur

Danton. Ich verstehe, nur nicht böse mein Fräulein.

Lacroix. So höre doch, ein moderner Adonis wird nicht von einem Eber, sondern von Säuen zerrissen, er bekommt seine Wunde nicht am Schenkel sondern in den Leisten und aus seinem Blut sprießen nicht Rosen hervor sondern schießen Quecksilberblüthen an.

Danton. Fräulein Rosalie ist ein restaurirter Torso, woran nur die Hüften und Füße antik sind. Sie ist eine Magnetnadel, was der Pol Kopf abstößt, zieht der Pol Fuß an, die Mitte ist ein Aequator, wo jeder eine Sublimattaufe nöthig hat, der zum Erstenmal die Linie passirt.

Lacroix. Zwei barmherzige Schwestern, jede dient in einem Spital d. h. in ihrem eignen Körper.

Rosalie. Schämen Sie sich, unsere Ohren roth zu machen!

Adelaide. Sie sollten mehr Lebensart haben. (**Adelaide** *und* **Rosalie**, *ab.*)

Danton. Gute Nacht, ihr hübschen Kinder!

Lacroix. Gute Nacht, ihr Quecksilbergruben!

Danton. Sie dauern mich, sie kommen um ihr Nachtessen.

Lacroix. Höre Danton, ich komme von den Jacobinern.

Danton. Nichts weiter?

Lacroix. Die Lyoner verlasen eine Proclamation, sie meinten es bliebe ihnen nichts übrig, als sich in die Toga zu wickeln. Jeder machte ein Gesicht, als wollte er zu seinem Nachbar sagen: Paetus es schmerzt nicht! Legendre schrie man wolle Chalier's und Marat's Büsten zerschlagen; ich glaube er will sich das Gesicht wieder roth machen, er ist ganz aus der terreur herausgekommen, die Kinder zupfen ihn auf der Gasse am Rock.

Danton. Und Robespierre?

Lacroix. Fingerte auf der Tribune und sagte: die Tugend muß durch den Schrecken herrschen. Die Phrase machte mir Halsweh.

Danton. Sie hobelt Bretter für die Guillotine.

Lacroix. Und Collot schrie wie besessen, man müsse die Masken abreißen.

Danton. Da werden die Gesichter mitgehen.

(**Paris**, *tritt ein.*)

Lacroix. Was giebt's Fabricius?

Paris. Von den Jacobinern weg, gieng ich zu Robespierre. Ich verlangte eine Erklärung. Er suchte eine Miene zu machen, wie Brutus, der seine Söhne opfert. Er sprach im Allgemeinen von den Pflichten, sagte der Freiheit gegenüber kenne er keine Rücksicht, er würde Alles opfern, sich, seinen Bruder, seine Freunde.

Danton. Das war deutlich, man braucht nur die Scala herumzukehren, so steht er unten und hält seinen Freunden die Leiter. Wir sind Legendre Dank schuldig, er hat sie sprechen gemacht.

Lacroix. Die Hebertisten sind noch nicht todt, das Volk ist materiell elend, das ist ein furchtbarer Hebel. Die Schaale des Blutes darf nicht steigen, wenn sie dem Wohlfahrtsausschuß nicht zur Laterne werden soll, er hat Ballast nöthig, er braucht einen schweren Kopf.

Danton. Ich weiß wohl, – die Revolution ist wie Saturn, sie frißt ihre eignen Kinder.

(*nach einigem Besinnen.*)

Doch, sie werden's nicht wagen.

Lacroix. Danton, du bist ein todter Heiliger, aber die Revolution kennt keine Reliquien, sie hat die Gebeine aller Könige auf die Gasse und alle Bildsäulen von den Kirchen geworfen. Glaubst du man würde dich als Monument stehen lassen?

Danton. Mein Name! das Volk!

Lacroix. Dein Name! du bist ein Gemäßigter, ich bin einer, Camille, Philippeau, Herault. Für das Volk sind Schwäche und Mäßigung eins. Es schlägt die Nachzügler todt. Die Schneider von der Section der rothen Mütze werden die ganze römische Geschichte in ihrer Nadel fühlen, wenn der Mann des September ihnen gegenüber ein Gemäßigter war.

Danton. Sehr wa[h]r, und außerdem – das Volk ist wie ein Kind, es muß Alles zerbrechen, um zu sehen was darin steckt.

Lacroix. Und außerdem Danton, sind wir lasterhaft, wie Robespierre sagt d. h. wir genießen, und das Volk ist tugendhaft d. h. es genießt nicht, weil ihm die Arbeit die Genußorgane stumpf macht, es besäuft sich nicht, weil es kein Geld hat und es geht nicht in's Bordel, weil es nach Käs und Häring aus dem Hals stinkt und die Mädel davor einen Ekel haben.

Danton. Es haßt die Genießenden, wie ein Eunuch die Männer.

Lacroix. Man nennt uns Spitzbuben und (*sich zu den Ohren* Dantons *neigend.*) es ist, unter uns gesagt, so halbwegs was Wahres dran. Robespierre und das Volk werden tugendhaft seyn, St. Just wird einen Roman schreiben und Barrère wird eine Carmagnole schneidern und dem Convent das Blutmäntelchen umhängen und – ich sehe Alles

Danton. Du träumst. Sie hatten nie Muth ohne mich, sie werden keinen gegen mich haben; die Revolution ist noch nicht fertig, sie könnten mich noch nöthig haben, sie werden mich im Arsenal aufheben.

Lacroix. Wir müssen handeln.

Danton. Das wird sich finden.

Lacroix. Es wird sich finden, wenn wir verloren sind.

Marion (*zu* **Danton**). Deine Lippen sind kalt geworden, deine Worte haben deine Küsse erstickt.

Danton (*zu* **Marion**). So viel Zeit zu verlieren! das war der Mühe werth! (*zu* **Lacroix.**) Morgen geh' ich zu Robespierre, ich werde ihn ärgern, da kann er nicht schweigen. Morgen also! Gute Nacht meine Freunde, gute Nacht, ich danke Euch.

Lacroix. Packt Euch, meine guten Freu[n]de, Packt Euch! Gute Nacht Danton, die Schenkel der demoiselle guillotiniren dich, der mons Veneris wird dein tarpeiischer Fels.

(*Ab.*)

[**I,6**]

Ein Zimmer.

Robespierre, Danton, Paris.

Robespierre. Ich sage dir, wer [mir] in den Arm fällt, wenn ich das Schwert ziehe, ist mein Feind, seine Absicht thut nichts zur Sache, wer mich verhindert mich zu vertheidigen, tödtet mich so gut, als wenn er mich angriffe.

Danton. Wo die Nothwehr aufhört fängt der Mord an, ich sehe keinen Grund, der uns länger zum Tödten zwänge.

Robespierre. Die sociale Revolution ist noch nicht fertig, wer eine Revolution zur Hälfte vollendet, gräbt sich selbst sein Grab. Die gute Gesellschaft ist noch nicht todt, die gesunde Volkskraft muß sich an die Stelle dießer nach allen Richtungen abgekitzelten Klasse setzen. Das Laster muß bestraft werden, die Tugend muß durch den Schrecken herrschen.

Danton. Ich verstehe das Wort Strafe nicht.
Mit deiner Tugend Robespierre! du hast kein Geld genommen, du hast keine Schulden gemacht, du hast bey keinem Weibe geschlafen, du hast immer einen anständigen Rock getragen und dich nie betrunken. Robespierre du bist empörend rechtschaffen. Ich würde mich schämen 30 Jahre lang mit der nämlichen Moralphysiognomie zwischen Himmel und Erde herumzulaufen bloß um des elenden Vergnügens willen Andre schlechter zu finden, als mich.
Ist denn nichts in dir, was dir nicht manchmal ganz leise, heimlich sagte, du lügst, du lügst!

Robespierre. Mein Gewissen ist rein.

Danton. Das Gewissen ist ein Spiegel vor dem ein Affe sich quält; jeder putzt sich wie er kann, und geht auf seine eigne Art auf seinen Spaß dabey aus. Das ist der Mühe werth sich darüber in den Haaren zu liegen. Jeder mag sich wehren, wenn ein Andrer ihm den Spaß verdirbt. Hast du das Recht aus der Guillotine einen Waschzuber für die unreine Wäsche anderer Leute und aus ihren abgeschlagnen Köpfen Fleckkugeln für ihre schmuzzigen Kleider zu machen, weil du immer einen sauber gebürsteten Rock trägst? Ja, du kannst dich wehren, wenn sie dir drauf spuken oder Löcher hineinreißen, aber was geht es dich an, so lang sie dich in Ruhe lassen? Wenn sie sich nicht geniren so herum zu gehn, hast du deßwegen das Recht sie in's Grabloch zu sperren? Bist du der Policeysoldat des Himmels? Und kannst du es nicht eben so gut mit ansehn, als dein lieber Herrgott, so halte dir dein Schnupftuch vor die Augen.

Robespierre. Du leugnest die Tugend?

Danton. Und das Laster. Es giebt nur Epicuräer und zwar grobe und feine, Christus war der feinste; das ist der einzige Unterschied, den ich zwischen den Menschen herausbringen kann. Jeder handelt seiner Natur gemäß d. h. er thut, was ihm wohl thut.
Nicht wahr Unbestechlicher, es ist grausam dir die Absätze so von den Schuhen zu treten?

Robespierre. Danton, das Laster ist zu gewissen Zeiten Hochverrath.

Danton. Du darfst es nicht proscribiren, um's Himmelswillen nicht, das wäre undankbar, du bist ihm zu viel schuldig, durch den Contrast nämlich.
Uebrigens, um bey deinen Begriffen zu bleiben, unsere Streiche müssen der Republik nützlich seyn, man darf die Unschuldigen nicht mit den Schuldigen treffen.

Robespierre. Wer sagt dir denn, daß ein Unschuldiger getroffen worden sey?

Danton (*zu* **Paris**). Hörst du Fabricius? Es starb kein Unschuldiger!

(*er geht, im Hinausgehn zu* **Paris.**)

Wir dürfen keinen Augenblick verlieren, wir müssen uns zeigen!

(**Danton** *und* **Paris** *ab.*)

Robespierre (*allein*). Geh nur! Er will die Rosse der Revolution am Bordel halten machen, wie ein Kutscher seine dressirten Gäule, sie werden Kraft genug haben, ihn zum Revolutionsplatz zu schleifen.
Mir die Absätze von den Schuhen treten!
Um bey deinen Begriffen zu bleiben!
Halt! Halt! Ist's das eigentlich? Sie werden sagen seine gigantische Gestalt hätte zuviel Schatten auf mich geworfen, ich hätte ihn deßwegen aus der Sonne gehen heißen.
Und wenn sie Recht hätten?
Ist's denn so nothwendig? Ja, ja! die Republik! Er muß weg.
Es ist lächerlich wie meine Gedanken einander beaufsichtigen. Er muß weg. Wer in einer Masse, die vorwärts drängt stehen bleibt, leistet so gut Widerstand als trät' er ihr entgegen; er wird zertreten.
Wir werden das Schiff der Revolution nicht auf den seichten Berechnungen und den Schlammbänken dießer Leute stranden lassen, wir müssen die Hand abhauen, die es zu halten wagt und wenn er es mit den Zähnen packte!
Weg mit einer Gesellschaft, die der todten Aristocratie die Kleider ausgezogen und ihren Aussatz geerbt hat.
Keine Tugend! die Tugend ein Absatz meiner Schuhe! Bey meinen Begriffen!
Wie das immer wieder kommt.
Warum kann ich den Gedanken nicht los werden? Er deutet mit blutigem Finger

immer da, da hin! Ich mag soviel Lappen darum wickeln als ich will, das Blut schlägt immer durch. –

(*Nach einer Pause.*)

Ich weiß nicht, was in mir das Andere belügt.

(*Er tritt an's Fenster.*)

Die Nacht schnarcht über der Erde und wälzt sich im wüsten Traum. Gedanken, Wünsche kaum geahnt, wirr und gestaltlos, die scheu sich vor des Tages Licht verkrochen, empfangen jezt Form und Gewand und stehlen sich in das stille Haus des Traums. Sie öffnen die Thüren, sie sehen aus den Fenstern, sie werden halbwegs Fleisch, die Glieder strecken sich im Schlaf, die Lippen murmeln. – Und ist nicht unser Wachen ein hellerer Traum, sind wir nicht Nachtwandler, ist nicht unser Handeln, wie das im Traum, nur deutlicher, bestimmter, durchgeführter? Wer will uns darum schelten? In einer Stunde verrichtet der Geist mehr Thaten des Gedankens, als der träge Organismus unsres Leibes in Jahren nachzuthun vermag. Die Sünde ist im Gedanken. Ob der Gedanke That wird, ob ihn der Körper nachspielt, das ist Zufall.

(St. Just, *tritt ein.*)

Robespierre. He, werda im Finstern? He Licht, Licht!

St. Just. Kennst du meine Stimme?

Robespierre. Ah, du St. Just!

(*eine* Dienerin *bringt Licht.*)

St. Just. Warst du allein?

Robespierre. Eben gieng Danton weg.

St. Just. Ich traf ihn unterwegs im palais royal. Er machte seine revolutionäre Stirn und sprach in Epigrammen; er duzte sich mit den Ohnehosen, die Grisetten liefen hinter seinen Waden drein und die Leute blieben stehn und zischelten sich in die Ohren, was er gesagt hatte.

Wir werden den Vortheil des Angriffs verlieren. Willst du noch länger zaudern? Wir werden ohne dich handeln. Wir sind entschlossen.

Robespierre. Was wollt Ihr thun?

St. Just. Wir berufen den Gesetzgebungs, den Sicherheits und den Wohlfahrtsausschuß zu feierlicher Sitzung.

Robespierre. Viel Umstände.

St. Just. Wir müssen die große Leiche mit Anstand begraben, wie Priester, nicht wie Mörder. Wir dürfen sie nicht zerstücken, all ihre Glieder müssen mit hinunter.

Robespierre. Sprich deutlicher.

St. Just. Wir müssen ihn in seiner vollen Waffenrüstung beisetzen und seine Pferde und Sclaven auf seinem Grabhügel schlachten. Lacroix –

Robespierre. Ein ausgemachter Spitzbube, gewesner Advokatenschreiber, gegenwärtig Generallieutnant von Frankreich. Weiter.

St. Just. Hérault-Séchelles.

Robespierre. Ein schöner Kopf.

St. Just. Er war der schöngemalte Anfangsbuchstaben der Constitutionsacte, wir haben dergleichen Zierrath nicht mehr nöthig, er wird ausgewischt. Philippeau, Camille

Robespierre. Auch den?

St. Just (*überreicht ihm ein Papier*). Das dacht' ich. Da lies!

Robespierre. Aha, der alte Franziskaner, sonst nichts? Er ist ein Kind, er hat über Euch gelacht.

St. Just. Lies, hier! hier! (*er zeigt ihm eine Stelle.*)

Robespierre (*liest*). „Dießer Blutmessias Robespierre auf seinem Kalvarienberge zwischen den beyden Schächern Couthon und Collot, auf dem er opfert und nicht geopfert wird. Die Guillotinenbetschwestern stehen wie Maria und Magdalena unten. St. Just liegt ihm wie Johannes am Herzen, und macht den Convent mit den apokalyptischen Offenbarungen des Meisters bekannt, er trägt seinen Kopf wie eine Monstranz."

St. Just. Ich will ihn den seinigen wie St. Denis tragen machen.

Robespierre (*liest weiter*). „Sollte man glauben, daß der saubre Frack des Messias das Leichenhemd Frankreichs ist und daß seine dünnen auf der Tribune herumzuckenden Finger, Guillotinmesser sind?

Und du Barrère, der du gesagt hast, auf dem Revolutionsplatz werde Münze geschlagen. Doch – ich will den alten Sack nicht aufwühlen. Er ist eine Wittwe, die schon ein halb Dutzend Männer hatte und sie begraben half. Wer kann was dafür? Das ist so seine Gabe, er sieht den Leuten ein halbes Jahr vor dem Tode das hippocratische Gesicht an. Wer mag sich auch zu Leichen setzen und den Gestank riechen?"

Also auch du Camill?

Weg mit ihnen! Rasch! nur die Todten kommen nicht wieder. Hast du die Anklage bereit?

St. Just. Es macht sich leicht. Du hast die Andeutungen bey den Jacobinern gemacht.

Robespierre. Ich wollte sie schrecken.

St. Just. Ich brauche nur durchzuführen, die Fälscher geben das Ey und die Fremden den Apfel ab. Sie sterben an der Mahlzeit, ich gebe dir mein Wort.

Robespierre. Dann rasch, morgen. Keinen langen Todeskampf! Ich bin empfindlich seit einigen Tagen. Nur rasch!

(St. Just, *ab.*)

Robespierre (*allein*). Ja wohl, Blutmessias, der opfert und nicht geopfert wird. –

Er hat sie mit seinem Blut erlöst und ich erlöse sie mit ihrem eignen. Er hat sie sündigen gemacht und ich nehme die Sünde auf mich. Er hatte die Wollust des Schmerzes und ich habe die Quaal des Henkers.

Wer hat sich mehr verleugnet, Ich oder er? –

Und doch ist was von Narrheit in dem Gedanken. –

Was sehen wir nur immer nach dem Einen? Wahrlich des Menschensohn wird in uns Allen gekreuzigt, wir ringen Alle im Gethsemanegarten im blutigen Schweiß, aber es erlöst Keiner den Andern mit seinen Wunden. – Mein Camille! – Sie gehen Alle von mir – es ist Alles wüst und leer – ich bin allein.

[II,1]

II. Act.

Ein Zimmer.

Danton, Lacroix, Philippeau, Paris, Camille Desmoulins.

Camille. Rasch Danton wir haben keine Zeit zu verlieren.

Danton (*er kleidet sich an*). aber die Zeit verliert uns.

Das ist sehr langweilig immer das Hemd zuerst und dann die Hosen drüber zu ziehen und des Abends in's Bett und Morgens wieder heraus zu kriechen und einen Fuß immer so vor den andern zu setzen, da ist gar kein Absehens wie es anders werden soll. Das ist sehr traurig und daß Millionen es schon so gemacht haben und daß Millionen es wieder so machen werden und, daß wir noch obendrein aus zwei Hälften bestehen, die beyde das Nämliche thun, so daß Alles doppelt geschieht. Das ist sehr traurig.

Camille. Du sprichst in einem ganz kindlichen Ton.

Danton. Sterbende werden oft kindisch.

Lacroix. Du stürzest dich durch dein Zögern in's Verderben, du reißest alle deine Freunde mit dir. Benachrichtige die Feiglinge, daß es Zeit ist sich um dich zu versammlen, fordere sowohl die vom Thale als die vom Berge auf. Schreie über die Tyrannei der Decemvirn, sprich von Dolchen, rufe Brutus an, dann wirst du die Tribünen erschrecken und selbst die um dich sammeln, die man als Mitschuldige Heberts bedroht. Du mußt dich deinem Zorn überlassen. Laßt uns wenigstens nicht entwaffnet und erniedrigt wie der schändliche Hebert sterben.

Danton. Du hast ein schlechtes Gedächtniß, du nanntest mich einen todten Heiligen. Du hattest mehr Recht, als du selbst glaubtest. Ich war bey den Sectionen, sie waren ehrfurchtsvoll, aber wie Leichenbitter. Ich bin eine Reliquie und Reliquien wirft man auf die Gasse, Du hattest Recht.

Lacroix. Warum hast Du es dazu kommen lassen?

Danton. Dazu? Ja wahrhaftig, es war mir zulezt langweilig. Immer im nämlichen Rock herumzulaufen, und die nämlichen Falten zu ziehen! Das ist erbärmlich. So ein armseeliges Instrument zu seyn, auf dem eine Saite immer nur einen Ton angiebt!

S'ist nicht zum Aushalten. Ich wollte mir's bequem machen. Ich hab' es erreicht, die Revolution sezt mich in Ruhe, aber auf andere Weise, als ich dachte.

Uebrigens, auf was sich stützen? Unsere Huren könnten es noch mit den Guillotinenbetschwestern aufnehmen, sonst weiß ich nichts. Es läßt sich an den Fingern herzählen: die Jacobiner haben erklärt, daß die Tugend an der Tagesordnung sey, die Cordeliers nennen mich Hebert's Henker, der Gemeinderath thut Buße, der Convent, – das wäre noch ein Mittel! aber es gäbe einen 31. May, sie würden nicht gutwillig weichen. Robespierre ist das Dogma der Revolution, es darf nicht ausgestrichen werden. Es gienge auch nicht. Wir haben nicht die Revolution, sondern die Revolution hat uns gemacht.

Und wenn es gienge – ich will lieber guillotinirt werden, als guillotiniren lassen. Ich hab es satt, wozu sollen wir Menschen miteinander kämpfen? Wir sollten uns nebeneinander setzen und Ruhe haben. Es wurde ein Fehler gemacht, wie wir geschaffen worden, es fehlt uns was, ich habe keinen Namen dafür, wir werden es uns einander nicht aus den Eingeweiden herauswühlen, was sollen wir uns drum die Leiber aufbrechen? Geht, wir sind elende Alchymisten.

Camille. Pathetischer gesagt würde es heißen: wie lange soll die Menschheit im ewigen Hunger ihre eignen Glieder fressen? oder, wie lange sollen wir Schiffbrüchige auf einem Wrack in unlöschbarem Durst einander das Blut aus den Adern saugen? oder, wie lange sollen wir Algebraisten im Fleisch beym Suchen nach dem unbekannten, ewig verweigerten x unsere Rechnungen mit zerfezten Gliedern schreiben?

Danton. Du bist ein starkes Echo.

Camille. Nicht wahr, ein Pistolenschuß schallt gleich wie ein Donnerschlag. Desto besser für Dich, du solltest mich immer bey dir haben.

Philippeau. Und Frankreich bleibt seinen Henkern?

Danton. Was liegt daran? Die Leute befinden sich ganz wohl dabey. Sie haben Unglück, kann man mehr verlangen um gerührt, edel, tugendhaft oder witzig zu seyn oder um überhaupt keine Langeweile zu haben?

Ob sie nun an der Guillotine oder am Fieber oder am Alter sterben? Es ist noch vorzuziehen, sie treten mit gelenken Gliedern hinter die Coulissen und können im Abgehen noch hübsch gesticuliren und die Zuschauer klatschen hören. Das ist ganz artig und paßt für uns, wir stehen immer auf dem Theater, wenn wir auch zulezt im Ernst erstochen werden.

Es ist recht gut, daß die Lebenszeit ein wenig reducirt wird, der Rock war zu lang, unsere Glieder konnten ihn nicht ausfüllen. Das Leben wird ein Epigramm, das geht an, wer hat auch Athem und Geist genug für ein Epos in 50 oder 60 Gesängen? S'ist Zeit, daß man das bißchen Essenz nicht mehr aus Zübern sondern aus Liqueurgläschen trinkt, so bekommt man doch das Maul voll, sonst konnte man kaum einige Tropfen in dem plumpen Gefäß zusamme[n]rinnen machen.

Endlich – ich müßte schreien, das ist mir der Mühe zuviel, das Leben ist nicht die Arbeit werth, die man sich macht, es zu erhalten.

Paris. So flieh Danton!

Danton. Nimmt man das Vaterland an den Schuhsohlen mit?

Und endlich – und das ist die Hauptsache: sie werden's nicht wagen.

(*zu* **Camille.**) Komm mein Junge, ich sage dir sie werden's nicht wagen. Adieu. Adieu!

(**Danton** *und* **Camille** *ab.*)

Philippeau. da geht er hin.

Lacroix. Und glaubt kein Wort von dem was er gesagt hat. Nichts als Faulheit! Er will sich lieber guillotini[ren] lassen, als eine Rede halten.

Paris. Was thun?

Lacroix. Heim gehn und als Lucrecia auf einen anständigen Fall studiren.

[II,2]

Eine Promenade.

Spaziergänger.

Ein Bürger. Meine gute Jaqueline, ich wollte sagen Corn, wollt' ich Cor

Simon. Cornelia, Bürger, Cornelia.

Bürger. Meine gute Cornelia hat mich mit einem Knäblein erfreut.

Simon. Hat der Republik einen Sohn geboren.

Bürger. Der Republik, das lautet zu allgemein, man könnte sagen

Simon. Das ist's gerade, das Einzelne muß sich dem Allgemeinen

Bürger. Ach ja, das sagt meine Frau auch.

Bänkelsänger. Was doch ist, was doch ist
Aller Männer Freud und Lüst?

Bürger. Ach mit den Namen, da komm ich gar nicht in's Reine.

Simon. Tauf' ihn: Pike, Marat.

Bänkelsänger. Unter Kummer, unter Sorgen
Sich bemühn vom frühen Morgen
Bis der Tag vorüber ist.

Bürger. Ich hätte gern drei, es ist doch was mit der Zahl drei, und dann was Nützliches und was Rechtliches, jezt hab' ich's: Pflug, Robespierre.
Und dann das dritte?

Simon. Pike.

Bürger. Ich dank Euch, Nachbar. Pike, Pflug, Robespierre, das sind hübsche Namen, das macht sich schön.

Simon. Ich sage Dir, die Brust deiner Cornelia, wird wie das Euter der römischen Wölfin, nein, das geht nicht.
Romulus war ein Tyrann, das geht nicht. (***gehn vorbei.***)

Ein Bettler (*singt*). Eine Handvoll Erde
und ein wenig Moos
Liebe Herren, schöne Damen!

1. Herr. Kerl arbeite, du siehst ganz wohlgenährt aus.

2. Herr. Da! (***er giebt ihm Geld.***) er hat eine Hand wie Sammt. Das ist unverschämt.

Bettler. Mein Herr wo habt Ihr Euren Rock her?

2. Herr. Arbeit, Arbeit! du könntest den nemlichen haben, ich will dir Arbeit geben, komm zu mir, ich wohne

Bettler. Herr, warum habt Ihr gearbeitet?

2. Herr. Narr, um den Rock zu haben.

Bettler. Ihr habt Euch gequält um einen Genuß zu haben, denn so ein Rock ist ein Genuß, ein Lumpen thut's auch.

2. Herr. Freilich, sonst geht's nicht.

BETTLER. Daß ich ein Narr wäre. Das hebt einander. Die Sonne scheint warm an das Eck und das geht ganz leicht. (*singt.*)

Eine Handvoll Erde und ein wenig Moos

ROSALIE (*zu* **ADELAIDEN**). Mach fort, da kommen Soldaten, wir haben seit gestern nichts Warmes in den Leib gekriegt.

BETTLER. Ist auf dießer Erde
einst mein letztes Loos!

Meine Herren, meine Damen!

SOLDAT. Halt! wo hinaus meine Kinder?
(*zu* **ROSALIE**) wie alt bist du?

ROSALIE. So alt wie mein kleiner Finger.

SOLDAT. Du bist sehr spitz.

ROSALIE. Und du sehr stumpf.

SOLDAT. So will ich mich an dir wetzen. (*er singt.*)

Christinlein, lieb Christinlein mein,
Thut dir der Schaden weh, Schaden weh,
Schaden weh, Schaden weh!

ROSALIE (*singt*). Ach nein, ihr Herrn Soldaten,
Ich hätt' es gerne meh, gerne meh,
Gerne meh, gerne meh!

(**DANTON** *und* **CAMILLE** *treten auf.*)

DANTON. Geht das nicht lustig?
Ich wittre was in der Athmosphäre, es ist als brüte die Sonne Unzucht aus.
Möchte man nicht drunter springen, sich die Hosen vom Leibe reißen und sich über den Hintern begatten wie die Hunde auf der Gasse?

(*gehen vorbey.*)

JUNGER HERR. Ach Madame, der Ton einer Glocke, das Abendlicht an den Bäumen, das Blinken eines Sterns,

MADAME. Der Duft einer Blume, dieße natürlichen Freuden, dießer reine Genuß der Natur! (*zu ihrer Tochter.*) sieh, Eugenie, nur die Tugend hat Augen dafür.

EUGENIE (*küßt ihrer Mutter die Hand*). Ach Mama, ich sehe nur Sie!

MADAME. Gutes Kind!

JUNGER HERR (*zischelt* **EUGENIEN** *in's Ohr*). Sehen Sie dort die hübsche Dame mit dem alten Herrn?

EUGENIE. Ich kenne sie.

JUNGER HERR. Man sagt ihr Friseur habe sie à l'enfant frisirt.

EUGENIE (*lacht*). böse Zunge!

JUNGER HERR. Der alte Herr geht neben bey, er sieht das Knöspchen schwellen und führt es in die Sonne spazieren und meint er sey der Gewitterregen, der es habe wachsen machen.

EUGENIE. Wie unanständig, ich hätte Lust roth zu werden.

Junger Herr. Das könnte mich blaß machen.

Danton (*zu* **Camille**). Muthe mir nur nichts Ernsthaftes zu. Ich begreife nicht warum die Leute nicht auf der Gasse stehen bleiben und einander in's Gesicht lachen. Ich meine sie müßten zu den Fenstern und zu den Gräbern heraus lachen und der Himmel müsse bersten und die Erde müsse sich wälzen vor Lachen.

1. Herr. Ich versichre Sie, eine außerordentliche Entdeckung! Alle technischen Künste bekommen dadurch eine andere Physiognomie. Die Menschheit eilt mit Riesenschritten ihrer hohen Bestimmung entgegen.

2. Herr. Haben Sie das neue Stück gesehen? Ein babylonischer Thurm! Ein Gewirr von Gewölben, Treppchen, Gängen und das Alles so leicht und kühn in die Luft gesprengt. Man schwindelt bey jedem Tritt. Ein bizarrer Kopf. (***er bleibt verlegen stehn.***)

1. Herr. Was haben Sie denn?

2. Herr. Ach nichts! Ihre Hand, Herr! die Pfütze, so! Ich danke Ihnen. Kaum kam ich vorbey, das konnte gefährlich werden!

1. Herr. Sie fürchteten doch nicht?

2. Herr. Ja, die Erde ist eine dünne Kruste, ich meine immer ich könnte durchfallen, wo so ein Loch ist.
Man muß mit Vorsicht auftreten, man könnte durchbrechen. Aber gehn Sie in's Theater, ich rath' es Ihnen.

[**II,3**]

Ein Zimmer.

Danton, Camille, Lucile.

Camille. Ich sage Euch, wenn sie nicht Alles in hölzernen Copien bekommen, verzettelt in Theatern, Concerten und Kunstausstellungen, so haben sie weder Augen noch Ohren dafür. Schnizt Einer eine Marionette, wo man den Strick hereinhängen sieht, an dem sie gezerrt wird und deren Gelenke bey jedem Schritt in fünffüßigen Jamben krachen, welch ein Character, welche Consequenz! Nimmt Einer ein Gefühlchen, eine Sentenz, einen Begriff und zieht ihm Rock und Hosen an, macht ihm Hände und Füße, färbt ihm das Gesicht und läßt das Ding sich 3 Acte hindurch herumquälen, bis es sich zulezt verheirathet oder sich todtschießt – ein Ideal! Fiedelt Einer eine Oper, welche das Schweben und Senken im menschlichen Gemüth wiedergiebt wie eine Thonpfeife mit Wasser die Nachtigall – ach die Kunst!
Sezt die Leute aus dem Theater auf die Gasse: ach, die erbärmliche Wirklichkeit!
Sie vergessen ihren Herrgott über seinen schlech[t]en Copisten. Von der Schöpfung, die glühend, brausend und leuchtend, um und in ihnen, sich jeden Augenblick neu gebiert, hören und sehen sie nichts. Sie gehen in's Theater, lesen Gedichte und Romane, schneiden den Fratzen darin die Gesichter nach und sagen zu Gottes Geschöpfen: wie gewöhnlich!

Die Griechen wußten, was sie sagten, wenn sie erzählten Pygmalions Statue sey wohl lebendig geworden, habe aber keine Kinder bekommen.

Danton. Und die Künstler gehn mit der Natur um wie David, der im September die Gemordeten, wie sie aus der Force auf die Gasse geworfen wurden, kaltblütig zeichnete und sagte: ich erhasche die letzten Zuckungen des Lebens in dießen Bösewichtern.

(Danton *wird hinausgerufen.*)

Camille. Was sagst du Lucile?

Lucile. Nichts, ich seh dich so gern sprechen.

Camille. Hörst mich auch?

Lucile. Ey freilich.

Camille. Hab ich Recht, weißt du auch, was ich gesagt habe?

Lucile. Nein wahrhaftig nicht.

(Danton *kömmt zurück.*)

Camille. Was hast du?

Danton. Der Wohlfahrtsausschuß hat meine Verhaftung beschlossen. Man hat mich gewarnt und mir einen Zufluchtsort angeboten.
Sie wollen meinen Kopf, meinetwegen. Ich bin der Hudeleien überdrüssig. Mögen sie ihn nehmen. Was liegt daran? Ich werde mit Muth zu sterben wissen, das ist leichter, als zu leben.

Camille. Danton, noch ist's Zeit.

Danton. Unmöglich, – aber ich hätte nicht gedacht.

Camille. Deine Trägheit!

Danton. Ich bin nicht träg, aber müde. Meine Sohlen brennen mich.

Camille. Wo gehst du hin?

Danton. Ja, wer das wüßte!

Camille. Im Ernst, wohin?

Danton. Spazieren, mein Junge, spaziren! (*er geht.*)

Lucile. Ach Camill!

Camille. Sey ruhig, lieb Kind.

Lucile. Wenn ich denke, daß sie dieß Haupt! Mein Camille! das ist Unsinn, gelt, ich bin wahnsinnig?

Camille. Sey ruhig, Danton und ich sind nicht Eins.

Lucile. Die Erde ist weit und es sind viel Dinge drauf, warum denn grade das eine? Wer sollte mir's nehmen? Das wäre arg. Was wollten sie auch damit anfangen?

Camille. Ich wiederhole dir, du kannst ruhig seyn. Gestern sprach ich mit Robespierre, er war freundlich. Wir sind ein wenig gespannt, das ist wahr, verschiedne Ansichten, sonst nichts!

Lucile. Such' ihn auf.

Camille. Wir saßen auf einer Schulbank. Er war immer finster, und einsam. Ich allein suchte ihn auf und machte ihn zuweilen lachen. Er hat mir immer große Anhänglichkeit gezeigt. Ich gehe.

Lucile. So schnell, mein Freund? Geh! Komm! Nur das (*sie küßt ihn.*) und das! Geh! Geh!

(**Camille** *ab.*)

Lucile. Das ist eine böse Zeit. Es geht einmal so. Wer kann da drüber hinaus? Man muß sich fassen. (*singt.*)

Ach Scheiden, ach Scheiden, ach Scheiden
Wer hat sich das Scheiden erdacht?

Wie kommt mir gerad das in Kopf? Das ist nicht gut, daß es den Weg so von selbst findet.

Wie er hinaus ist, war mir's als könnte er nicht mehr umkehren und müsse immer weiter weg von mir, immer weiter.

Wie das Zimmer so leer ist, die Fenster stehn offen, als hätte ein Todter drin gelegen. Ich halt' es da oben nicht aus. (*sie geht.*)

[**II,4**]

Freies Feld.

Danton. Ich mag nicht weiter. Ich mag in dießer Stille mit dem Geplauder meiner Tritte und dem Keuchen meines Athems nicht Lärmen machen.

(*er setzt sich nieder, nach einer Pause.*)

Man hat mir von einer Krankheit erzählt, die einem das Gedächtniß verlieren mache. Der Tod soll etwas davon haben. Dann kommt mir manchmal die Hoffnung, daß er vielleicht noch kräftiger wirke und einem *Alles* verlieren mache. Wenn das wäre! Dann lief ich wie ein Christ um meinen Feind d. h. mein Gedächtniß zu retten. Der Ort soll sicher seyn, ja für mein Gedächtniß, aber nicht für mich, mir giebt das Grab mehr Sicherheit, es schafft mir wenigstens *Vergessen*! Es tödtet mein Gedächtniß. Dort aber lebt mein Gedächtniß und tödtet mich. Ich oder es? Die Antwort ist leicht. (*er erhebt sich und kehrt um.*)

Ich kokettire mit dem Tod, es ist ganz angenehm so aus der Entfernung mit dem Lorgnon mit ihm zu liebäugeln. Eigentlich muß ich über die ganze Geschichte lachen. Es ist ein Gefühl des Bleibens in mir, was mir sagt, es wird morgen seyn, wie heute, und übermorgen und weiter hinaus ist Alles wie eben. Das ist leerer Lärm, man will mich schrecken, sie werden's nicht wagen.

(*ab.*)

[**II,5**]

Ein Zimmer.

(*Es ist Nacht.*)

Danton (*am Fenster*). Will denn das nie aufhören? Wird das Licht nie ausglühn und der Schall nie modern, will's denn nie still und dunkel werden, daß wir uns die garstigen Sünden einander nicht mehr anhören und ansehen? – September! –

JULIE (*ruft von innen*). Danton! Danton!

DANTON. He?

JULIE (*tritt ein*). Was rufst du?

DANTON. Rief ich?

JULIE. Du sprachst von garstigen Sünden und dann stöhntest du: September!

DANTON. Ich, ich? Nein, ich sprach nicht, das dacht ich kaum, das waren nur ganz leise heimliche Gedanken.

JULIE. Du zitterst Danton.

DANTON. Und soll ich nicht zittern, wenn so die Wände plaudern? Wenn mein Leib so zerschellt ist, daß meine Gedanken unstät, umirrend mit den Lippen der Steine reden? das ist seltsam.

JULIE. Georg, mein Georg!

DANTON. Ja Julie, das ist sehr seltsam. Ich möchte nicht mehr denken, wenn das gleich so spricht. Es giebt Gedanken Julie, für die es keine Ohren geben sollte. Das ist nicht gut, daß sie bey der Geburt gleich schreien, wie Kinder. Das ist nicht gut.

JULIE. Gott erhalte dir deine Sinne, Georg, Georg, erkennst du mich?

DANTON. Ey warum nicht, du bist ein Mensch und dann eine Frau und endlich meine Frau, und [die Erde] hat 5 Welttheile, Europa, Asien, Africa, America, Australien und zweimalzwei macht vier. Ich bin bey Sinnen, siehst du. Schrie's nicht September? Sagtest du nicht so was?

JULIE. Ja Danton, durch alle Zimmer hört' ich's.

DANTON. Wie ich an's Fenster kam – (*er sieht hinaus.*) die Stadt ist ruhig, alle Lichter aus, –

JULIE. Ein Kind schreit in der Nähe.

DANTON. Wie ich an's Fenster kam – durch alle Gassen schrie und zetert es: September!

JULIE. Du träumtest Danton. Faß dich.

DANTON. Träumtest? ja ich träumte, doch das war anders, ich will dir es gleich sagen, mein armer Kopf ist schwach, gleich! so jezt hab ich's! Unter mir keuchte die Erdkugel in ihrem Schwung, ich hatte sie wie ein wildes Roß gepackt, mit riesigen Gliedern wühlt' ich in ihrer Mähne und preßt' ich ihre Rippen, das Haupt abwärts gebückt, die Haare flatternd über dem Abgrund. So ward ich geschleift. Da schrie ich in der Angst, und ich erwachte. Ich trat an's Fenster – und da hört' ich's Julie.

Was das Wort nur will? Warum gerade das, was hab' ich damit zu schaffen. Was streckt es nach mir die blutigen Hände? Ich hab' es nicht geschlagen.

O hilf mir Julie, mein Sinn ist stumpf. War's nicht im September Julie?

JULIE. Die Könige waren noch 40 Stunden von Paris,

DANTON. Die Festungen gefallen, die Aristocraten in der Stadt.

JULIE. Die Republik war verloren.

DANTON. Ja verloren. Wir konnten den Feind nicht im Rücken lassen, wir wären Narren gewesen, zwei Feinde auf einem Brett, wir oder sie, der Stärkere stößt den Schwächeren hinunter, ist das nicht billig?

JULIE. Ja, ja.

Danton. Wir schlugen sie, das war kein Mord, das war Krieg nach innen.

Julie. Du hast das Vaterland gerettet.

Danton. Ja das hab' ich, das war Nothwehr, wir mußten. Der Mann am Kreuze hat sich's bequem gemacht: es muß ja Aergerniß kommen, doch wehe dem, durch welchen Aergerniß kommt.
Es muß, das war dieß Muß. Wer will der Hand fluchen, auf die der Fluch des Muß gefallen? Wer hat das Muß gesprochen, wer? Was ist das, was in uns hurt, lügt, stiehlt und mordet?
Puppen sind wir von unbekannten Gewalten am Draht gezogen; nichts, nichts wir selbst! Die Schwerter, mit denen Geister kämpfen, man sieht nur die Hände nicht wie im Mährchen.
Jezt bin ich ruhig.

Julie. Ganz ruhig, lieb Herz?

Danton. Ja Julie, komm, zu Bette!

[**II,6**]

Straße vor Danton's Haus.

Simon. Bürgersoldaten.

Simon. Wie weit ist's in der Nacht?

1. Bürger. Was in der Nacht?

Simon. Wie weit ist die Nacht?

1. Bürger. So weit als zwischen Sonnenuntergang und Sonnenaufgang

Simon. Schuft, wieviel Uhr?

1. Bürger. Sieh' auf dein Zifferblatt, es ist die Zeit, wo die Perpendikel unter den Bettdecken ausschlagen.

Simon. Wir müssen hinauf! Fort Bürger! Wir haften mit unseren Köpfen dafür. Todt oder lebendig! Er hat gewaltige Glieder. Ich werde vorangehn, Bürger. Der Freiheit eine Gasse!
Sorgt für mein Weib! Eine Eichenkrone werd' ich ihr hinterlassen.

1. Bürger. Eine Eichelkron? Es sollen ihr ohnehin jeden Tag Eicheln genug in den Schooß fallen.

Simon. Vorwärts Bürger, Ihr werdet Euch um das Vaterland verdient machen.

2. Bürger. Ich wollte das Vaterland machte sich um uns verdient; über all den Löchern, die wir in anderer Leute Körper machen, ist noch kein einziges in unsern Hosen zugegangen.

1. Bürger. Willst du, daß dir dein Hosenlatz zugienge? Hä, hä, hä.

Die Andern. Hä, hä, hä.

Simon. Fort, fort!

(*Sie dringen in* **Danton's** *Haus.*)

[II,7]

Der Nationalconvent.

***Eine Gruppe von* Deputirten.**

Legendre. Soll denn das Schlachten der Deputirten nicht aufhören? Wer ist noch sicher, wenn Danton fällt?

Ein Deputirter. Was thun?

Ein Andrer. Er muß vor den Schranken des Convent's gehört werden. Der Erfolg dießes Mittels ist sicher, was sollten sie seiner Stimme entgegensetzen?

Ein Anderer. Unmöglich, ein Decret verhindert uns.

Legendre. Es muß zurückgenommen oder eine Ausnahme gestattet werden. Ich werde den Antrag machen. Ich rechne auf Eure Unterstützung.

Der Präsident. Die Sitzung ist eröffnet.

Legendre (***besteigt die Tribüne***). Vier Mitglieder des Nationalconvents sind verflossene Nacht verhaftet worden. Ich weiß, daß Danton einer von ihnen ist, die Namen der Übrigen kenne ich nicht. Mögen sie übrigens seyn, wer sie wollen, so verlange ich, daß sie vor den Schranken gehört werden. Bürger, ich erkläre es, ich halte Danton für eben so rein, wie mich selbst und ich glaube nicht, daß mir irgend ein Vorwurf gemacht werden kann. Ich will kein Mitglied des Wohlfahrts oder des Sicherheitsausschusses angreifen, aber gegründete Ursachen lassen mich fürchten Privathaß und Privatleidenschaften könnten der Freiheit Männer entreißen, die ihr die grösten Dienste erwiesen haben. Der Mann, welcher im Jahre 1792 Frankreich durch seine Energie rettete, verdient gehört zu werden, er muß sich erklären dürfen wenn man ihn des Hochverraths anklagt.

(***Heftige Bewegung.***)

Einige Stimmen. Wir unterstützen Legendre's Vorschlag.

Ein Deputirter. Wir sind hier im Namen des Volkes, man kann uns ohne den Willen unserer Wähler nicht von unseren Plätzen reißen.

Ein Anderer. Eure Worte riechen nach Leichen, Ihr habt sie den Girondisten aus dem Mund genommen. Wollt Ihr Privilegien? Das Beil des Gesetzes schwebt über allen Häuptern.

Ein Anderer. Wir können unsern Ausschüssen nicht erlauben die Gesetzgeber aus dem Asyl des Gesetzes auf die Guillotine zu schicken.

Ein Anderer. Das Verbrechen hat kein Asyl, nur gekrönte Verbrecher finden eins auf dem Thron.

Ein Anderer. Nur Spitzbuben appelliren an das Asylrecht.

Ein Andrer. Nur Mörder erkennen es nicht an.

Robespierre. Die seit langer Zeit in dießer Versammlung unbekannte Verwirrung, beweißt, daß es sich um große Dinge handelt. Heute entscheidet sich's ob einige Männer den Sieg über das Vaterland davon tragen werden. Wie könnt Ihr Eure Grundsätze weit genug verläugnen, um heute einigen Individuen das zu bewilligen, was Ihr ges-

tern Chabot, Delaunay und Fabre verweigert habt? Was soll dießer Unterschied zu Gunsten einiger Männer? Was kümmern mich die Lobsprüche, die man sich selbst und seinen Freunden spendet? Nur zu viele Erfahrungen haben uns gezeigt, was davon zu halten sey. Wir fragen nicht ob ein Mann dieße oder jene patriotische Handlung vollbracht habe, wir fragen nach seiner ganzen politischen Laufbahn.
Legendre scheint die Namen der Verhafteten nicht zu wissen, der ganze Convent kennt sie. Sein Freund Lacroix ist darunter. Warum scheint Legendre das nicht zu wissen? Weil er wohl weiß, daß nur die Schaamlosigkeit Lacroix vertheidigen kann. Er nannte nur Danton, weil er glaubt an dießen Namen knüpfe sich ein Privilegium. Nein, wir wollen keine Privilegien, wir wollen keine Götzen!

(***Beyfall.***)

Was hat Danton vor Lafayette, vor Dumouriez, vor Brissot, Fabre, Chabot, Hebert voraus? Was sagt man von dießen, was man nicht auch von ihm sagen könnte? Habt Ihr sie gleichwohl geschont? Wodurch verdient er einen Vorzug vor seinen Mitbürgern? Etwa, weil einige betrogne Individuen und Andere, die sich nicht betrügen ließen, sich um ihn reihten um in seinem Gefolge dem Glück und der Macht in die Arme zu laufen? Je mehr er die Patrioten betrogen hat, welche Vertrauen in ihn setzten, desto nachdrücklicher muß er die Strenge der Freiheitsfreunde empfinden.
Man will Euch Furcht einflößen vor dem Mißbrauche einer Gewalt, die Ihr selbst ausgeübt habt. Man schreit über den Despotismus der Ausschüsse, als ob das Vertrauen, welches das Volk Euch geschenkt und das Ihr dießen Ausschüssen übertragen habt, nicht eine sichre Garantie ihres Patriotismus wäre. Man stellt sich, als zittre man. Aber ich sage Euch, wer in dießem Augenblicke zittert ist schuldig, denn nie zittert die Unschuld vor der öffentlichen Wachsamkeit.

(***allgemeiner Beyfall.***)

Man hat auch mich schrecken wollen, man gab mir zu verstehen, daß die Gefahr, indem sie sich Danton nähere, auch bis zu mir dringen könne.
Man schrieb mir, Dantons Freunde hielten mich umlagert in der Meinung die Erinnerung an eine alte Verbindung, der blinde Glauben an erheuchelte Tugenden könnten mich bestimmen meinen Eifer und meine Leidenschaft für die Freiheit zu mäßigen.
So erkläre ich denn, nichts soll mich aufhalten, und sollte auch Danton's Gefahr die meinige werden. Wir Alle haben etwas Muth und etwas Seelengröße nöthig. Nur Verbrecher und gemeine Seelen fürchten Ihresgleichen an ihrer Seite fallen zu sehen, weil sie, wenn keine Schaar von Mitschuldigen sie mehr versteckt, sich dem Licht der Wahrheit ausgesezt sehen. Aber wenn es dergleichen Seelen in dießer Versammlung giebt, so giebt es in ihr auch heroische. Die Zahl der Schurken ist nicht groß. Wir haben nur wenige Köpfe zu treffen und das Vaterland ist gerettet. (***Beyfall.***)
Ich verlange, daß Legendre's Vorschlag zurückgewiesen werde.

(***Die* DEPUTIRTEN *erheben sich sämmtlich zum Zeichen allgemeiner Beystimmung.***)

St. Just. Es scheint in dießer Versammlung einige empfindliche Ohren zu geben, die das Wort Blut nicht wohl vertragen können. Einige allgemeine Betrachtungen mögen sie überzeugen, daß wir nicht grausamer sind als die Natur und als die Zeit. Die Natur folgt ruhig und unwiderstehlich ihren Gesetzen, der Mensch wird vernichtet, wo er mit ihnen in Conflict kommt. Eine Veränderung in den Bestandtheilen der Luft, ein Auflodern des tellurischen Feuers, ein Schwanken in dem Gleichgewicht einer Wassermasse und eine Seuche, ein vulkanischer Ausbruch, eine Ueberschwemmung begraben Tausende. Was ist das Resultat? Eine unbedeutende, im großen Ganzen kaum bemerkbare Veränderung der physischen Natur, die fast spurlos vorübergegangen seyn würde, wenn nicht Leichen auf ihrem Wege lägen.

Ich frage nun: soll die moralische Natur in ihren Revolutionen mehr Rücksicht nehmen, als die physische? Soll eine Idee nicht eben so gut wie ein Gesetz der Physik, vernichten dürfen, was sich ihr widersezt? Soll überhaupt ein Ereigniß, was die ganze Gestaltung der moralischen Natur d. h. der Menschheit umändert, nicht durch Blut gehen dürfen? Der Weltgeist bedient sich in der geistigen Sphäre unserer Arme eben so, wie er in der physischen Vulcane oder Wasserfluthen gebraucht. Was liegt daran ob sie nun an einer Seuche oder an der Revolution sterben? –

Die Schritte der Menschheit sind langsam, man kann sie nur nach Jahrhunderten zählen, hinter jedem erheben sich die Gräber von Generationen. Das Gelangen zu den einfachsten Erfindungen und Grundsätzen hat Millionen das Leben gekostet, die auf dem Wege starben. Ist es denn nicht einfach, daß zu einer Zeit, wo der Gang der Geschichte rascher ist, auch mehr Menschen außer Athem kommen?

Wir schließen schnell und einfach: da Alle unter gleichen Verhältnissen geschaffen werden, so sind Alle gleich, die Unterschiede abgerechnet, welche die Natur selbst gemacht hat.

Es darf daher jeder Vorzüge und darf daher Keiner Vorrechte haben, weder ein Einzelner, noch eine geringere oder größere Klasse von Individuen. Jedes Glied dießes in der Wirklichkeit angewandten Satzes hat seine Menschen getödtet. Der 14. Juli, der 10. August, der 31. May sind sein[e] Interpunctionszeichen. Er hatte 4 Jahre Zeit nöthig um in der Körperwelt durchgeführt zu werden, und unter gewöhnlichen Umständen hätte er ein Jahrhundert dazu gebraucht und wäre mit Generationen interpunctirt worden. Ist es da so zu verwundern, daß der Strom der Revolution bey jedem Absatz bey jeder neuen Krümmung seine Leichen ausstößt?

Wir werden unserem Satze noch einige Schlüsse hinzuzufügen haben, sollen einige Hundert Leichen uns verhindern sie zu machen?

Moses führte sein Volk durch das rothe Meer und in die Wüste bis die alte verdorbne Generation sich aufgerieben hatte, eh' er den neuen Staat gründete. Gesetzgeber! Wir haben weder das rothe Meer noch die Wüste aber wir haben den Krieg und die Guillotine.

Die Revolution ist wie die Töchter des Pelias; sie zerstückt die Menschheit um sie zu verjüngen. Die Menschheit wird aus dem Blutkessel wie die Erde aus den Wellen der Sündfluth mit urkräftigen Gliedern sich erheben, als wäre sie zum Erstenmale geschaffen.

(*Langer, anhaltender Beyfall.*

Einige Mitglieder erheben sich im Enthusiasmus.)

St. Just. Alle geheimen Feinde der Tyrannei, welche in Europa und auf dem ganzen Erdkreise den Dolch des Brutus unter ihren Gewändern tragen, fordern wir auf dießen erhabnen Augenblick mit uns zu theilen.

(*Die Zuhörer und die* **Deputirten** *stimmen die Marseillaise an.*)

[III,1]

III. Act.

Das Luxemburg.

Ein Saal mit Gefangnen.

Chaumette, Payne, Mercier, Hérault de Séchelles *und andere* Gefangne.

Chaumette (*zupft* Payne *am Aermel*). Hören Sie Payne es könnte doch so seyn, vorhin überkam es mich so; ich habe heute Kopfweh, helfen Sie mir ein wenig mit Ihren Schlüssen, es ist mir ganz unheimlich zu Muth.

Payne. So komm Philosoph Anaxagoras ich will dich katechisiren. Es giebt keinen Gott, denn: entweder hat Gott die Welt geschaffen oder nicht. Hat er sie nicht geschaffen so hat die Welt ihren Grund in sich und es giebt keinen Gott, da Gott nur dadurch Gott wird, daß er den Grund alles Seyns enthält. – Nun kann aber Gott die Welt nicht geschaffen haben, denn entweder ist die Schöpfung ewig wie Gott, oder sie hat einen Anfang. Ist Letzteres der Fall so muß Gott sie zu einem bestimmten Zeitpunkt geschaffen haben, Gott muß also nach dem er eine Ewigkeit geruht einmal thätig geworden seyn, muß also einmal eine Veränderung in sich erlitten haben, die den Begriff *Zeit* auf ihn anwenden läßt, was Beydes gegen das Wesen Gottes streitet. Gott kann also die Welt nicht geschaffen haben. Da wir nun aber sehr deutlich wissen, daß die Welt oder daß unser Ich wenigstens vorhanden ist und daß sie dem Vorhergehenden nach also auch ihren Grund in sich oder in etwas haben muß, das nicht Gott ist, so kann es keinen Gott geben. quod erat demonstrandum.

Chaumette. Ey wahrhaftig, das giebt mir wieder Licht, ich danke, danke.

Mercier. Halten Sie, Payne, wenn aber die Schöpfung ewig ist?

Payne. Dann ist sie schon keine Schöpfung mehr, dann ist sie Eins mit Gott oder ein Attribut desselben, wie Spinoza sagt, dann ist Gott in Allem, in Ihnen Werthester, im Philosoph Anaxagoras und in mir; das wäre so übel nicht, aber Sie müssen mir zugestehen daß es gerade nicht viel um die himmlische Majestät ist, wenn der liebe Herrgott in jedem von uns Zahnweh kriegen, den Tripper haben, lebendig begraben werden oder wenigstens die sehr unangenehmen Vorstellungen davon haben kann.

Mercier. Aber eine Ursache muß doch da seyn.

Payne. Wer leugnet dieß; aber wer sagt Ihnen denn, daß dieße Ursache das sey, was wir uns als Gott d. h. als das Vollkommne denken. Halten sie die Welt für vollkommen?

Mercier. Nein.

Payne. Wie wollen Sie denn aus einer unvollkomm[n]en Wirkung auf eine vollkommne Ursache schließen?

Voltaire wagte es eben so wenig mit Gott, als mit den Königen zu verderben, deßwegen that er es. Wer einmal nichts hat als Verstand und ihn nicht einmal consequent zu gebrauchen weiß oder wagt, ist ein Stümper.

Mercier. Ich frage dagegen kann eine vollkommne Ursache eine vollkommne Wirkung haben d.h. kann etwas Vollkommnes, was Vollkommnes schaffen? Ist das nicht unmöglich, weil das Geschaffne doch nie seinen Grund in sich haben kann, was doch wie sie sagten zur Vollkommenheit gehört?

Chaumette. Schweigen Sie! Schweigen Sie!

Payne. Beruhige dich Philosoph.

Sie haben Recht; aber muß denn Gott einmal schaffen, kann er nur was Unvollkommnes schaffen, so läßt er es gescheuter ganz bleiben. Ist's nicht sehr menschlich, uns Gott nur als schaffend denken zu können? Weil wir uns immer regen und schütteln müssen um uns nur immer sagen zu können: wir sind! müssen wir Gott auch dieß elende Bedürfniß andichten? Müssen wir, wenn sich unser Geist in das Wesen einer harmonisch in sich ruhenden, ewigen Seeligkeit versenkt, gleich annehmen sie müsse die Finger ausstrecken und über Tisch Brodmännchen kneten? aus überschwenglichem Liebesbedürfniß, wie wir uns ganz geheimnißvoll in die Ohren sagen. Müssen wir das Alles, bloß um uns zu Göttersöhnen zu machen? Ich nehme mit einem geringern Vater vorlieb, wenigstens werd' ich ihm nicht nachsagen können, daß er mich unter seinem Stande in Schweinställen oder auf den Galeeren habe erziehen lassen.

Schafft das Unvollkommne weg, dann allein könnt Ihr Gott demonstriren, Spinoza hat es versucht. Man kann das Böse leugnen, aber nicht den Schmerz; nur der Verstand kann Gott beweisen das Gefühl empört sich dagegen. Merke Dir es, Anaxagoras, warum leide ich? Das ist der Fels des Atheismus. Das leiseste Zucken des Schmerzes und rege es sich nur in einem Atom, macht einen Riß in der Schöpfung von oben bis unten.

Mercier. Und die Moral?

Payne. Erst beweist Ihr Gott aus der Moral und dann die Moral aus Gott. Was wollt Ihr denn mit Eurer Moral? Ich weiß nicht ob es an und für sich was Böses oder was Gutes giebt, und habe deßwegen doch nicht nöthig mein[e] Handlungsweise zu ändern. Ich handle meiner Natur gemäß, was ihr angemessen, ist für mich gut und ich thu' es und was ihr zuwider, ist für mich bös und ich thue es nicht und vertheidige mich dagegen, wenn es mir in den Weg kommt. Sie können, wie man so sagt, tugendhaft bleiben und sich gegen das sogenannte Laster wehren, ohne deßwegen ihren Gegner verachten zu müssen, was ein gar trauriges Gefühl ist.

Chaumette. Wahr, sehr wahr!

Hérault. O Philosoph Anaxagoras, man könnte aber auch sagen, damit Gott Alles sey, müsse er auch sein eignes Gegentheil seyn, d.h. vollkommen und unvollkommen, bös und gut, seelig und leidend, das Resultat freilich würde gleich Null seyn, es würde sich gegenseitig heben, wir kämen zum Nichts.

Freue dich, du kömmst glücklich durch, du kannst ganz ruhig in Madame Momoro das Meisterstück der Natur anbeten, wenigstens hat sie dir die Rosenkränze dazu in den Leisten gelassen.

CHAUMETTE. Ich danke Ihnen verbindlichst, meine Herren. (*ab.*)

PAYNE. Er traut noch nicht, er wird sich zu guter Letzt noch die Oelung geben, die Füße nach Mecca zu legen, und sich beschneiden lassen um ja keinen Weg zu verfehlen.

(**DANTON, LACROIX, CAMILLE, PHILIPPEAU** *werden hereingeführt.*)

HÉRAULT (*läuft auf* **DANTON** *zu und umarmt ihn*). Guten Morgen, gute Nacht sollte ich sagen. Ich kann nicht fragen, wie hast du geschlafen. Wie wirst du schlafen?

DANTON. Nun gut, man muß lachend zu Bett gehn.

MERCIER (*zu* **PAYNE**). Dieße Dogge mit Taubenflügeln! Er ist der böse Genius der Revolution, er wagte sich an seine Mutter, aber sie war stärker, als er.

PAYNE. Sein Leben und sein Tod sind ein gleich großes Unglück.

LACROIX (*zu* **DANTON**). Ich dachte nicht daß sie so schnell kommen würden.

DANTON. Ich wußt' es, man hatte mich gewarnt.

LACROIX. Und du hast nichts gesagt?

DANTON. Zu was? Ein Schlagfluß ist der beste Tod, wolltest du zuvor krank seyn? Und – ich dachte nicht, daß sie es wagen würden.
(*zu* **HÉRAULT.**) Es ist besser sich in die Erde legen, als sich Leichdörner auf ihr laufen; ich habe sie lieber zum Kissen, als zum Schemel.

HÉRAULT. Wir werden wenigstens nicht mit Schwielen an den Fingern der hübschen Dame Verwesung die Wangen streicheln.

CAMILLE (*zu* **DANTON**). Gieb dir nur keine Mühe. Du magst die Zunge noch so weit zum Hals heraushängen, du kannst dir damit doch nicht den Todesschweiß von der Stirne lecken. O Lucile! das ist ein großer Jammer.

(*Die* **GEFANGNEN** *drängen sich um die neu Angekommnen.*)

DANTON (zu **PAYNE**). Was Sie für das Wohl Ihres Landes gethan, habe ich für das meinige versucht. Ich war weniger glücklich, man schickt mich auf's Schaffott, meinetwegen, ich werde nicht stolpern.

MERCIER (zu **DANTON**). Das Blut der zwei und zwanzig ersäuft dich.

EIN GEFANGNER (zu **HÉRAULT**). Die Macht des Volkes und die Macht der Vernunft sind eins.

EIN ANDRER (zu **CAMILLE**). Nun Generalprocurator der Laterne, deine Verbesserung der Straßenbeleuchtung hat in Frankreich nicht heller gemacht.

EIN ANDERER. Laßt ihn! Das sind die Lippen, welche das Wort Erbarmen gesprochen. (*er umarmt* **CAMILLE**, *mehrere* **GEFANGNE** *folgen seinem Beispiel.*)

PHILIPPEAU. Wir sind Priester, die mit Sterbenden gebetet haben, wir sind angestec[k]t worden und sterben an der nemlichen Seuche.

EINIGE STIMMEN. Der Streich, der Euch trifft, tödtet uns Alle.

CAMILLE. Meine Herren ich beklage sehr, daß unsere Anstrengungen so fruch[t]los waren, ich gehe auf's Schaffott, weil mir die Augen über das Loos einiger Unglücklichen naß geworden.

[III,2]

Ein Zimmer.

Fouquier-Tinville, Herrmann.

Fouquier. Alles bereit?

Herrmann. Es wird schwer halten; wäre Danton nicht darunter, so ginge es leicht.

Fouquier. Er muß vortanzen.

Herrmann. Er wird die Geschwornen erschrecken, er ist die Vogelscheuche der Revolution.

Fouquier. Die Geschwornen müssen wollen.

Herrmann. Ein Mittel wüßt' ich, aber es wird die gesetzliche Form verletzen.

Fouquier. Nur zu.

Herrmann. Wir losen nicht, sondern suchen die Handfesten aus.

Fouquier. Das muß gehen. Das wird ein gutes Heckefeuer geben. Es sind ihrer neunzehn. Sie sind geschickt zusammengewörfelt. Die vier Fälscher, dann einige Banquiers und Fremde. Es ist ein pikantes Gericht. Das Volk braucht dergleichen. Also zuverlässige Leute! Wer z. B.?

Herrmann. Leroi, er ist taub und hört daher nichts von All dem, was die Angeklagten vorbringen, Danton mag sich den Hals bey ihm rauh schreien.

Fouquier. Sehr gut. Weiter!

Herrmann. Vilatte und Lumière, der eine sitzt immer in der Trinkstube und der andere schläft immer, beyde öffnen den Mund nur, um das Wort: *schuldig!* zu sagen.
Girard hat den Grundsatz, es dürfe Keiner entwischen, der einmal vor das Tribunal gestellt sey. Renaudin,

Fouquier. Auch der? Er half einmal einigen Pfaffen durch.

Herrmann. Sey ruhig, vor einigen Tagen kommt er zu mir und verlangt man solle allen Verurtheilten vor der Hinrichtung zur Ader lassen um sie ein wenig matt zu machen, ihre meist trotzige Haltung ärgere ihn.

Fouquier. Ach sehr gut. Also ich verlasse mich.

Herrmann. Laß mich nur machen.

[III,3]

Das Luxemburg.

Ein Corridor.

Lacroix, Danton, Mercier ***und andere*** **Gefangne** ***auf und ab gehend.***

Lacroix (*zu einem* **Gefangnen**). Wie, so viel Unglückliche, und in einem so elenden Zustande?

Der Gefangne. Haben Ihnen die Guillotinenkarren nie gesagt, daß Paris eine Schlachtbank sey?

Mercier. Nicht wahr, Lacroix? Die Gleichheit schwingt ihre Sichel über allen Häuptern, die Lava der Revolution fließt, die Guillotine republicanisirt! Da klatschen die Gallerien und die Römer reiben sich die Hände, aber sie hören nicht, daß jedes dießer Worte das Röcheln eines Opfers ist. Geht einmal Euren Phrasen nach, bis zu dem Punkt wo sie verkörpert werden.
Blickt um Euch, das Alles habt Ihr gesprochen, es ist eine mimische Uebersetzung Eurer Worte. Dieße Elenden, ihre Henker und die Guillotine sind Eure lebendig gewordnen Reden. Ihr bautet Eure Systeme, wie Bajazet seine Pyramiden, aus Menschenköpfen.

Danton. Du hast Recht.
Man arbeitet heut zu Tag Alles in Menschenfleisch. Das ist der Fluch unserer Zeit. Mein Leib wird jezt auch verbraucht.
Es ist jezt ein Jahr, daß ich das Revolutionstribunal schuf. Ich bitte Gott und Menschen dafür um Verzeihung, ich wollte neuen Septembermorden zuvorkommen, ich hoffte die Unschuldigen zu retten, aber dieß langsame Morden mit seinen Formalitäten ist gräßlicher und eben so unvermeidlich. Meine Herren ich hoffte Sie Alle dießen Ort verlassen zu machen.

Mercier. Oh, herausgehen werden wir.

Danton. Ich bin jezt bey Ihnen, der Himmel weiß wie das enden soll.

[III,4]

Das Revolutionstribunal.

Herrmann (*zu* **Danton**). Ihr Name, Bürger.

Danton. Die Revolution nennt meinen Namen. Meine Wohnung ist bald im Nichts und mein Namen im Pantheon der Geschichte.

Herrmann. Danton, der Convent beschuldigt Sie mit Mirabeau, mit Dumouriez, mit Orleans, mit den Girondisten, den Fremden und der Faction Ludwig des 17. conspirirt zu haben.

Danton. Meine Stimme, die ich so oft für die Sache des Volkes ertönen ließ, wird ohne Mühe die Verläumdung zurückweisen. Die Elenden, welche mich anklagen, mögen hier erscheinen und ich werde sie mit Schande bedecken. Die Ausschüsse mögen sich hierher begeben, ich werde nur vor ihnen antworten. Ich habe sie als Kläger und als Zeugen nöthig.
Sie mögen sich zeigen.
Uebrigens, was liegt mir an Euch und Eurem Urtheil. Ich hab' es Euch schon gesagt das Nichts wird bald mein Asyl seyn – das Leben ist mir zur Last, man mag mir es entreißen, ich sehne mich danach es abzuschütteln.

Herrmann. Danton, die Kühnheit ist dem Verbrechen, die Ruhe der Unschuld eigen.

DANTON. Privatkühnheit ist ohne Zweifel zu tadeln, aber jene Nationalkühnheit, die ich so oft gezeigt, mit welcher ich so oft für die Freiheit gekämpft habe, ist die verdienstvollste aller Tugenden. Sie ist meine Kühnheit, sie ist es, der ich mich hier zum Besten der Republik gegen meine erbärmlichen Ankläger bediene. Kann ich mich fassen, wenn ich mich auf eine so niedrige Weise verläumdet sehe?

Von einem Revolutionär, wie ich darf man keine kalte Vertheidigung erwarten. Männer meines Schlages sind in Revolutionen unschätzbar, auf ihrer Stirne schwebt das Genie der Freiheit.

(*Zeichen von Beifall unter den Zuhörern.*)

Mich klagt man an mit Mirabeau, mit Dumouriez, mit Orleans conspirirt, zu den Füßen elender Despoten gekrochen zu haben, mich fordert man auf vor der unentrinnbaren, unbeugsamen Gerechtigkeit zu antworten.

Du elender St. Just wirst der Nachwelt für dieße Lästerung verantwortlich seyn!

HERRMANN. Ich fordere Sie auf mit Ruhe zu antworten, gedenken Sie Marat's, er trat mit Ehrfurcht vor seine Richter.

DANTON. Sie haben die Hände an mein ganzes Leben gelegt, so mag es sich denn aufrichten und ihnen entgegentreten, unter dem Gewichte jeder meiner Handlungen werde ich sie begraben.

Ich bin nicht stolz darauf. Das Schicksal führt uns die Arme, aber nur gewaltige Naturen sind seine Organe.

Ich habe auf dem Marsfelde dem Königthume den Krieg erklärt, ich habe es am 10. August geschlagen, ich habe es am 21. Januar getödtet und den Königen einen Königskopf als Fehdehandschuh hingeworfen.

(*Wiederholte Zeichen von Beifall.*)

(*er nimmt die Anklageacte.*)

Wenn ich einen Blick auf dieße Schandschrift werfe fühle ich mein ganzes Wesen beben. Wer sind denn die, welche Danton nöthigen mußten sich an jenem denkwürdigen Tage (dem 10. August) zu zeigen? Wer sind denn die privilegirten Wesen, von denen er seine Energie borgte? Meine Ankläger mögen erscheinen! Ich bin ganz bey Sinnen, wenn ich es verlange. Ich werde die platten Schurken entlarven und sie in das Nichts zurückschleudern, aus dem sie nie hätten hervorkriechen sollen.

HERRMANN (*schellt*). Hören Sie die Klingel nicht?

DANTON. Die Stimme eines Menschen, welcher seine Ehre und sein Leben vertheidigt, muß deine Schelle überschreien.

Ich habe im September die junge Brut der Revolution mit den zerstückten Leibern der Aristocraten geäzt. Meine Stimme hat aus dem Golde der Aristocraten und Reichen dem Volke Waffen geschmiedet. Meine Stimme war der Orkan, welcher die Satelliten des Despotismus unter Wogen von Bajonetten begrub. (*Lauter Beifall.*)

HERRMANN. Danton, Ihre Stimme ist erschöpft, Sie sind zu heftig bewegt. Sie werden das Nächstemal Ihre Vertheidigung beschließen. Sie haben Ruhe nöthig.

Die Sitzung ist aufgehoben.

Danton. Jezt kennt Ihr Danton, noch wenige Stunden und er wird in den Armen des Ruhmes entschlummern.

[**III,5**]

Das Luxemburg.

Ein Kerker.

Dillon, Laflotte, *ein* Gefangenwärter.

Dillon. Kerl leuchte mir mit deiner Nase nicht so in's Gesicht. Hä, hä, hä!

Laflotte. Halte den Mund zu, deine Mondsichel hat einen Hof. Hä, hä, hä.

Wärter. Hä, hä, hä. Glaubt Ihr, Herr, daß Ihr bey ihrem Schein lesen könntet? (***zeigt auf einen Zettel, den er in der Hand hält.***)

Dillon. Gieb her!

Wärter. Herr, meine Mondsichel hat Ebbe bey mir gemacht.

Laflotte. Deine Hosen sehen aus, als ob Fluth wäre.

Wärter. Nein, sie zieht Wasser. (***zu* Dillon.**) Sie hat sich vor Eurer Sonne verkrochen, Herr, Ihr müßt mir was geben, das sie wieder feurig macht, wenn Ihr dabey lesen wollt.

Dillon. Da Kerl! Pack dich.

(***er giebt ihm Geld.* Wärter *ab.***)

Dillon (*liest*). Danton hat das Tribunal erschreckt, die Geschwornen schwanken, die Zuhörer murrten. Der Zudrang war außerordentlich. Das Volk drängte sich um den Justizpallast und stand bis zu den Brücken. Eine Hand voll Geld, ein Arm endlich, hm! hm!

(***er geht auf und ab und schenkt sich von Zeit zu Zeit aus einer Flasche ein.***)

Hätt' ich nur den Fuß auf der Gasse. Ich werde mich nicht so schlachten lassen. Ja, nur den Fuß auf der Gasse!

Laflotte. Und auf dem Karren, das ist eins.

Dillon. Meinst du? da lägen noch ein Paar Schritte dazwischen, lang genug um sie mit den Leichen der Decemvirn zu messen. – Es ist endlich Zeit, daß die rechtschaffnen Leute das Haupt erheben.

Laflotte (*für sich*). Desto besser, um so leichter ist es zu treffen. Nur zu Alter, noch einige Gläser und ich werde flott.

Dillon. Die Schurken, die Narren sie werden sich zulezt noch selbst guillotiniren. (***er läuft auf und ab.***)

Laflotte (*bey Seite*). Man könnte das Leben ordentlich wieder lieb haben, wie sein Kind, wenn man sich's selbst gegeben, das kommt gerade nicht oft vor, daß man so mit dem Zufall Blutschande treiben und sein eigner Vater werden kann. Vater und Kind zugleich. Ein behaglicher Oedipus!

Dillon. Man füttert das Volk nicht mit Leichen, Danton's und Camille's Weiber mögen Assignaten unter das Volk werfen, das ist besser als Köpfe.

Laflotte. Ich würde mir hintennach die Augen nicht ausreißen, ich könnte sie nöthig haben um den guten General zu beweinen.

Dillon. Die Hand an Danton! Wer ist noch sicher? Die Furcht wird sie vereinigen.

Laflotte. Er ist doch verloren. Was ist's denn, wenn ich auf eine Leiche trete um aus dem Grab zu klettern?

Dillon. Nur den Fuß auf der Gasse! Ich werde Leute genug finden, alte Soldaten, Girondisten, Exadlige, wir erbrechen die Gefängnisse, wir müssen uns mit den Gefangnen verständigen.

Laflotte. Nun freilich, es riecht ein wenig nach Schufterie. Was thut's? Ich hätte Lust auch das zu versuchen, ich war bisher zu einseitig. Man bekommt Gewissensbisse, das ist doch eine Abwechslung, es ist nicht so unangenehm seinen eignen Gestank zu riechen.
Die Aussicht auf die Guillotine ist mir langweilig geworden, so lang auf die Sache zu warten! Ich habe sie im Geist schon zwanzigmal durchprobirt. Es ist auch gar nichts Pikantes mehr dran, es ist ganz gemein geworden.

Dillon. Man muß Danton's Frau ein Billet zu kommen lassen.

Laflotte. Und dann – ich fürchte den Tod nicht, aber den Schmerz. Es könnte wehe thun, wer steht mir dafür? Man sagt zwar es sey nur ein Augenblick, aber der Schmerz hat ein feineres Zeitmaaß, er zerlegt eine Tertie. Nein! Der Schmerz ist die einzige Sünde und das Leiden ist das einzige Laster, ich werde tugendhaft bleiben.

Dillon. Höre Laflotte, wo ist der Kerl hingekommen? Ich habe Geld, das muß gehen, wir müssen das Eisen schmieden, mein Plan ist fertig.

Laflotte. Gleich, gleich! Ich kenne den Schließer, ich werde mit ihm sprechen. Du kannst auf mich zählen General, wir werden aus dem Loch kommen, (***für sich im Hinausgehen.***) um in ein anderes zu gehen, ich in das weiteste, die Welt, er in das engste, das Grab.

[**III,6**]

Der Wohlfahrtsausschuß.

St. Just, Barrère, Collot d'Herbois, Billaud-Varennes.

Barrère. Was schreibt Fouquier?

St. Just. Das zweite Verhör ist vorbey. Die Gefangnen verlangen das Erscheinen mehrerer Mitglieder des Convents und des Wohlfahrtsausschusses, sie appellirten an das Volk, wegen Verweigerung der Zeugen. Die Bewegung der Gemüther soll unbeschreiblich seyn. Danton parodirte den Jupiter und schüttelte die Locken.

Collot. Um so leichter wird ihn Samson daran packen.

Barrère. Wir dürfen uns nicht zeigen, die Fischweiber und die Lumpensammler, könnten uns weniger imposant finden.

Billaud. Das Volk hat einen Instinct sich treten zu lassen und wäre es nur mit Blicken, dergleichen insolente Physiognomien gefallen ihm. Solche Stirnen sind ärger als ein adliges Wappen, die feine Aristocratie der Menschenverachtung sitzt auf ihnen. Es sollte sie jeder einschlagen helfen, den es verdrießt einen Blick von oben herunter zu erhalten.

Barrère. Er ist wie der hörnerne Siegfried, das Blut der Septembrisirten hat ihn unverwundbar gemacht.

Was sagt Robespierre?

St. Just. Er thut als ob er etwas zu sagen hätte.

Die Geschwornen müssen sich für hinlänglich unterrichtet erklären und die Debatten schließen.

Barrère. Unmöglich, das geht nicht.

St. Just. Sie müssen weg, um jeden Preis und sollten wir sie mit den eignen Händen erwürgen. Wagt! Danton soll uns das Wort nicht umsonst gelehrt haben. Die Revolution wird über ihre Leichen nicht stolpern, aber bleibt Danton am Leben, so wird er sie am Gewand fassen und er hat etwas in seiner Gestalt, als ob er die Freiheit nothzüchtigen könnte.

(**St. Just** ***wird hinausgerufen.***)

(***Ein*** **Schliesser** ***tritt ein.***)

Schliesser. In St. Pelagie liegen Gefangne am Sterben, sie verlangen einen Arzt.

Billaud. Das ist unnöthig, so viel Mühe weniger für den Scharfrichter.

Schliesser. Es sind schwangere Weiber dabey.

Billaud. Desto besser, da brauchen ihre Kinder keinen Sarg.

Barrère. Die Schwindsucht eines Aristocraten spart dem Revolutionstribunal eine Sitzung. Jede Arznei wäre kontrerevolutionär.

Collot (***nimmt ein Papier***). Eine Bittschrift, ein Weibername!

Barrère. Wohl eine von denen, die gezwungen seyn möchten zwischen einem Guillotinenbrett und dem Bett eines Jacobiners zu wählen. Die wie Lucrecia nach dem Verlust ihrer Ehre sterben, aber etwas später als die Römerin, im Kindbett, oder am Krebs oder aus Altersschwäche. Es mag nicht so unangenehm seyn einen Tarquinius aus der Tugendrepublik einer Jungfrau zu treiben.

Collot. Sie ist zu alt. Madame verlangt den Tod, sie weiß sich auszudrücken, das Gefängniß liege auf ihr wie ein Sargdeckel. Sie sitzt erst seit vier Wochen. Die Antwort ist leicht. (***er schreibt und liest.***) Bürgerin, es ist noch nicht lange genug, daß du den Tod wünschest.

Barrère. Gut gesagt. Aber Collot es ist nicht gut, daß die Guillotine zu lachen anfängt, die Leute haben sonst keine Furcht mehr davor. Man muß sich nicht so familiär machen.

(**St. Just**, ***kommt zurück.***)

St. Just. Eben erhalte ich eine Denunciation. Man conspirirt in den Gefängnissen, ein junger Mensch Namens Laflotte hat Alles entdeckt. Er saß mit Dillon im nämlichen Zimmer, Dillon hat getrunken und geplaudert.

Barrère. Er schneidet sich mit seiner Bouteille den Hals ab, das ist schon mehr vorgekommen.

St. Just. Danton's und Camille's Weiber sollen Geld unter das Volk werfen, Dillon soll ausbrechen, man will die Gefangnen befreien, der Convent soll gesprengt werden.

Barrère. Das sind Mährchen.

St. Just. Wir werden sie aber mit dem Mährchen in Schlaf erzählen. Die Anzeige habe ich in Händen, dazu die Keckheit der Angeklagten, das Murren des Volks, die Bestürzung der Geschwornen, ich werde einen Bericht machen.

Barrère. Ja, geh St. Just und spinne deine Perioden, worin jedes Komma ein Säbelhieb und jeder Punkt ein abgeschlagner Kopf ist.

St. Just. Der Convent muß decretiren, das Tribunal solle ohne Unterbrechung den Proceß fortführen und dürfe jeden Angeklagten, welcher die dem Gerichte schuldige Achtung verletzte oder störende Auftritte veranlaßte von den Debatten ausschließen.

Barrère. Du hast einen revolutionären Instinct, das lautet ganz gemäßigt und wird doch seine Wirkung thun. Sie können nicht schweigen, Danton muß schreien.

St. Just. Ich zähle auf eure Unterstützung. Es giebt Leute im Convent, die eben so krank sind wie Danton und welche die nemliche Kur fürchten. Sie haben wieder Muth bekommen, sie werden über Verletzung der Formen schreien,

Barrère (*ihn unterbrechend*). Ich werde ihnen sagen: zu Rom wurde der Consul, welcher die Verschwörung des Catilina entdeckte und die Verbrecher auf der Stelle mit dem Tod bestrafte, der verletzten Förmlichkeit angeklagt. Wer waren seine Ankläger?

Collot (*mit Pathos*). Geh St. Just. Die Lava der Revolution fließt. Die Freiheit wird die Schwächlinge, welche ihren mächtigen Schooß befruchten wollten, in ihren Umarmungen ersticken, die Majestät des Volks wird ihnen wie Jupiter der Semele unter Donner und Blitz erscheinen und sie in Asche verwandeln. Geh St. Just wir werden dir helfen den Donnerkeil auf die Häupter der Feiglinge zu schleudern.

(St. Just *ab.*)

Barrère. Hast du das Wort *Kur* gehört? Sie werden noch aus der Guillotine ein specificum gegen die Lustseuche machen. Sie kämpfen nicht mit den Moderirten, sie kämpfen mit dem Laster.

Billaud. Bis jezt geht unser Weg zusammen.

Barrère. Robespierre will aus der Revolution einen Hörsaal für Moral machen und die Guillotine als Katheder gebrauchen.

Billaud. Oder als Betschemel.

Collot. Auf dem er aber alsdann nicht stehen, sondern liegen soll.

Barrère. Das wird leicht gehen. Die Welt müßte auf dem Kopf stehen, wenn die sogenannten Spitzbuben von den sogenannten rechtlichen Leuten gehängt werden sollten.

Collot (*zu* Barrère). Wann kommst du wieder nach Clichy?

Barrère. Wenn der Arzt nicht mehr zu mir kommt.

Collot. Nicht wahr, über dem Ort steht ein Haarstern, unter dessen versengenden Strahlen dein Rückenmark ganz ausgedörrt wird.

Billaud. Nächstens werden die niedlichen Finger der reizenden Demahy es ihm aus dem Futterale ziehen und es als Zöpfchen über den Rücken hinunter hängen machen.

Barrère (*zuckt die Achseln*). Pst! Davon darf der Tugendhafte nichts wissen.

Billaud. Er ist ein impotenter Mahomet.

(**Billaud** *und* **Collot** *ab.*)

Barrère (*allein*). Die Ungeheuer! Es ist noch nicht lange genug, daß Du den Tod wünschest! Dieße Worte hätten die Zunge müssen verdorren machen, die sie gesprochen. Und ich?
Als die Septembriseurs in die Gefängnisse drangen, faßt ein Gefangner sein Messer, er drängt sich unter die Mörder, er stößt es in die Brust eines Priesters, er ist gerettet! Wer kann was dawider haben?
Ob ich mich nun unter die Mörder dränge, oder mich in den Wohlfahrtsausschuß setze, ob ich ein Guillotinen oder ein Taschenmesser nehme? Es ist der nämliche Fall, nur mit etwas verwickelteren Umständen, die Grundverhältnisse sind sich gleich.
Und durft' er einen morden, durfte er auch zwei, auch drei, auch noch mehr? wo hört das auf? Da kommen die Gerstenkörner machen 2 einen Haufen, drei, vier, wieviel dann? Komm mein Gewissen, komm mein Hühnchen, komm bi, bi, bi, da ist Futter.
Doch – war ich auch Gefangner? Verdächtig war ich, das läuft auf eins hinaus, der Tod war mir gewiß.

(*ab.*)

[**III,7**]

Die Conciergerie.

Lacroix, Danton, Philippeau, Camille.

Lacroix. Du hast gut geschrien, Danton, hättest du dich etwas früher so um dein Leben gequält, es wäre jezt anders. Nicht wahr, wenn der Tod einem so unverschämt nahe kommt und so aus dem Hals stinkt und immer zudringlicher wird?

Camille. Wenn er einem noch nothzüchtigte und seinen Raub unter Ringen und Kampf aus den heißen Gliedern riß! aber so in allen Formalitäten, wie bey der Hochzeit mit einem alten Weibe, wie die Pakten aufgesetzt, wie die Zeugen gerufen, wie das Amen gesagt und wie dann die Bettdecke gehoben wird und es langsam hereinkriecht mit seinen kalten Gliedern!

Danton. Wär' es ein Kampf, daß die Arme und Zähne einander packten! aber es ist mir, als wäre ich in ein Mühlwerk gefallen und die Glieder würden mir langsam systematisch von der kalten physischen Gewalt abgedreht: So mechanisch getödtet zu werden!

Camille. Da liegen allein, kalt, steif in dem feuchten Dunst der Fä[u]lniß, vielleicht, daß einem der Tod das Leben langsam aus den Fiebern martert, mit Bewußtseyn vielleicht sich wegzufaulen!

PHILIPPEAU. Seyd ruhig, meine Freunde. Wir sind wie die Herbstzeitlose, welche erst nach dem Winter Saamen trägt. Von Blumen, die versezt werden, unterscheiden wir uns nur dadurch, daß wir über dem Versuch ein wenig stinken. Ist das so arg?

DANTON. Eine erbauliche Aussicht! Von einem Misthaufen auf den andern! Nicht wahr, die göttliche Klassentheorie? Von prima nach secunda, von secunda nach tertia und so weiter? Ich habe die Schulbänke satt, ich habe mir Gesäßschwielen wie ein Affe darauf gesessen.

PHILIPPEAU. Was willst du denn?

DANTON. Ruhe.

PHILIPPEAU. Die ist in Gott.

DANTON. Im Nichts. Versenke dich in was Ruhigers, als das Nichts und wenn die höchste Ruhe Gott ist, ist nicht das Nichts Gott? Aber ich bin ein Atheist. Der verfluchte Satz: etwas kann nicht zu nichts werden! und ich bin etwas, das ist der Jammer!
Die Schöpfung hat sich so breit gemacht, da ist nichts leer, Alles voll Gewimmels.
Das Nichts hat sich ermordet, die Schöpfung ist seine Wunde, wir sind seine Blutstropfen, die Welt ist das Grab worin es fault.
Das lautet verrückt, es ist aber doch was Wahres daran.

CAMILLE. Die Welt ist der ewige Jude, das Nichts ist der Tod, aber er ist unmöglich. Oh nicht sterben können, nicht sterben können, wie es im Lied heißt.

DANTON. Wir sind Alle lebendig begraben und wie Könige in drei oder vierfachen Särgen beygesezt, unter dem Himmel, in unsern Häusern, in unsern Röcken und Hemden.
Wir kratzen 50 Jahre lang am Sargdeckel.
Ja wer an Vernichtung glauben könnte! dem wäre geholfen.
Da ist keine Hoffnung im Tod, er ist nur eine einfachere, das Leben eine verwickeltere, organisirtere Fäulniß, das ist der ganze Unterschied!
Aber ich bin gerad' einmal an dieße Art des Faulens gewöhnt, der Teufel weiß wie ich mit einer andern zu Recht komme.
O Julie! Wenn ich *allein* ginge! Wenn sie mich einsam ließe!
Und wenn ich ganz zerfiele, mich ganz auflöste – ich wäre eine Handvoll gemarterten Staubes, jedes meiner Atome könnte nur Ruhe finden bey ihr.
Ich kann nicht sterben, nein, ich kann nicht sterben. Wir müssen schreien, sie müssen mir jeden Lebenstropfen aus den Gliedern reißen.

[**III,8**]

Ein Zimmer.

FOUQUIER, AMAR, VOULAND.

FOUQUIER. Ich weiß nicht mehr, was ich antworten soll, sie fordern eine Commission.

AMAR. Wir haben die Schurken, da hast du was du verlangst. ***(er überreicht* FOUQUIER *ein Papier.)***

Vouland. Das wird Sie zufrieden stellen.

Fouquier. Wahrhaftig, das hatten wir nöthig.

Amar. Nun mache, daß wir und sie die Sache vom Hals bekommen.

[**III,9**]

Das Revolutionstribunal.

Danton. Die Republik ist in Gefahr und er hat keine Instruction! Wir appelliren an das Volk, meine Stimme ist noch stark genug um den Decemvirn die Leichenrede zu halten. Ich wiederhole es, wir verlangen eine Commission, wir haben wichtige Entdeckungen zu machen. Ich werde mich in die Citadelle der Vernunft zurückziehen, ich werde mit der Kanone der Wahrheit hervorbrechen und meine Feinde zermalmen. (***Zeichen des Beifalls.***)

(**Fouquier, Amar, Vouland** ***treten ein.***)

Fouquier. Ruhe im Namen der Republik, Achtung dem Gesetz. Der Convent beschließt: In Betracht daß in den Gefängnissen sich Spuren von Meutereien zeigen, in Betracht daß Danton's und Camille's Weiber Geld unter das Volk werfen und daß der General Dillon ausbrechen und sich an die Spitze der Empörer stellen soll um die Angeklagten zu befreien, in Betracht endlich, daß dieße selbst unruhige Auftritte herbeyzuführen sich bemüht und das Tribunal zu beleidigen versucht haben, wird das Tribunal ermächtigt die Untersuchung ohne Unterbrechung fortzusetzen und jeden Angeklagten, der die dem Gesetze schuldige Ehrfurcht außer Augen setzen sollte, von den Debatten auszuschließen.

Danton. Ich frage die Anwesenden, ob wir dem Tribunal, dem Volke oder dem Nationalconvent Hohn gesprochen haben?

Viele Stimmen. Nein! Nein!

Camille. Die Elenden, sie wollen meine Lucile morden!

Danton. Eines Tages wird man die Wahrheit erkennen. Ich sehe großes Unglück über Frankreich hereinbrechen. Das ist die Dictatur, sie hat ihren Schleier zerrissen, sie trägt die Stirne hoch, sie schreitet über unsere Leichen. (***auf*** **Amar und Vouland** ***deutend.***) Seht da die feigen Mörder, seht da die Raben des Wohlfahrtsausschusses!
Ich klage Robespierre, St. Just und ihre Henker des Hochverraths an.
Sie wollen die Republik im Blut ersticken. Die Gleisen der Guillotinenkarren sind die Heerstraßen, auf welchen die Fremden in das Herz des Vaterlandes dringen sollen.
Wie lange sollen die Fußstapfen der Freiheit Gräber seyn?
Ihr wollt Brod und sie werfen Euch Köpfe hin. Ihr durstet und sie machen euch das Blut von den Stufen der Guillotine lecken.

(***Heftige Bewegung unter den Zuhörern, Geschrei des Beyfalls, viele*** **Stimmen:** es lebe Danton, nieder mit den Decemvirn! ***Die*** **Gefangnen** ***werden mit Gewalt hinausgeführt.***)

[III,10]

Platz vor dem Justizpalast.

Ein Volkshaufe.

Einige Stimmen. Nieder mit den Decemvirn! es lebe Danton!

1. Bürger. Ja das ist wahr, Köpfe statt Brod, Blut statt Wein.

Einige Weiber. Die Guillotine ist eine schlechte Mühle und Samson ein schlechter Bäckerknecht, wir wollen Brod, Brod!

2. Bürger. Euer Brod, das hat Danton gefressen, sein Kopf wird Euch Allen wieder Brot geben, er hatte Recht.

1. Bürger. Danton war unter uns am 10. August, Danton war unter uns im September. Wo waren die Leute, welche ihn angeklagt haben?

2. Bürger. Und Lafayette war mit euch in Versailles und war doch ein Verräther.

1. Bürger. Wer sagt, daß Danton ein Verräther sey?

2. Bürger. Robespierre.

1. Bürger. Und Robespierre ist ein Verräther.

2. Bürger. Wer sagt das?

1. Bürger. Danton.

2. Bürger. Danton hat schöne Kleider, Danton hat ein schönes Haus, Danton hat eine schöne Frau, er badet sich in Burgunder, ißt das Wildpret von silbernen Tellern und schläft bey euern Weibern und Töchtern, wenn er betrunken ist.
Danton war arm, wie Ihr. Woher hat er das Alles?
Das Veto hat es ihm gekauft, damit er ihm die Krone rette.
Der Herzog von Orleans hat es ihm geschenkt, damit er ihm die Krone stehle.
Der Fremde hat es ihm gegeben, damit er Euch Alle verrathe. Was hat Robespierre? der tugendhafte Robespierre. Ihr kennt ihn Alle.

Alle. Es lebe Robespierre! Nieder mit Danton! Nieder mit dem Verräther!

[IV,1]

[IV.] Act.

Eine Straße.

Dumas, *ein* Bürger.

Bürger. Wie kann man nach einem solchen Verhör soviel Unschuldige zum Tod verurtheilen?

Dumas. Das ist in der That außerordentlich, aber die Revolutionsmänner haben einen Sinn, der andern Menschen fehlt, und dießer Sinn trügt sie nie.

Bürger. Das ist der Sinn des Tiegers. – Du hast ein Weib.

Dumas. Ich werde bald eins gehabt haben.

Bürger. So ist es denn wahr!

Dumas. Das Revolutionstribunal wird unsere Ehescheidung aussprechen, die Guillotine wird uns von Tisch und Bett trennen.

Bürger. Du bist ein Ungeheuer!

Dumas. Schwachkopf! du bewunderst Brutus?

Bürger. Von ganzer Seele.

Dumas. Muß man denn gerade römischer Consul seyn und sein Haupt mit der Toga verhüllen können um sein Liebstes dem Vaterlande zu opfern? Ich werde mir die Augen mit dem Aermel meines rothen Fracks abwischen, das ist der ganze Unterschied.

Bürger. Das ist entsetzlich.

Dumas. Geh, du begreifst mich nicht.

(sie gehen ab.)

[IV,2]

Julie, *ein* Knabe.

Julie. Es ist aus. Sie zitterten vor ihm. Sie tödten ihn aus Furcht. Geh! ich habe ihn zum Letztenmal gesehen, sag' ihm ich könne ihn nicht *so* sehen.

(sie giebt ihm eine Locke.)

Da, bring ihm das und sag' ihm er würde nicht allein gehn. Er versteht mich schon und dann schnell zurück, ich will seine Blicke aus deinen Augen lesen.

[IV,3]

Die Conciergerie.

Lacroix, Hérault (*auf einem Bett*).

Danton, Camille (*auf einem andern*).

Lacroix. Die Haare wachsen einem so und die Nägel man muß sich wirklich schämen.

Hérault. Nehmen Sie sich ein wenig in Acht, sie niesen mir das ganze Gesicht voll Sand.

Lacroix. Und treten Sie mir nicht so auf die Füße, Bester, ich habe Hühneraugen.

Hérault. Sie leiden noch an Ungeziefer.

Lacroix. Ach, wenn ich nur einmal die Würmer ganz los wäre.

Hérault. Nun, schlafen Sie wohl, wir müssen sehen wie wir mit einander zu Recht kommen, wir haben wenig Raum.
Kratzen Sie mich nicht mit Ihren Nägeln im Schlaf. So! Zerren Sie nicht so am Leichtuch, es ist kalt da unten.

Danton. Ja Camille, morgen sind wir durchgelaufne Schuhe, die man der Bettlerin Erde in den Schooß wirft.

Camille. Das Rindsleder, woraus nach Platon die Engel sich Pantoffeln geschnitten und damit auf der Erde herumtappen. Es geht aber auch danach. Meine Lucile!

Danton. Sey ruhig, mein Junge –

Camille. Kann ich's? Glaubst du Danton? Kann ich's? Sie können die Hände nicht an sie legen. Das Licht der Schönheit, das von ihrem süßen Leib sich ausgießt ist unlöschbar. Unmöglich! Sieh die Erde würde nicht wagen sie zu verschütten, sie würde sich um sie wölben, der Grabdunst würde wie Thau an ihren Wimpern funkeln, Crystalle würden wie Blumen um ihre Glieder sprießen und helle Quellen in Schlaf sie murmeln.

Danton. S[ch]lafe, mein Junge, schlafe.

Camille. Höre Danton, unter uns gesagt, es ist so elend sterben müssen. Es hilft auch zu nichts. Ich will dem Leben noch die letzten Blicke aus seinen hübschen Augen stehlen, ich will die Augen offen haben.

Danton. Du wirst sie ohnehin offen behalten, Samson drückt einem die Augen nicht zu. Der Schlaf ist barmherziger. Schlafe, mein Junge, schlafe.

Camille. Lucile, deine Küsse phantasiren auf meinen Lippen, jeder Kuß wird ein Traum, meine Augen sinken und schließen ihn fest ein.

Danton. Will denn die Uhr nicht ruhen? Mit jedem Picken schiebt sie die Wände enger um mich, bis sie so eng sind wie ein Sarg.
Ich las einmal als Kind so n'e Geschichte, die Haare standen mir zu Berg.
Ja als Kind! Das war der Mühe werth mich so groß zu füttern und mich warm zu halten. Bloß Arbeit für den Todtengräber!
Es ist mir, als röch' ich schon. Mein lieber Leib, ich will mir die Nase zuhalten und mir einbilden du seyst ein Frauenzimmer, was vom Tanzen schwizt und stinkt und dir Artigkeiten sagen. Wir haben uns sonst schon mehr miteinander die Zeit vertrieben.

Morgen bist du eine zerbrochne Fiedel, die Melodie darauf ist ausgespielt. Morgen bist du eine leere Bouteille, der Wein ist ausgetrunken, aber ich habe keinen Rausch davon und gehe nüchtern zu Bett. Das sind glückliche Leute, die sich noch besaufen können. Morgen bist du eine durchgerutschte Hose, du wirst in die Garderobe geworfen und die Motten werden dich fressen, du magst stinken wie du willst.
Ach das hilft nichts. Ja wohl ist's so elend sterben müssen. Der Tod äfft die Geburt, beym Sterben sind wir so hülflos und nackt, wie neugeborne Kinder.
Freilich, wir bekommen das Leichentuch zur Windel. Was wird es helfen? Wir können im Grab so gut wimmern, wie in der Wiege.
Camille! er schläft, (*indem er sich über ihn bückt.*) ein Traum spielt zwischen seinen Wimpern. Ich will den goldnen Thau des Schlafes ihm nicht von den Augen streifen.

(*er erhebt sich und tritt an's Fenster.*)

Ich werde nicht allein gehn, ich danke dir Julie. Doch hätte ich anders sterben mögen, so ganz mühelos, so wie ein Stern fällt, wie ein Ton sich selbst aushaucht, sich mit den eignen Lippen todtküßt, wie ein Lichtstrahl in klaren Fluthen sich begräbt. –
Wie schimmernde Thränen sind die Sterne durch die Nacht gesprengt, es muß ein großer Jammer in dem Aug seyn, von dem sie abträufelten.

Camille. Oh! (*er hat sich aufgerichtet und tastet nach der Decke.*)

Danton. Was hast du Camille?

Camille. Oh, oh!

Danton (*schüttelt ihn*). willst du die Decke herunterkratzen.

Camille. Ach du, du, o halt mich, sprich, du!

Danton. Du bebst an allen Gliedern, der Schweiß steht dir auf der Stirne.

Camille. Das bist du, das ich, so! Das ist meine Hand! ja jezt besinn' ich mich. O Danton, das war entsezlich.

Danton. Was denn?

Camille. Ich lag so zwischen Traum und Wachen. Da schwand die Decke und der Mond sank herein, ganz nahe, ganz dicht, mein Arm erfaßt' ihn. Die Himmelsdecke mit ihren Lichtern hatte sich gesenkt, ich stieß daran, ich betastete die Sterne, ich taumelte wie ein Ertrinkender unter der Eisdecke. Das war entsetzlich Danton.

Danton. Die Lampe wirft einen runden Schein an die Decke, das sahst du.

Camille. Meinetwegen, es braucht grade nicht viel um einem das Bißchen Verstand verlieren zu machen. Der Wahnsinn faßte mich bey den Haaren. (*er erhebt sich.*) ich mag nicht mehr schlafen, ich mag nicht verrückt werden. (*er greift nach einem Buch.*)

Danton. Was nimmst du?

Camille. Die Nachtgedanken.

Danton. Willst du zum Voraus sterben? Ich nehme die Pucelle. Ich will mich aus dem Leben nicht wie aus dem Betstuhl, sondern wie aus dem Bett einer barmherzigen Schwester wegschleichen. Es ist eine Hure, es treibt mit der ganzen Welt Unzucht.

[IV,4]

Platz vor der Conciergerie.

***Ein* SCHLIESSER, *zwei* FUHRLEUTE *mit Karren,* WEIBER.**

SCHLIESSER. Wer hat Euch herfahren geheißen.

1. FUHRMANN. Ich heiße nicht herfahren, das ist ein kurioser Namen.

SCHLIESSER. Dummkopf, wer hat dir die Bestallung dazu gegeben?

1. FUHRMANN. Ich habe keine Stallung dazu kriegt, nichts als 10 sous für den Kopf.

2. FUHRMANN. Der Schuft will mich um's Brod bringen.

1. FUHRMANN. Was nennst du dein Brod (***auf die Fenster der* GEFANGNEN *deutend.***) Das ist Wurmfraß.

2. FUHRMANN. Meine Kinder sind auch Würmer und die wollen auch ihr Theil davon. Oh, es geht schlecht mit unsrem métier und doch sind wir die besten Fuhrleute.

1. FUHRMANN. Wie das?

2. FUHRMANN. Wer ist der beste Fuhrmann?

1. FUHRMANN. Der am Weitesten und am Schnellsten fährt.

2. FUHRMANN. Nun Esel, wer fährt weiter, als der aus der Welt fährt und wer fährt schneller, als der's in einer Viertelstunde thut? Genau gemessen ist's eine Viertelstund von da bis zum Revolutionsplatz.

SCHLIESSER. Rasch, ihr Schlingel! Näher an's Thor, Platz da ihr Mädel.

1. FUHRMANN. Halt euren Platz vor, um ein Mädel fährt man nit herum, immer in die Mitt 'nein.

2. FUHRMANN. Ja das glaub' ich, du kannst mit Karren und Gäulen hinein, du findst gute Gleise, aber du mußt Quarantän halten, wenn du heraus kommst.

(***sie fahren vor.***)

2. FUHRMANN (***zu den* WEIBERN**). Was gafft ihr?

EIN WEIB. Wir warten auf alte Kunden.

2. FUHRMANN. Meint Ihr mein Karren wär' ein Bordell? Er ist ein anständiger Karren, er hat den König und alle vornehmen Herren aus Paris zur Tafel gefahren.

(LUCILE *tritt auf. Sie setzt sich auf einen Stein unter die Fenster der* GEFANGNEN.)

[LUCILE.] Camille, Camille! (**CAMILLE *erscheint am Fenster.***) Höre Camille, du machst mich lachen mit dem langen Steinrock und der eisernen Maske vor dem Gesicht, kannst du dich nicht bücken? Wo sind deine Arme?

Ich will dich locken, lieber Vogel (***singt.***)

> Es stehn zwei Sternlein an dem Himmel
> Scheinen heller als der Mond,
> Der ein scheint vor Feinsliebchens Fenster
> der andre vor die Kammerthür.

Komm, komm, mein Freund! Leise die Treppe herauf, sie schlafen Alle. Der Mond hilft mir schon lange warten. Aber du kannst ja nicht zum Thor herein, das ist eine

unleidliche Tracht. Das ist zu arg für den Spaß, mach ein Ende. Du rührst dich auch gar nicht, warum sprichst du nicht? Du machst mir Angst.
Höre! die Leute sagen du müßtest sterben und machen dazu so ernsthafte Gesichter. Sterben! ich muß lachen über die Gesichter. Sterben! Was ist das für ein Wort? Sag mir's Camille. Sterben! Ich will nachdenken. Da, da ist's. Ich will ihm nachlaufen, komm, süßer Freund, hilf mir fangen, komm! komm!

(*Sie läuft weg.*)

Camille (*ruft*). Lucile! Lucile!

[IV,5]

Die Conciergerie.

Danton (*an einem Fenster, was in das nächste Zimmer geht*), **Camille, Philippeau, Lacroix, Hérault.**

Danton. Du bist jezt ruhig, Fabre.

Eine Stimme (*von innen*). am Sterben.

Danton. Weißt du auch, was wir jezt machen werden?

Die Stimme. Nun?

Danton. Was du dein ganzes Leben hindurch gemacht hast – des vers.

Camille (*für sich*). Der Wahnsinn saß hinter ihren Augen. Es sind schon mehr Leute wahnsinnig geworden, das ist der Lauf der Welt. Was können wir dazu? Wir waschen unsere Hände. Es ist auch besser so.

Danton. Ich lasse Alles in einer schrecklichen Verwirrung. Keiner versteht das Regieren. Es könnte vielleicht noch gehn, wenn ich Robespierre meine Huren und Couthon meine Waden hinterließe.

Lacroix. Wir hätten die Freiheit zur Hure gemacht!

Danton. Was wäre es auch! Die Freiheit und eine Hure sind die kosmopolitischsten Dinge unter der Sonne. Sie wird sich jezt anständig im Ehebett des Advokaten von Arras prostituiren. Aber ich denke sie wird die Clytemnaestra gegen ihn spielen, ich lasse ihm keine 6 Monate Frist, ich ziehe ihn mit mir.

Camille (*für sich*). Der Himmel verhelf' ihr zu einer behaglichen fixen Idee. Die allgemeinen fixen Ideen, welche man die gesunde Vernunft tauft, sind unerträglich langweilig. Der glücklichste Mensch war der, welcher sich einbilden konnte, daß er Gott Vater, Sohn und heiliger Geist sey.

Lacroix. Die Esel werden schreien, es lebe die Republik, wenn wir vorbeygehen.

Danton. Was liegt daran? Die Sündfluth der Revolution mag unsere Leichen absetzen wo sie will, mit unsern fossilen Knochen wird man noch immer allen Königen die Schädel einschlagen können.

Hérault. Ja, wenn sich gerade ein Simson für unsere Kinnbacken findet.

Danton. Sie sind Kainsbrüder.

Lacroix. Nichts beweißt mehr, daß Robespierre ein *Nero* ist, als der Umstand, daß er gegen Camille nie freundlicher war, als 2 Tage vor dessen Verhaftung. Ist es nicht so Camille?

Camille. Meinetwegen, was geht das mich an? Was sie aus dem Wahnsinn ein reizendes Ding gemacht hat. Warum muß ich jezt fort? Wir hätten zusammen mit ihm gelacht, es gewiegt und geküßt.

Danton. Wenn einmal die Geschichte ihre Grüfte öffnet kann der Despotismus noch immer an dem Duft unsrer Leichen ersticken.

Hérault. Wir stanken bey Lebzeiten schon hinlänglich.
Das sind Phrasen für die Nachwelt nicht wahr Danton, uns gehn sie eigentlich nichts an.

Camille. Er zieht ein Gesicht, als solle es versteinern und von der Nachwelt als Antike ausgegraben werden.
Das verlohnt sich auch der Mühe Mäulchen zu machen und Roth aufzulegen und mit einem guten Accent zu sprechen; wir sollten einmal die Masken abnehmen, wir sähen dann wie in einem Zimmer mit Spiegeln überall nur den einen uralten, zahllosen, unverwüstlichen Schaafskopf, nichts mehr, nichts weniger. Die Unterschiede sind so groß nicht, wir Alle sind Schurken und Engel, Dummköpfe und Genie's und zwar das Alles in Einem, die 4 Dinge finden Platz genug in dem nämlichen Kö[r]per, sie sind nicht so breit, als man sich einbildet.
Schlafen, Verdaun, Kinder machen das treiben Alle, die übrigen Dinge sind nur Variationen aus verschiedenen Tonarten über das nemliche Thema. Da braucht man sich auf die Zehen zu stellen und Gesichter zu schneiden, da braucht man sich voreinander zu geniren. Wir haben uns Alle am nemlichen Tische krank gegessen und haben Leibgrimmen, was haltet Ihr Euch die Servietten vor das Gesicht, schreit nur und greint wie es Euch ankommt.
Schneidet nur keine so tugendhafte und so witzige und so heroische und so geniale Grimassen, wir kennen uns ja einander, spart Euch die Mühe.

Hérault. Ja Camille, wir wollen uns beieinandersetzen und schreien, nichts dummer als die Lippen zusammenzupressen, wenn einem was weh thut.
Griechen und Götter schrieen, Römer und Stoiker machten die heroische Fratze.

Danton. Die Einen waren so gut Epicuräer wie die Andern. Sie machten sich ein ganz behagliches Selbstgefühl zurecht. Es ist nicht so übel seine Toga zu drapieren und sich umzusehen ob man einen langen Schatten wirft. Was sollen wir uns zerren? Ob wir uns nun Lorbeerblätter, Rosenkränze oder Weinlaub vor die Schaam binden, oder das häßliche Ding offen tragen und es uns von den Hunden lecken lassen?

Philippeau. Meine Freunde man braucht gerade nicht hoch über der Erde zu stehen um von all dem wirren Schwanken und Flimmern nichts mehr zu sehen und d[ie] Augen von einigen großen, göttlichen Linien erfüllt zu haben.
Es giebt ein Ohr für welches, das Ineinanderschreien und der Zeter, die uns betäuben, ein Strom von Harmonien sind.

DANTON. Aber wir sind die armen Musicanten und unsere Körper die Instrumente. Sind die häßlichen Töne, welche auf ihnen herausgepfuscht werden nur da um höher und höher dringend und endlich leise verhallend wie ein wollüstiger Hauch in himmlischen Ohren zu sterben?

HÉRAULT. Sind wir wie Ferkel, die man für fürstliche Tafeln mit Ruthen todtpeitscht, damit ihr Fleisch schmackhafter werde?

DANTON. Sind wir Kinder, die in den glühenden Molochsarmen dießer Welt gebraten und mit Lichtstrahlen gekitzelt werden, damit die Götter sich über ihr Lachen freuen?

CAMILLE. Ist denn der Aether mit seinen Goldaugen eine Schüssel mit Goldkarpfen, die am Tisch der seeligen Götter steht und die seeligen Götter lachen ewig und die Fische sterben ewig und die Götter erfreuen sich ewig am Farbenspiel des Todeskampfes?

DANTON. Die Welt ist das Chaos. Das Nichts ist der zu gebärende Weltgott

(*Der* SCHLIESSER *tritt ein.*)

SCHLIESSER. Meine Herren, Sie können abfahren, die Wagen halten vor der Thür.

PHILIPPEAU. Gute Nacht meine Freunde, ziehen wir ruhig die große Decke über uns, worunter alle Herzen ausglühen und alle Augen zufallen.

(*Sie umarmen einander.*)

HÉRAULT (*nimmt* CAMILLE'S *Arm*). Freue dich Camille, wir bekommen eine schöne Nacht. Die Wolken hängen am stillen Abendhimmel wie ein ausglühender Olymp mit verbleichenden, versinkenden Göttergestalten.

(*Sie gehen ab.*)

[IV,6]

Ein Zimmer.

JULIE. Das Volk lief in den Gassen, jetzt ist Alles still.
Keinen Augenblick möchte ich ihn warten lassen.

(*sie zieht eine Phiole hervor.*)

Komm liebster Priester, dessen Amen uns zu Bette gehn macht.

(*sie tritt an's Fenster.*)

Es ist so hübsch Abschied zu nehmen, ich habe die Thüre nur noch hinter mir zuzuziehen. (*sie trinkt.*)
Man möchte immer so stehn.
Die Sonne ist hinunter. Der Erde Züge waren so scharf in ihrem Licht, doch jetzt ist ihr Gesicht so still und ernst wie einer Sterbenden. Wie schön das Abendlicht ihr um Stirn und Wangen spielt.
Stets bleicher und bleicher wird sie, wie eine Leiche treibt sie abwärts in der Fluth des Aethers; will den[n] kein Arm sie bey den goldnen Locken fassen und aus dem Strom sie ziehen und sie begraben?

Ich gehe leise. Ich küsse sie nicht, daß kein Hauch, kein Seufzer sie aus dem Schlummer wecke. Schlafe, schlafe.

(sie stirbt.)

[IV,7]

Der Revolutionsplatz.

Die Wagen kommen angefahren und halten vor der Guillotine.
MÄNNER *und* WEIBER *singen und tanzen die Carmagnole. Die* GEFANGNEN *stimmen die Marseillaise an.*

EIN WEIB MIT KINDERN. Platz! Platz! Die Kinder schreien, sie haben Hunger. Ich muß sie zusehen machen, daß sie still sind. Platz!

EIN WEIB. He Danton, du kannst jezt mit den Würmern Unzucht treiben.

EINE ANDERE. Hérault, aus deinen hübschen Haaren laß' ich mir eine Perücke machen.

HÉRAULT. Ich habe nicht Waldung genug für einen so abgeholzten Venusberg.

CAMILLE. Verfluchte Hexen! Ihr werdet noch schreien, ihr Berge fallet auf uns!

EIN WEIB. Der Berg ist auf euch oder Ihr seyd ihn vielmehr hinunter gefallen.

DANTON (*zu* **CAMILLE**). Ruhig, mein Junge, du hast dich heiser geschrieen.

CAMILLE (*giebt dem* **FUHRMANN** *Geld*). Da alter Charon, dein Karren ist ein guter Präsentirteller.
Meine Herren, ich will mich zuerst serviren. Das ist ein klassisches Gastmahl, wir liegen auf unsern Plätzen und verschütten etwas Blut als Libation. Adieu Danton.

(er besteigt das Blutgerüst. Die* GEFANGNEN *folgen ihm einer nach dem andren.* DANTON *steigt zulezt hinauf.)

LACROIX (*zu dem Volk*). Ihr tödtet uns an dem Tage, wo ihr den Verstand verloren habt; ihr werdet sie an dem tödten, wo ihr ihn wiederbekommt.

EINIGE STIMMEN. Das war schon einmal da! wie langweilig!

LACROIX. Die Tyrannen werden über unsern Gräbern den Hals brechen.

HÉRAULT (*zu* **DANTON**). Er hält seine Leiche für ein Mistbeet der Freiheit.

PHILIPPEAU (*auf dem Schaffott*). Ich vergebe Euch, ich wünsche eure Todesstunde sey nicht bittrer als die meinige.

HÉRAULT. Dacht' ich's doch, er muß sich noch einmal in den Busen greifen und den Leuten da unten zeigen, daß er reine Wäsche hat.

FABRE. Lebewohl Danton. Ich sterbe doppelt.

DANTON. Adieu mein Freund. Die Guillotine ist der beste Arzt.

HÉRAULT (*will* **DANTON** *umarmen*). Ach Danton, ich bringe nicht einmal einen Spaß mehr heraus. Da ist's Zeit. ***(Ein* HENKER *stößt ihn zurück.)***

DANTON (*zum* **HENKER**). Willst du grausamer seyn als der Tod?
Kannst du verhindern, daß unsere Köpfe sich auf dem Boden des Korbes küssen?

[IV,8]

Eine Straße.

Lucile. Es ist doch was wie Ernst darin.

Ich will einmal nachdenken. Ich fange an so was zu begreifen. Sterben – Sterben – Es darf ja Alles leben, Alles, die kleine Mücke da, der Vogel. – Warum denn er nicht? Der Strom des Lebens müßte stocken, wenn nur der eine Tropfen verschüttet würde. Die Erde müßte eine Wunde bekommen von dem Streich.

Es regt sich Alles, die Uhren gehen, die Glocken schlagen, die Leute laufen, das Wasser rinnt und so so alles weiter bis da, dahin – nein! es darf nicht geschehen, nein – ich will mich auf den Boden setzen und schreien, daß erschrocken Alles stehn bleibt, Alles stockt, sich nichts mehr regt.

(*sie setzt sich nieder, verhüllt sich die Augen und stößt einen Schrei aus. Nach einer Pause erhebt sie sich.*)

Das hilft nichts, da ist noch Alles wie sonst, die Häuser, die Gasse, der Wind geht, die Wolken ziehen. – Wir müssen's wohl leiden.

(*Einige* Weiber *kommen die Gasse herunter.*)

1. Weib. Ein hübscher Mann, der Hérault.

2. Weib. Wie er beym Constitutionsfest so am Triumphbogen stand da dacht' ich so, der muß sich gut auf der Guillotine ausnehmen, dacht' ich. Das war so ne Ahnung.

3. Weib. Ja man muß die Leute in allen Verhältnissen sehen, es ist recht gut, daß das Sterben so öffentlich wird. (*Sie gehen vorbey.*)

Lucile. Mein Camille! Wo soll ich dich jezt suchen?

[IV,9]

Der Revolutionsplatz.

Zwei Henker *an der Guillotine beschäftigt.*

1. Henker (*steht auf der Guillotine und singt*).

Und wann ich hame geh
Scheint der Mond so scheeh

2. Henker. He Holla! Bist bald fertig?

1. Henker. Gleich, gleich! (*singt.*)

Scheint in meines Ellervaters Fenster
Kerl wo bleibst so lang bey de Menscher?

So! die Jacke her!

(*Sie gehn singend ab.*)

Und wann ich hame geh
Scheint der Mond so scheeh.

LUCILE ***(tritt auf und setzt sich auf die Stufen der Guillotine).*** Ich setze mich auf deinen Schooß, du stiller Todesengel. ***(sie singt.)***

Es ist ein Schnitter, der heißt Tod,
Hat Gewalt vom höchsten Gott.

Du liebe Wiege, die du meinen Camill in Schlaf gelullt, ihn unter deinen Rosen erstickt hast.

Du Todtenglocke, die du ihn mit deiner süßen Zunge zu Grabe sangst. ***(sie singt.)***

Viel hunderttausend ungezählt,
Was nur unter die Sichel fällt.

(Eine Patrouille tritt auf.)

EIN BÜRGER. He werda?

LUCILE. Es lebe der König!

BÜRGER. Im Namen der Republik.

(sie wird von der Wache umringt und weggeführt.)

Lenz

Den 20. ging Lenz durch's Gebirg. Die Gipfel und hohen Bergflächen im Schnee, die Thäler hinunter graues Gestein, grüne Flächen, Felsen und Tannen. Es war naßkalt, das Wasser rieselte die Felsen hinunter und sprang über den Weg. Die Äste der Tannen hingen schwer herab in die feuchte Luft. Am Himmel zogen graue Wolken, aber Alles so dicht, und dann dampfte der Nebel herauf und strich schwer und feucht durch das Gesträuch, so träg, so plump. Er ging gleichgültig weiter, es lag ihm nicht[s] am Weg, bald auf- bald abwärts. Müdigkeit spürte er keine, nur war es ihm manchmal unangenehm, daß er nicht auf dem Kopf gehn konnte. Anfangs drängte es ihm in der Brust, wenn das Gestein so wegsprang, der graue Wald sich unter ihm schüttelte, und der Nebel die Formen bald verschlang, bald die gewaltigen Glieder halb enthüllte; es drängte in ihm, er suchte nach etwas, wie nach verlornen Träumen, aber er fand nichts. Es war ihm alles so klein, so nahe, so naß, er hätte die Erde hinter den Ofen setzen mögen, er begriff nicht, daß er so viel Zeit brauchte, um einen Abhang hinunter zu klimmen, einen fernen Punkt zu erreichen; er meinte, er müsse Alles mit ein Paar Schritten ausmessen können. Nur manchmal, wenn der Sturm das Gewölk in die Thäler warf, und es den Wald herauf dampfte, und die Stimmen an den Felsen wach wurden, bald wie fern verhallende Donner, und dann gewaltig heran brausten, in Tönen, als wollten sie in ihrem wilden Jubel die Erde besingen, und die Wolken wie wilde wiehernde Rosse heransprengten, und der Sonnenschein dazwischen durchging und kam und sein blitzendes Schwert an den Schneeflächen zog, so daß ein helles, blendendes Licht über die Gipfel in die Thäler schnitt; oder wenn der Sturm das Gewölk abwärts trieb und einen lichtblauen See hineinriß, und dann der Wind verhallte und tief unten aus den Schluchten, aus den Wipfeln der Tannen wie ein Wiegenlied und Glockengeläute heraufsummte, und am tiefen Blau ein leises Roth hinaufklomm, und kleine Wölkchen auf silbernen Flügeln durchzogen und alle Berggipfel scharf und fest, weit über das Land hin glänzten und blitzten, riß es ihm in der Brust, er stand, keuchend, den Leib vorwärts gebogen, Augen und Mund weit offen, er meinte, er müsse den Sturm in sich ziehen, Alles in sich fassen, er dehnte sich aus und lag über der Erde, er wühlte sich in das All hinein, es war eine Lust, die ihm wehe that; oder er stand still und legte das Haupt in's Moos und schloß die Augen halb, und dann zog es weit von ihm, die Erde wich unter ihm, sie wurde klein wie ein wandelnder Stern und tauchte sich in einen brausenden Strom, der seine klare Fluth unter ihm zog. Aber es waren nur Augenblicke, und dann erhob er sich nüchtern, fest, ruhig als wäre ein Schattenspiel vor ihm vorübergezogen, er wußte von nichts mehr. Gegen Abend kam er auf die Höhe des Gebirgs, auf das Schneefeld, von wo man wieder hinabstieg in die Ebene nach Westen, er setzte sich oben nieder. Es war gegen Abend ruhiger geworden; das Gewölk lag fest und unbeweglich am Himmel, so weit der Blick reichte, nichts als Gipfel, von denen sich breite Flächen hinabzogen, und alles so still, grau, dämmernd; es wurde ihm entsetzlich einsam, er war allein, ganz allein, er wollte mit sich sprechen, aber er konnte, er wagte kaum zu athmen, das Biegen seines Fußes tönte wie Donner unter ihm, er mußte sich niedersetzen; es faßte ihn eine namenlose Angst in diesem Nichts, er war im Leeren, er riß sich auf und flog den Abhang hinunter. Es war finster geworden, Himmel und Erde verschmolzen in Eins. Es war als ginge ihm was nach, und als müsse ihn was Entsetzliches erreichen, etwas das Menschen nicht ertragen können, als jage der Wahnsinn auf Rossen hinter ihm. Endlich hörte er Stimmen, er sah Lichter, es wurde ihm leichter, man sagte ihm, er hätte noch eine halbe Stunde nach *Waldbach*. Er ging durch das Dorf, die Lichter schienen durch die Fenster, er sah hinein im Vorbeigehen, Kinder am Tische, alte Weiber, Mädchen, Alles ruhige, stille Gesichter, es war ihm als müsse das Licht von ihnen ausstrahlen, es ward ihm leicht, er war bald in Waldbach im Pfarrhause. Man saß am Tische, er hinein; die blonden Locken hingen ihm um das bleiche Gesicht, es zuckte ihm in den Augen und um den Mund, seine Kleider waren zerrissen. *Oberlin* hieß ihn willkommen, er hielt ihn für einen Handwerker. „Seyn Sie mir willkommen, obschon Sie mir unbekannt." – Ich bin ein Freund von . . . . und bringe Ihnen Grüße von ihm. „Der Name, wenn's beliebt" . . . *Lenz*. „Ha, ha, ha, ist er nicht gedruckt? Habe ich nicht einige Dramen gelesen, die einem Herrn dieses Namens zugeschrieben werden?" Ja, aber belieben Sie mich nicht darnach zu beurtheilen. Man sprach weiter, er suchte nach Worten und erzählte rasch, aber auf der Folter; nach und nach wurde er ruhig, das heimliche Zimmer und die stillen Gesichter, die aus dem Schatten hervortraten, das helle Kindergesicht, auf dem alles Licht z[u] ruhen schien und das neugierig, vertraulich aufschaute, bis zur Mutter, die hinten im Schatten engelgleich stille saß. Er fing an zu erzählen, von seiner Heimath; er zeichnete allerhand Trachten, man drängte sich theilnehmend um ihn, er war gleich zu Haus, sein blasses Kindergesicht, das jetzt lächelte, sein lebendiges Erzählen; er wurde ruhig, es war ihm als träten alte Gestalten, vergessene Gesichter wieder aus dem Dunkeln, alte Lieder wachten auf, er war weg, weit weg. Endlich war es Zeit zum Gehen, man führte ihn über die Straße, das Pfarrhaus war zu eng, man gab ihm ein Zimmer im Schulhause. Er ging hinauf, es war kalt oben, eine weite Stube, leer, ein hohes Bett im Hintergrund, er stellte das Licht auf den Tisch, und ging auf und ab, er besann sich wieder auf den Tag, wie er hergekommen, wo er war, das Zimmer im Pfarrhause mit seinen Lichtern und lieben Gesichtern, es war ihm wie ein Schatten, ein Traum, und es wurde ihm leer, wieder wie auf dem Berg, aber er konnte es mit nichts mehr ausfüllen, das Licht war erloschen, die Finsterniß verschlang Alles; eine unnennbare Angst erfaßte ihn, er sprang auf, er lief durchs Zimmer, die Treppe hinunter, vor's Haus; aber umsonst, Alles finster, nichts, er war sich selbst ein Traum, einzelne Gedanken huschten auf, er hielt sie fest, es war ihm als müsse er immer „Vater unser" sagen; er konnte sich nicht mehr finden, ein dunkler Instinkt trieb ihn, sich zu retten, er stieß an die Steine, er riß sich mit den Nägeln, der Schmerz fing an, ihm das Bewußtsein wiederzugeben, er stürzte sich in den Brunnstein, aber das Wasser war nicht tief, er patschte darin. Da kamen Leute, man hatte es gehört, man rief ihm zu. Oberlin kam gelaufen; Lenz war wieder zu sich gekommen, das ganze Bewußtsein seiner Lage, es war ihm wieder leicht, jetzt schämte er sich und war betrübt, daß er den guten Leuten Angst gemacht, er sagte ihnen, daß er gewohnt sey kalt zu baden, und ging wieder hinauf; die Erschöpfung ließ ihn endlich ruhen.

Den andern Tag ging es gut. Mit Oberlin zu Pferde durch das Thal; breite Bergflächen, die aus großer Höhe sich in ein schmales, gewundnes Thal zusammenzogen, das in mannichfachen Richtungen sich hoch an den Bergen hinaufzog, große Felsenmassen, die sich nach unten ausbreiteten, wenig Wald, aber alles im grauen ernsten Anflug, eine Aussicht nach Westen in das Land hinein und auf die Bergkette, die sich grad hinunter nach Süden und Norden zog, und deren Gipfel gewaltig, ernsthaft oder schweigend still, wie ein dämmernder Traum standen. Gewaltige Lichtmassen, die manchmal aus den Thälern, wie ein goldner Strom schwollen, dann wieder Gewölk, das an dem höchsten Gipfel lag, und dann langsam den Wald herab in das Thal klomm, oder in den Sonnenblitzen sich wie ein fliegendes silbernes Gespenst herabsenkte und hob; kein Lärm, keine Bewegung, kein Vogel, nichts als das bald nahe, bald ferne Wehn des Windes. Auch erschienen Punkte, Gerippe von Hütten, Bretter mit Stroh gedeckt, von schwarzer ernster Farbe. Die Leute, schweigend und ernst, als wagten sie die Ruhe ihres Thales nicht zu stören, grüßten ruhig, wie sie vorbeiritten. In den Hütten war es lebendig, man drängte sich um Oberlin, er wies zurecht, gab Rath, tröstete; überall zutrauensvolle Blicke, Gebet. Die Leute erzählten Träume, Ahnungen. Dann rasch in's praktische Leben, Wege angelegt, Kanäle gegraben, die Schule besucht. Oberlin war unermüdlich, Lenz fortwährend sein Begleiter, bald in Gespräch, bald thätig am Geschäft, bald in die Natur versunken. Es wirkte alles wohlthätig und beruhigend auf ihn, er mußte Oberlin oft in die Augen sehen, und die mächtige Ruhe, die uns über der ruhenden Natur, im tiefen Wald, in mondhellen schmelzenden Sommernächten überfällt, schien ihm noch näher, in diesem ruhigen Auge, diesem ehrwürdigen ernsten Gesicht. Er war schüchtern, aber er machte Bemerkungen, er sprach, Oberlin war sein Gespräch sehr angenehm, und das anmuthige Kindergesicht Lenzens machte ihm große Freude. Aber nur so lange das Licht im Thale lag, war es ihm erträglich; gegen Abend befiel ihn eine sonderbare Angst, er hätte der Sonne nachlaufen mögen; wie die Gegenstände nach und nach schattiger wurden, kam ihm Alles so traumartig, so zuwider vor, es kam ihm die Angst an wie Kindern, die im Dunkeln schlafen; es war ihm als sey er blind; jetzt wuchs sie, der Alp des Wahnsinns setzte sich zu seinen Füssen, der rettungslose Gedanke, als sey Alles nur sein Traum, öffnete sich vor ihm, er klammerte sich an alle Gegenstände, Gestalten zogen rasch an ihm vorbei, er drängte sich an sie, es waren Schatten, das Leben wich aus ihm und seine Glieder waren ganz starr. Er sprach, er sang, er recitirte Stellen aus Shakespeare, er griff nach Allem, was sein Blut sonst hatte rascher fließen machen, er versuchte Alles, aber kalt, kalt. Er mußte dann hinaus ins Freie, das wenige, durch die Nacht zerstreute Licht, wenn seine Augen an die Dunkelheit gewöhnt waren, machte ihm besser, er stürzte sich in den Brunnen, die grelle Wirkung des Wassers machte ihm besser, auch hatte er eine geheime Hoffnung auf eine Krankheit, er verrichtete sein Bad jetzt mit weniger Geräusch. Doch jemehr er sich in das Leben hineinlebte, ward er ruhiger, er unterstützte Oberlin, zeichnete, las die Bibel; alte vergangne Hoffnungen gingen in ihm auf; das neue Testament trat ihm hier so entgegen, und eines Morgens ging er hinaus. Wie Oberlin ihm erzählte, wie ihn eine unaufhaltsame Hand auf der Brücke gehalten hätte, wie auf der Höhe ein Glanz seine Augen geblendet hätte, wie er eine Stimme gehört hätte, wie es in der Nacht mit ihm gesprochen, und wie Gott so ganz bei ihm eingekehrt, daß er kindlich seine Loose aus der Tasche holte, um zu wissen, was er thun sollte, dieser Glaube, dieser ewige Himmel im Leben, dies Seyn in Gott; jetzt erst ging ihm die heilige Schrift auf. Wie den Leuten die Natur so nah trat, alles in himmlischen Mysterien; aber nicht gewaltsam majestätisch, sondern noch vertraut! – Er ging des Morgens hinaus, die Nacht war Schnee gefallen, im Thal lag heller Sonnenschein, aber weiterhin die Landschaft halb im Nebel. Er kam bald vom Weg ab, und eine sanfte Höhe hinauf, keine Spur von Fußtritten mehr, neben einem Tannenwald hin, die Sonne schnitt Krystalle, der Schnee war leicht und flockig, hie und da Spur von Wild leicht auf dem Schnee, die sich ins Gebirg hinzog. Keine Regung in der Luft als ein leises Wehen, als das Rauschen eines Vogels, der die Flocken leicht vom Schwanze stäubte. Alles so still, und die Bäume weithin mit schwankenden weißen Federn in der tiefblauen Luft. Es wurde ihm heimlich nach und nach, die einförmigen gewaltigen Flächen und Linien, vor denen es ihm manchmal war, als ob sie ihn mit gewaltigen Tönen anredete[n], waren verhüllt, ein heimliches Weihnachtsgefühl beschlich ihn, er meinte manchmal seine Mutter müsse hinter einem Baume hervortreten, groß, und ihm sagen, sie hätte ihm dies Alles bescheert; wie er hinunterging, sah er, daß um seinen Schatten sich ein Regenbogen von Strahlen legte, es wurde ihm, als hätte ihn was an der Stirn berührt, das Wesen sprach ihn an. Er kam hinunter. Oberlin war im Zimmer, Lenz kam heiter auf ihn zu, und sagte ihm, er möge wohl einmal predigen. „Sind Sie Theologe?" Ja! – „Gut, nächsten Sonntag."

Lenz ging vergnügt auf sein Zimmer, er dachte auf einen Text zum Predigen und verfiel in Sinnen, und seine Nächte wurden ruhig. Der Sonntagmorgen kam, es war Thauwetter eingefallen. Vorüberstreifende Wolken, Blau dazwischen, die Kirche lag neben am Berg hinauf, auf einem Vorsprung, der Kirchhof drum herum. Lenz stand oben, wie die Glocke läutete und die Kirchengänger, die Weiber und Mädchen in ihrer ernsten schwarzen Tracht, das weiße gefaltete Schnupftuch auf dem Gesangbuche und den Rosmarinzweig von den verschiedenen Seiten die schmalen Pfade zwischen den Felsen herauf und herab kamen. Ein Sonnenblick lag manchmal über dem Thal, die laue Luft regte sich langsam, die Landschaft schwamm im Duft, fernes Geläute, es war als löste sich alles in eine harmonische Welle auf.

Auf dem kleinen Kirchhof war der Schnee weg, dunkles Moos unter den schwarzen Kreuzen, ein verspäteter Rosenstrauch lehnte an der Kirchhofmauer, verspätete Blumen dazu unter dem Moos hervor, manchmal Sonne, dann wieder dunkel. Die Kirche fing an, die Menschenstimmen begegneten sich im reinen hellen Klang; ein Eindruck, als schaue man in reines durchsichtiges Bergwasser. Der Gesang verhallte, Lenz sprach, er war schüchtern, unter den Tönen hatte sein Starrkrampf sich ganz gelegt, sein ganzer Schmerz wachte jetzt auf, und legte sich in sein Herz. Ein süßes Gefühl unendlichen Wohls beschlich ihn. Er sprach einfach mit den Leuten, sie litten alle mit ihm, und es war ihm ein Trost, wenn er über einige müdgeweinte Augen Schlaf, und gequälten Herzen Ruhe bringen, wenn er über dieses von materiellen Bedürfnißen gequälte Seyn, diese dumpfen Leiden gen Himmel leiten konnte. Er war fester geworden, wie er schloß, da fingen die Stimmen wieder an:

Laß in mir die heil'gen Schmerzen,
Tiefe Bronnen ganz aufbrechen;
Leiden sey all' mein Gewinnst,
Leiden sey mein Gottesdienst.

Das Drängen in ihm, die Musik, der Schmerz, erschütterte ihn. Das All war für ihn in Wunden; er fühlte tiefen unnennbaren Schmerz davon. Jetzt, ein anderes Seyn, göttliche, zuckende Lippen bückten sich über ihm aus, und sogen sich an seine Lippen; er ging auf sein einsames Zimmer. Er war allein, allein! Da rauschte die Quelle, Ströme brachen aus seinen Augen, er krümmte sich in sich, es zuckten seine Glieder, es war ihm als müsse er sich auflösen, er konnte kein Ende finden der Wollust; endlich dämmerte es in ihm, er empfand ein leises tiefes Mitleid in sich selbst, er weinte über sich, sein Haupt sank auf die Brust, er schlief ein, der Vollmond stand am Himmel, die Locken fielen ihm über die Schläfe und das Gesicht, die Thränen hingen ihm an den Wimpern und trockneten auf den Wangen, so lag er nun da allein, und Alles war ruhig und still und kalt, und der Mond schien die ganze Nacht und stand über den Bergen.

Am folgenden Morgen kam er herunter, er erzählte Oberlin ganz ruhig, wie ihm die Nacht seine Mutter erschienen sey; sie sey in einem weißen Kleide aus der dunkeln Kirchhofmauer hervorgetreten, und habe eine weiße und eine rothe Rose an der Brust stecken gehabt; sie sey dann in eine Ecke gesunken, und die Rosen seyen langsam über sie gewachsen, sie sey gewiß todt; er sey ganz ruhig darüber. Oberlin versetzte ihm nun, wie er bei dem Tod seines Vaters allein auf dem Felde gewesen sey, und er dann eine Stimme gehört habe, so daß er wußte, daß sein Vater todt sey, und wie er heimgekommen, sey es so gewesen. Das führte sie weiter, Oberlin sprach noch von den Leuten im Gebirge, von Mädchen, die das Wasser und Metall unter der Erde fühlten, von Männern, die auf manchen Berghöhen angefaßt würden und mit einem Geiste rängen; er sagte ihm auch, wie er einmal im Gebirg durch das Schauen in ein leeres tiefes Bergwasser in eine Art von Somnambulismus versetzt worden sey. Lenz sagte, daß der Geist des Wassers über ihn gekommen sey, daß er dann etwas von seinem eigenthümlichen Seyn empfunden hätte. Er fuhr weiter fort: Die einfachste, reinste Natur hinge am nächsten mit der elementarischen zusammen, je feiner der Mensch geistig fühlt und lebt, um so abgestumpfter würde dieser elementarische Sinn; er halte ihn nicht für einen hohen Zustand, er sey nicht selbstständig genug, aber er meine, es müsse ein unendliches Wonnegefühl seyn, so von dem eigenthümlichen Leben jeder Form berührt zu werden; für Gesteine, Metalle, Wasser und Pflanzen eine Seele zu haben; so traumartig jedes Wesen in der Natur in sich aufzunehmen, wie die Blumen mit dem Zu- und Abnehmen des Mondes die Luft.

Er sprach sich selbst weiter aus, wie in Allem eine unaussprechliche Harmonie, ein Ton, eine Seeligkeit sey, die in den höhern Formen mit mehr Organen aus sich herausgriffe, tönte, auffaßte und dafür aber auch um so tiefer afficirt würde, wie in den niedrigen Formen Alles zurückgedrängter, beschränkter, dafür aber auch die Ruhe in sich größer sey. Er verfolgte das noch weiter. Oberlin brach es ab, es führte ihn zu weit von seiner einfachen Art ab. Ein andermal zeigte ihm Oberlin Farbentäfelchen, er setzte ihm auseinander, in welcher Beziehung jede Farbe mit dem Menschen stände, er brachte zwölf Apostel heraus, deren jeder durch eine Farbe repräsentirt würde. Lenz faßte das auf, er spann die Sache weiter, kam in ängstliche Träume, und fing an wie Stilling die Apocalypse zu lesen, und las viel in der Bibel.

Um diese Zeit kam *Kaufmann* mit seiner Braut in's Steinthal. Lenzen war Anfangs das Zusammentreffen unangenehm, er hatte sich so ein Plätzchen zurechtgemacht, das bischen Ruhe war ihm so kostbar und jetzt kam ihm Jemand entgegen, der ihn an so vieles erinnerte, mit dem er sprechen, reden mußte, der seine Verhältnisse kannte. Oberlin wußte von Allem nichts; er hatte ihn aufgenommen, gepflegt; er sah es als eine Schickung Gottes, der den Unglücklichen ihm zugesandt hätte, er liebte ihn herzlich. Auch war es Alles nothwendig, daß er da war, er gehörte zu ihnen, als wäre er schon längst da, und Niemand frug, woher er gekommen und wohin er gehen werde. Über Tisch war Lenz wieder in guter Stimmung, man sprach von Literatur, er war auf seinem Gebiete; die idealistische Periode fing damals an, Kaufmann war ein Anhänger davon, Lenz widersprach heftig. Er sagte: Die Dichter, von denen man sage, sie geben die Wirklichkeit, hätten auch keine Ahnung davon, doch seyen sie immer noch erträglicher, als die, welche die Wirklichkeit verklären wollten. Er sagte: Der liebe Gott hat die Welt wohl gemacht wie sie seyn soll, und wir können wohl nicht was Besseres klecksen, unser einziges Bestreben soll seyn, ihm ein wenig nachzuschaffen. Ich verlange in allem Leben, Möglichkeit des Daseins, und dann ist's gut; wir haben dann nicht zu fragen, ob es schön, ob es häßlich ist, das Gefühl, daß Was geschaffen sey, Leben habe, stehe über diesen Beiden, und sey das einzige Kriterium in Kunstsachen. Übrigens begegne es uns nur selten, in Shakespeare finden wir es und in den Volksliedern tönt es einem ganz, in Göthe manchmal entgegen. Alles Übrige kann man ins Feuer werfen. Die Leute können auch keinen Hundsstall zeichnen. Da wolle man idealistische Gestalten, aber Alles, was ich davon gesehen, sind Holzpuppen. Dieser Idealismus ist die schmählichste Verachtung der menschlichen Natur. Man versuche es einmal und senke sich in das Leben des Geringsten und gebe es wieder, in den Zuckungen, den Andeutungen, dem ganzen feinen, kaum bemerkten Mienenspiel; er hätte dergleichen versucht im „Hofmeister" und den „Soldaten." Es sind die prosaischsten Menschen unter der Sonne; aber die Gefühlsader ist in fast allen Menschen gleich, nur ist die Hülle mehr oder weniger dicht, durch die sie brechen muß. Man muß nur Aug und Ohren dafür haben.

Wie ich gestern neben am Thal hinaufging, sah ich auf einem Steine zwei Mädchen sitzen, die eine band ihre Haare auf, die andre half ihr; und das goldne Haar hing herab, und ein ernstes bleiches Gesicht, und doch so jung, und die schwarze Tracht und die andre so sorgsam bemüht. Die schönsten, innigsten Bilder der altdeutschen Schule geben kaum eine Ahnung davon. Man möchte manchmal ein Medusenhaupt seyn, um so eine Gruppe in Stein verwandeln zu können, und den Leuten zurufen. Sie standen auf, die schöne Gruppe war zerstört; aber wie sie so hinabstiegen, zwischen den Felsen war es wieder ein anderes Bild. Die schönsten Bilder, die schwellendsten Töne, gruppiren, lösen sich auf.

Nur eins bleibt, eine unendliche Schönheit, die aus einer Form in die andre tritt, ewig aufgeblättert, verändert, man kann sie aber freilich nicht immer festhalten und in Museen stellen und auf Noten ziehen und dann Alt und Jung herbeirufen, und die Buben und Alten darüber radotiren und sich entzücken lassen. Man muß die Menschheit lieben, um in das eigenthümliche Wesen jedes einzudringen, es darf einem keiner zu gering, keiner zu häßlich seyn, erst dann kann man sie verstehen; das unbedeutendste Gesicht macht einen tiefern Eindruck als die bloße Empfindung des Schönen, und man kann die Gestalten aus sich heraustreten lassen, ohne etwas vom Äußern hinein zu kopiren, wo einem kein Leben, keine Muskeln, kein Puls entgegen schwillt und pocht. Kaufmann warf ihm vor, daß er in der Wirklichkeit doch keine Typen für einen Apoll von Belvedere oder eine Raphaelische Madonna finden würde. Was liegt daran, versetzte er, ich muß gestehen, ich fühle mich dabei sehr todt, wenn ich in mir arbeite, kann ich auch wohl was dabei fühlen, aber ich thue das Beste daran. Der Dichter und Bildende ist mir der Liebste, der mir die Natur am Wirklichsten giebt, so daß ich über seinem Gebild fühle, Alles Übrige stört mich. Die Holländischen Maler sind mir lieber, als die Italiänischen, sie sind auch die einzigen faßlichen; ich kenne nur zwei Bilder, und zwar von Niederländern, die mir einen Eindruck gemacht hätten, wie das neue Testament; das Eine ist, ich weiß nicht von wem, Christus und die Jünger von Emaus. Wenn man so liest, wie die Jünger hinausgingen, es liegt gleich die ganze Natur in den Paar Worten. Es ist ein trüber, dämmernder Abend, ein einförmiger rother Streifen am Horizont, halbfinster auf der Straße, da kommt ein Unbekannter zu ihnen, sie sprechen, er bricht das Brod, da erkennen sie ihn, in einfach-menschlicher Art, und die göttlich-leidenden Züge reden ihnen deutlich, und sie erschrecken, denn es ist finster geworden, und es tritt sie etwas Unbegreifliches an, aber es ist kein gespenstisches Grauen; es ist wie wenn einem ein geliebter Todter in der Dämmerung in der alten Art entgegenträte, so ist das Bild, mit dem einförmigen, bräunlichen Ton darüber, dem trüben stillen Abend. Dann ein anderes. Eine Frau sitzt in ihrer Kammer, das Gebetbuch in der Hand. Es ist sonntäglich aufgeputzt, der Sand gestreut, so heimlich rein und warm. Die Frau hat nicht zur Kirche gekonnt, und sie verrichtet die Andacht zu Haus, das Fenster ist offen, sie sitzt darnach hingewandt, und es ist als schwebten zu dem Fenster über die weite ebne Landschaft die Glockentöne von dem Dorfe herein und verhallet der Sang der nahen Gemeinde aus der Kirche her, und die Frau liest den Text nach. – In der Art sprach er weiter, man horchte auf, es traf Vieles, er war roth geworden über den Reden, und bald lächelnd, bald ernst, schüttelte er die blonden Locken. Er hatte sich ganz vergessen. Nach dem Essen nahm ihn Kaufmann bei Seite. Er hatte Briefe von Lenzens Vater erhalten, sein Sohn sollte zurück, ihn unterstützen. Kaufmann sagte ihm, wie er sein Leben hier verschleudre, unnütz verliere, er solle sich ein Ziel stecken und dergleichen mehr. Lenz fuhr ihn an: Hier weg, weg! nach Haus? Toll werden dort? Du weißt, ich kann es nirgends aushalten, als da herum, in der Gegend, wenn ich nicht manchmal auf einen Berg könnte und die Gegend sehen könnte; und dann wieder herunter in's Haus, durch den Garten gehn, und zum Fenster hineinsehen. Ich würde toll! toll! Laßt mich doch in Ruhe! Nur ein bischen Ruhe, jetzt wo es mir ein wenig wohl wird! Weg? Ich verstehe das nicht, mit den zwei Worten ist die Welt verhunzt. Jeder hat was nöthig; wenn er ru[h]en kann, was könnt' er mehr haben! Immer steigen, ringen und so in Ewigkeit Alles was der Augenblick giebt, wegwerfen und immer darben, um einmal zu genießen; dürsten, während einem helle Quellen über den Weg springen. Es ist mir jetzt erträglich, und da will ich bleiben; warum? warum? Eben weil es mir wohl ist; was will mein Vater? Kann er mir geben? Unmöglich! Laßt mich in Ruhe. Er wurde heftig, Kaufmann ging, Lenz war verstimmt.

Am folgenden Tag wollte Kaufmann weg, er beredete Oberlin mit ihm in die Schweiz zu gehen. Der Wunsch, Lavater, den er längst durch Briefe kannte, auch persönlich kennen zu lernen, bestimmte ihn. Er sagte es zu. Man mußte einen Tag länger wegen der Zurüstungen warten. Lenz fiel das auf's Herz, er hatte, um seiner unendlichen Qual los zu werden, sich ängstlich an Alles geklammert; er fühlte in einzelnen Augenblicken tief, wie er sich Alles nur zurecht mache; er ging mit sich um wie mit einem kranken Kinde, manche Gedanken, mächtige Gefühle wurde er nur mit der größten Angst los, da trieb es ihn wieder mit unendlicher Gewalt darauf, er zitterte, das Haar sträubte ihm fast, bis er es in der ungeheuersten Anspannung erschöpfte. Er rettete sich in eine Gestalt, die ihm immer vor Augen schwebte, und in Oberlin; seine Worte, sein Gesicht thaten ihm unendlich wohl. So sah er mit Angst seiner Abreise entgegen.

Es war Lenzen unheimlich, jetzt allein im Hause zu bleiben. Das Wetter war milde geworden, er beschloß Oberlin zu begleiten, in's Gebirg. Auf der andern Seite, wo die Thäler sich in die Ebne ausliefen, trennten sie sich. Er ging allein zurück. Er durchstrich das Gebirg in verschiedenen Richtungen, breite Flächen zogen sich in die Thäler herab, wenig Wald, nichts als gewaltige Linien und weiter hinaus die weite rauchende Ebne, in der Luft ein gewaltiges Wehen, nirgends eine Spur von Menschen, als hie und da eine verlassene Hütte, wo die Hirten den Sommer zubrachten, an den Abhängen gelehnt. Er wurde still, vielleicht fast träumend, es verschmolz ihm Alles in eine Linie, wie eine steigende und sinkende Welle, zwischen Himmel u[n]d Erde, es war ihm als läge er an einem unendlichen Meer, das leise auf- und abwogte. Manchmal saß er, dann ging er wieder, aber langsam träumend. Er suchte keinen Weg. Es war finster Abend, als er an eine bewohnte Hütte kam, im Abhang nach dem Steinthal. Die Thüre war verschlossen, er ging an's Fenster, durch das ein Lichtschimmer fiel. Eine Lampe erhellte fast nur einen Punkt, ihr Licht fiel auf das bleiche Gesicht eines Mädchens, das mit halb geöffneten Augen, leise die Lippen bewegend, dahinter ruhte. Weiter weg im Dunkel saß ein altes Weib, das mit schnarrender Stimme aus einem Gesangbuch sang. Nach langem Klopfen öffnete sie; sie war halb taub, sie trug Lenz einiges Essen auf und wies ihm eine Schlafstelle an, wobei sie beständig ihr Lied fortsang. Das Mädchen hatte sich nicht gerührt. Einige Zeit darauf kam ein Mann herein, er war lang und hager, Spuren von grauen Haaren, mit unruhigem verwirrtem Gesicht. Er trat zum Mädchen, sie zuckte auf und wurde unruhig. Er nahm ein getrocknetes Kraut von der Wand, und legte ihr die Blätter auf die Hand, so daß sie ruhiger wurde und verständliche Worte in langsam ziehenden, durchschneidenden Tönen summte. Er erzählte, wie er eine Stimme im Gebirge gehört, und dann über den Thälern ein Wetterleuchten gesehen habe, auch habe es ihn angefaßt und er habe damit gerungen wie Jakob. Er warf sich nieder und betete leise mit Inbrunst, während die Kranke in einem langsam ziehenden, leise verhallenden Ton sang. Dann gab er sich zur Ruhe.

Lenz schlummerte träumend ein, und dann hörte er im Schlaf, wie die Uhr pickte. Durch das leise Singen des Mädchens und die Stimme der Alten zugleich tönte das Sausen des Windes bald näher, bald ferner, und der bald helle, bald verhüllte Mond, warf sein wechselndes Licht traumartig in die Stube. Einmal wurden die Töne lauter, das Mädchen redete deutlich und bestimmt, sie sagte, wie auf der Klippe gegenüber eine Kirche stehe. Lenz sah auf und sie saß mit weitgeöffneten Augen aufrecht hinter dem Tisch, und der Mond warf sein stilles Licht auf ihre Züge, von denen ein unheimlicher Glanz zu strahlen schien, zugleich schnarrte die Alte und über diesem Wechseln und Sinken des Lichts, den Tönen und Stimmen schlief endlich Lenz tief ein.

Er erwachte früh, in der dämmernden Stube schlief Alles, auch das Mädchen war ruhig geworden, sie lag zurückgelehnt, die Hände gefaltet unter der linken Wange; das Geisterhafte aus ihren Zügen war verschwunden, sie hatte jetzt einen Ausdruck unbeschreiblichen Leidens. Er trat an's Fenster und öffnete es, die kalte Morgenluft schlug ihm entgegen. Das Haus lag am Ende eines schmalen, tiefen Thales, das sich nach Osten öffnete, rothe Strahlen schossen durch den grauen Morgenhimmel in das dämmernde Thal, das im weißen Rauch lag und funkelte[n] am grauen Gestein und trafen in die Fenster der Hütten. Der Mann erwachte, seine Augen trafen auf ein erleuchtet Bild an der Wand, sie richteten sich fest und starr darauf, nun fing er an die Lippen zu bewegen und betete leise, dann laut und immer lauter. Indem kamen Leute zur Hütte herein, sie warfen sich schweigend nieder. Das Mädchen lag in Zuckungen, die Alte schnarrte ihr Lied und plauderte mit den Nachbarn. Die Leute erzählten Lenzen, der Mann sey vor langer Zeit in die Gegend gekommen, man wisse nicht woher; er stehe im Rufe eines Heiligen, er sehe das Wasser unter der Erde und könne Geister beschwören, und man wallfahre zu ihm. Lenz erfuhr zugleich, daß er weiter vom Steinthal abgekommen, er ging weg mit einigen Holzhauern, die in die Gegend gingen. Es that ihm wohl, Gesellschaft zu finden; es war ihm jetzt unheimlich mit dem gewaltigen Menschen, von dem es ihm manchmal war, als rede er in entsetzlichen Tönen. Auch fürchtete er sich vor sich selbst in der Einsamkeit.

Er kam heim. Doch hatte die verflossene Nacht einen gewaltigen Eindruck auf ihn gemacht. Die Welt war ihm helle gewesen, und an sich ein Regen und Wimmeln nach einem Abgrund, zu dem ihn eine unerbittliche Gewalt hinriß. Er wühlte jetzt in sich. Er aß wenig; halbe Nächte im Gebet und fieberhaften Träumen. Ein gewaltsames Drängen, und dann erschöpft zurückgeschlagen; er lag in den heißesten Thränen, und dann bekam er plötzlich eine Stärke, und erhob sich kalt und gleichgültig, seine Thränen waren ihm dann wie Eis, er mußte lachen. Je höher er sich aufriß, desto tiefer stürzte er hinunter. Alles strömte wieder zusammen. Ahnungen von seinem alten Zustande durchzuckten ihn, und warfen Streiflichter in das wüste Chaos seines Geistes. Des Tags saß er gewöhnlich unten im Zimmer, Madame Oberlin ging ab und zu, er zeichnete, malte, las, griff nach jeder Zerstreuung, Alles hastig von einem zum andern. Doch schloß er sich jetzt besonders an Madame Oberlin an, wenn sie so da saß, das schwarze Gesangbuch vor sich, neben eine Pflanze, im Zimmer gezogen, das jüngste Kind zwischen den Knieen; auch machte er sich viel mit dem Kinde zu thun. So saß er einmal, da wurde ihm ängstlich, er sprang auf, ging auf und ab. Die Thüre halb offen, da hörte er die Magd singen, erst unverständlich, dann kamen die Worte

Auf dieser Welt hab' ich kein' Freud',
Ich hab' mein Schatz und der ist weit.

Das fiel auf ihn, er verging fast unter den Tönen. Mad. Oberlin sah ihn an. Er faßte sich ein Herz, er konnte nicht mehr schweigen, er mußte davon sprechen. „Beste Madame Oberlin, können Sie mir nicht sagen, was das Frauenzimmer macht, dessen Schicksal mir so centnerschwer a[u]f dem Herzen liegt?" „Aber Herr Lenz, ich weiß von nichts."

Er schwieg dann wieder und ging hastig im Zimmer auf und ab; dann fing er wieder an: Sehen Sie, ich will gehn; Gott, sie sind noch die einzigen Menschen, wo ich's aushalten könnte, und doch – doch, ich muß weg, zu *ihr* – aber ich kann nicht, ich darf nicht. – Er war heftig bewegt und ging hinaus.

Gegen Abend kam Lenz wieder, es dämmerte in der Stube; er setzte sich neben Madame Oberlin. Sehn Sie, fing er wieder an, wenn sie so durch's Zimmer ging, und so halb für sich allein sang, und jeder Tritt war eine Musik, es war so eine Glückseligkeit in ihr, und das strömte in mich über, ich war immer ruhig, wenn ich sie ansah, oder sie so den Kopf an mich lehnte, und Gott! Gott – Ich war schon lange nicht mehr ruhig. … Ganz Kind; es war, als war ihr die Welt zu weit, sie zog sich so in sich zurück, sie suchte das engste Plätzchen im ganzen Haus, und da saß sie, als wäre ihre ganze Seeligkeit nur in einem kleinen Punkt, und dann war mir's auch so; wie ein Kind hätte ich dann spielen können. Jetzt ist es mir so eng, so eng, sehn Sie, es ist mir manchmal, als stieß' ich mit den Händen an den Himmel; o ich ersticke! Es ist mir dabei oft, als fühlt' ich physischen Schmerz, da in der linken Seite, im Arm, womit ich sie sonst faßte. Doch kann ich sie mir nicht mehr vorstellen, das Bild läuft mir fort, und dies martert mich, nur wenn es mir manchmal ganz hell wird, so ist mir wieder recht wohl. – Er sprach später noch oft mit Madame Oberlin davon, aber meist nur in abgebrochenen Sätzen; sie wußte wenig zu antworten, doch that es ihm wohl.

Unterdessen ging es fort mit seinen religiösen Quälereien. Je leerer, je kälter, je sterbender er sich innerlich fühlte, desto mehr drängte es in ihn, eine Gluth in sich zu wecken, es kamen ihm Erinnerungen an die Zeiten, wo Alles in ihm sich drängte, wo er unter all' seinen Empfindungen keuchte; und jetzt s[o] todt. Er verzweifelte an sich selbst, dann warf er sich nieder, er rang die Hände, er rührte Alles in sich auf; aber todt! todt! Dann flehete er, Gott möge ein Zeichen an ihm thun, dann wühlte er in sich, fastete, lag träumend am Boden. Am dritten Hornung hörte er, ein Kind in Fouday sey gestorben, er faßte es auf, wie eine fixe Idee. Er zog sich in sein Zimmer und fastete einen Tag. Am vierten trat er plötzlich in's Zimmer zu Mad. Oberlin, er hatte sich das Gesicht mit Asche beschmiert, und forderte einen alten Sack; sie erschrack, man gab ihm, was er verlangte. Er wickelte den Sack um sich, wie ein Büßender, und schlug den Weg nach Fouday ein. Die Leute im Thale waren ihn schon gewohnt; man erzählte sich allerlei Seltsames von ihm. Er kam in's Haus, wo das Kind lag. Die Leute gingen gleichgültig ihrem Geschäfte nach; man wies ihm eine Kammer, das Kind lag im Hemde auf Stroh, auf einem Holztisch.

Lenz schauderte, wie er die kalten Glieder berührte und die halbgeöffneten gläsernen Augen sah. Das Kind kam ihm so verlassen vor, und er sich so allein und einsam; er warf sich über die Leiche nieder; der Tod erschreckte ihn, ein heftiger Schmerz faßte ihn an, diese Züge, dieses stille Gesicht sollte verwesen, er warf sich nieder, er betete mit allem Jammer der Verzweiflung, daß Gott ein Zeichen an ihm thue, und das Kind beleben möge, wie er schwach und unglücklich sey; dann sank er ganz in sich und wühlte all seinen Willen auf einen Punkt, so saß er lange starr. Dann erhob er sich und faßte die Hände des Kindes und sprach laut und fest: Stehe auf und wandle! Aber die Wände hallten ihm nüchtern den Ton nach, daß es zu spotten schien, und die Leiche blieb kalt. Da stürzte er halb wahnsinnig nieder, dann jagte es ihn auf, hinaus in's Gebirg. Wolken zogen rasch über den Mond; bald Alles im Finstern, bald zeigten sie die nebelhaft verschwindende Landschaft im Mondschein. Er rannte auf und ab. In seiner Brust war ein Triumph-Gesang der Hölle. Der Wind klang wie ein Titanenlied, es war ihm, als könne er eine ungeheure Faust hinauf in den Himmel ballen und Gott herbei reißen und zwischen seinen Wolken schleifen; als könnte er die Welt mit den Zähnen zermalmen und sie dem Schöpfer in's Gesicht speien; er schwur, er lästerte. So kam er auf die Höhe des Gebirges, und das ungewisse Licht dehnte sich hinunter, wo die weißen Steinmassen, und der Himmel war ein dummes blaues Aug, und der Mond stand ganz lächerlich drin, einfältig. Lenz mußte laut lachen, und mit dem Lachen griff der Atheismus in ihn und faßte ihn ganz sicher und ruhig und fest. Er wußte nicht mehr, was ihn vorhin so bewegt hatte, es fror ihn, er dachte, er wolle jetzt zu Bette gehn, und er ging kalt und unerschütterlich durch das unheimliche Dunkel – es war ihm Alles leer und hohl, er mußte laufen und ging zu Bette.

Am folgenden Tag befiel ihn ein großes Grauen vor seinem gestrigen Zustande, er stand nun am Abgrund, wo eine wahnsinnige Lust ihn trieb, immer wieder hineinzuschauen, und sich diese Qual zu wiederholen. Dann steigerte sich seine Angst, die Sünde [in] de[n] heilige[n] Geist stand vor ihm.

Einige Tage darauf kam Oberlin aus der Schweiz zurück, viel früher als man es erwartet hatte. Lenz war darüber betroffen. Doch wurde er heiter, als Oberlin ihm von seinen Freunden in Elsaß erzählte. Oberlin ging dabei im Zimmer hin und her, und packte aus, legte hin. Dabei erzählte er von Pfeffel, das Leben eines Landgeistlichen glücklich preisend. Dabei ermahnte er ihn, sich in den Wunsch seines Vaters zu fügen, seinem Berufe gemäß zu leben, heimzukehren. Er sagte ihm: Ehre Vater und Mutter u. dgl. m. Über dem Gespräch gerieth Lenz in heftige Unruhe; er stieß tiefe Seufzer aus, Thränen drangen ihm aus den Augen, er sprach abgebrochen. Ja, ich halt' es aber nicht aus; wollen Sie mich verstoßen? Nur in Ihnen ist der Weg zu Gott. Doch mit mir ist's aus! Ich bin abgefallen, verdammt in Ewigkeit, ich bin der ewige Jude. Oberlin sagte ihm, dafür sey Jesus gestorben, er möge sich brünstig an ihn wenden, und er würde Theil haben an seiner Gnade.

Lenz erhob das Haupt, rang die Hände, und sagte: Ach! ach! göttlicher Trost. Dann frug er plötzlich freundlich, was das Frauenzimmer mache. Oberlin sagte, er wisse von nichts, er wolle ihm aber in Allem helfen und rathen, er müsse ihm aber Ort, Umstände und Person angeben. Er antwortete nichts, wie gebrochne Worte: ach sie ist todt! Lebt sie noch? du Engel, sie liebte mich – ich liebte sie, sie war's würdig, o du Engel. Verfluchte Eifersucht, ich habe sie aufgeopfert – sie liebte noch einen andern – ich liebte sie, sie war's würdig – o gute Mutter, auch die liebte mich. Ich bin ein Mörder. Oberlin versetzte: vielleicht lebten alle diese Personen noch, vielleicht vergnügt; es möge seyn, wie es wolle, so könne und werde Gott, wenn er sich zu ihm bekehrt haben würde, diesen Personen auf sein Gebet und Thränen soviel Gutes erweisen, daß der Nutzen, den sie alsdann von ihm hätten, den Schaden, den er ihnen zugefügt, vielleicht weit überwiegen würde. Er wurde darauf nach und nach ruhiger und ging wieder an sein Malen.

Den Nachmittag kam er wieder, auf der linken Schulter hatte er ein Stück Pelz und in der Hand ein Bündel Gerten, die man Oberlin nebst einem Briefe für Lenz mitgegeben hatte. Er reichte Oberlin die Gerten mit dem Begehren, er sollte ihn damit schlagen. Oberlin nahm die Gerten aus seiner Hand, drückte ihm einige Küsse auf den Mund und sagte: dies wären die Streiche, die er ihm zu geben hätte, er möchte ruhig seyn, seine Sache mit Gott allein ausmachen, alle möglichen Schläge würden keine einzige seiner Sünden tilgen; dafür hätte Jesus gesorgt, zu dem möchte er sich wenden. Er ging.

Beim Nachtessen war er wie gewöhnlich etwas tiefsinnig. Doch sprach er von allerlei, aber mit ängstlicher Hast. Um Mitternacht wurde Oberlin durch ein Geräusch geweckt. Lenz rannte durch den Hof, rief mit hohler, harter Stimme den Namen Friederike mit äußerster Schnelle, Verwirrung und Verzweiflung ausgesprochen, er stürzte sich dann in den Brunnentrog, patschte darin, wieder heraus und herauf in sein Zimmer, wieder herunter in den Trog, und so einigemal, endlich wurde er still. Die Mägde, die in der Kinderstube unter ihm schliefen, sagten, sie hätten oft, insonderheit aber in selbiger Nacht, ein Brummen gehört, das sie mit nichts als mit dem Tone einer Haberpfeife zu vergleichen wußten. Vielleicht war es sein Winseln, mit hohler, fü[r]chterlicher, verzweifelnder Stimme.

Am folgenden Morgen kam Lenz lange nicht. Endlich ging Oberlin hinauf in sein Zimmer, er lag im Bett ruhig und unbeweglich. Oberlin mußte lange fragen, ehe er Antwort bekam; endlich sagte er: Ja Herr Pfarrer, sehen Sie, die Langeweile! die Langeweile! o! so langweilig, ich weiß gar nicht mehr, was ich sagen soll, ich habe schon alle Figuren an die Wand gezeichnet. Oberlin sagte ihm, er möge sich zu Gott wenden; da lachte er und sagte: ja wenn ich so glücklich wäre, wie Sie, einen so behaglichen Zeitvertreib aufzufinden, ja man könnte sich die Zeit schon so ausfüllen. Alles aus Müssiggang. Denn die Meisten beten aus Langeweile; die Andern verlieben sich aus Langeweile, die Dritten sind tugendhaft, die Vierten lasterhaft und ich gar nichts, gar nichts, ich mag mich nicht einmal umbringen: es ist zu langweilig:

O Gott in Deines Lichtes Welle,
In Deines glüh'nden Mittags Zelle
Sind meine Augen wund gewacht,
Wird es denn niemals wieder Nacht?

Oberlin blickte ihn unwillig an und wollte gehen. Lenz huschte ihm nach und indem er ihn mit unheimlichen Augen ansah: sehn Sie, jetzt kommt mir doch was ein, wenn ich nur unterscheiden könnte, ob ich träume oder wache: sehn Sie, das ist sehr richtig, wir wollen es untersuchen; er huschte dann wieder ins Bett. Den Nachmittag wollte Oberlin in der Nähe einen Besuch machen; seine Frau war schon fort; er war im Begriff, wegzugehen, als es an seine Thür klopfte und Lenz hereintrat mit vorwärtsgebogenem Leib, niederwärts hängendem Haupt, das Gesicht über und über und das Kleid hie und da mit Asche bestreut, mit der rechten Hand den linken Arm haltend. Er bat Oberlin, ihm den Arm zu ziehen, er hätte ihn verrenkt, er hätte sich zum Fenster heruntergestürzt, weil es aber Niemand gesehen, wollte er es auch Niemand sagen. Oberlin erschrack heftig, doch sagte er nichts, er that was Lenz begehrte, zugleich schrieb er an den Schulmeister in Bellefosse, er möge herunterkommen und gab ihm Instruktionen. Dann ritt er weg. Der Mann kam. Lenz hatte ihn schon oft gesehen und hatte sich an ihn attachirt. Er that als hätte er mit Oberlin etwas reden wollen, wollte dann wieder weg. Lenz bat ihn, zu bleiben und so blieben sie beisammen. Lenz schlug noch einen Spaziergang nach Fouday vor. Er besuchte das Grab des Kindes, das er hatte erwecken wollen, kniete zu verschiedenen Malen nieder, küßte die Erde des Grabes, schien betend, doch mit großer Verwirrung, riß Etwas von der auf dem Grab stehenden Blume ab, als ein Andenken, ging wieder zurück nach Waldbach, kehrte wieder um und Sebastian mit. Bald ging er langsam und klagte über große Schwäche in den Gliedern, dann ging er mit verzweifelnder Schnelligkeit, die Landschaft beängstigte ihn, sie war so eng, daß er an Alles zu stoßen fürchtete. Ein unbeschreibliches Gefühl des Mißbehagens befiel ihn, sein Begleiter ward ihm endlich lästig, auch mochte er seine Absicht errathen und suchte Mittel ihn zu entfernen. Sebastian schien ihm nachzugeben, fand aber heimlich Mittel, seine Brüder von der Gefahr zu benachrichtigen, und nun hatte Lenz zwei Aufseher statt einen. Er zog sie weiter herum, endlich ging er nach Waldbach zurück und da sie nahe an dem Dorfe waren, kehrte er wie ein Blitz wieder um und sprang wie ein Hirsch gen Fouday zurück. Die Männer setzten ihm nach. Indem sie ihn in Fouday suchten, kamen zwei Krämer und erzählten ihnen, man hätte in einem Hause einen Fremden gebunden, der sich für einen Mörder ausgäbe, aber gewiß kein Mörder seyn könne. Sie liefen in dies Haus und fanden es so. Ein junger Mensch hatte ihn auf sein ungestümes Dringen in der Angst gebunden. Sie banden ihn los und brachten ihn glücklich nach Waldbach, wohin Oberlin indessen mit seiner Frau zurückgekommen war. Er sah verwirrt aus, da er aber merkte, daß er liebreich und freundlich empfangen wurde, bekam er wieder Muth, sein Gesicht veränderte sich vortheilhaft, er dankte seinen beiden Begleitern freundlich und zärtlich und der Abend ging ruhig herum. Oberlin bat ihn inständig, nicht mehr zu baden, die Nacht ruhig im Bette zu bleiben und wenn er nicht schlafen könne, sich mit Gott zu unterhalten. Er versprachs und that es so die folgende Nacht, die Mägde hörten ihn fast die ganze Nacht hindurch beten. – Den folgenden Morgen kam er mit vergnügter Miene auf Oberlins Zimmer. Nachdem sie Verschiedenes gesprochen hatten, sagte er mit ausnehmender Freundlichkeit: Liebster Herr Pfarrer, das Frauenzimmer, wovon ich Ihnen sagte, ist gestorben, ja gestorben, der Engel. Woher wissen Sie das? – Hieroglyphen, Hieroglyphen – und dann zum Himmel geschaut und wieder: ja gestorben – Hieroglyphen. Es war dann nichts weiter aus ihm zu bringen. Er setzte sich und schrieb einige Briefe, gab sie sodann Oberlin mit der Bitte, einige Zeilen dazu zu setzen. [*Arbeitsnotiz:*] Siehe die Briefe.

Sein Zustand war indessen immer trostloser geworden, alles was er an Ruhe aus der Nähe Oberlins und aus der Stille des Thals geschöpft hatte, war weg; die Welt, die er hatte nutzen wollen, hatte einen ungeheuern Riß, er hatte keinen Haß, keine Liebe, keine Hoffnung, eine schreckliche Leere und doch eine folternde Unruhe, sie auszufüllen. Er hatte *Nichts*. Was er that, that er mit Bewußtsein und doch zwang ihn ein innerlicher Instinkt. Wenn er allein war, war es ihm so entsetzlich einsam, daß er beständig laut mit sich redete, rief, und dann erschrak er wieder und es war ihm, als hätte eine fremde Stimme mit ihm gesprochen. Im Gespräch stockte er oft, eine unbeschreibliche Angst befiel ihn, er hatte das Ende seines Satzes verloren; dann meinte er, er müße das zuletzt gesprochene Wort behalten und immer sprechen, nur mit großer Anstrengung unterdrückte er diese Gelüste. Es bekümmerte die guten Leute tief, wenn er manchmal in ruhigen Augenblicken bei ihnen saß und unbefangen sprach und er dann stockte und eine unaussprechliche Angst sich in seinen Zügen malte, er die Personen, die ihm zunächst saßen krampfhaft am Arm faßte und erst nach und nach wieder zu sich kam. War er allein, oder las er, war's noch ärger, all' seine geistige Thätigkeit blieb manchmal in einem Gedanken hängen; dachte er an eine fremde Person, oder stellte er sie sich lebhaft vor, so war es ihm, als würde er sie selbst, er verwirrte sich ganz und dabei hatte er einen unendlichen Trieb, mit Allem um ihn im Geist willkürlich umzugehen; die Natur, Menschen, nur Oberlin ausgenommen, Alles traumartig, kalt; er amüsirte sich, die Häuser auf die Dächer zu stellen, die Menschen an und auszukleiden, die wahnwitzigsten Possen auszusinnen. Manchmal fühlte er einen unwiderstehlichen Drang, das Ding auszuführen, und dann schnitt er entsetzliche Fratzen. Einst saß er neben Oberlin, die Katze lag gegenüber auf einem Stuhl, plötzlich wurden seine Augen starr, er hielt sie unverrückt auf das Thier

gerichtet, dann glitt er langsam den Stuhl herunter, die Katze ebenfalls, sie war wie bezaubert von seinem Blick, sie gerieth in ungeheure Angst, sie sträubte sich scheu, Lenz mit den nämlichen Tönen, mit fürchterlich entstelltem Gesicht, wie in Verzweiflung stürzten Beide auf einander los, da endlich erhob sich Madame Oberlin, um sie zu trennen. Dann war er wieder tief beschämt. Die Zufälle des Nachts steigerten sich auf's Schrecklichste. Nur mit der größten Mühe schlief er ein, während er zuvor die noch schreckliche Leere zu füllen versucht hatte. Dann gerieth er zwischen Schlaf und Wachen in einen entsetzlichen Zustand; er stieß an etwas Grauenhaftes, Entsetzliches, der Wahnsinn packte ihn, er fuhr mit fürchterlichem Schreien, in Schweiß gebadet, auf, und erst nach und nach fand er sich wieder. Er mußte dann mit den einfachsten Dingen anfangen, um wieder zu sich zu kommen. Eigentlich nicht er selbst that es, sondern ein mächtiger Erhaltungstrieb, es war als sey er doppelt und der eine Theil suchte den andern zu retten, und rief sich selbst zu; er erzählte, er sagte in der heftigsten Angst Gedichte her, bis er wieder zu sich kam.

Auch bei Tage bekam er diese Zufälle, sie waren dann noch schrecklicher; denn sonst hatte ihn die Helle davor bewahrt. Es war ihm dann, als existire er allein, als bestünde die Welt nur in seiner Einbildung, als sey nichts, als er, er sey das ewig Verdammte, der Satan; allein mit seinen folternden Vorstellungen. Er jagte mit rasender Schnelligkeit sein Leben durch und dann sagte er: consequent, consequent; wenn Jemand was sprach: inconsequent, inconsequent; es war die Kluft unrettbaren Wahnsinns, eines Wahnsinns durch die Ewigkeit. Der Trieb der geistigen Erhaltung jagte ihn auf; er stürzte sich in Oberlins Arme, er klammerte sich an ihn, als wolle er sich in ihm drängen, er wa[r] das einzige Wesen, das für ihn lebte und durch den ihm wieder das Leben offenbart wurde. Allmählig brachten ihn Oberlins Worte denn zu sich, er lag auf den Knieen vor Oberlin, seine Hände in den Händen Oberlins, sein mit kaltem Schweiß bedecktes Gesicht auf dessen Schooß, am ganzen Leibe bebend und zitternd. Oberlin empfand unendliches Mitleid, die Familie lag auf den Knieen und betete für den Unglücklichen, die Mägde flohen und hielten ihn für einen Besessenen. Und wenn er ruhiger wurde, war es wie der Jammer eines Kindes, er schluchzte, er empfand ein tiefes, tiefes Mitleid mit sich selbst; das waren auch seine seligsten Augenblicke. Oberlin sprach ihm von Gott. Lenz wand sich ruhig los und sah ihn mit einem Ausdruck unendlichen Leidens an, und sagte endlich: aber ich, wär' ich allmächtig, sehen Sie, wenn ich so wäre, und ich könnte das Leiden nicht ertragen, ich würde retten, retten, ich will ja nichts als Ruhe, Ruhe, nur ein wenig Ruhe und schlafen können. Oberlin sagte, dies sey eine Profanation. Lenz schüttelte trostlos mit dem Kopfe. Die halben Versuche zum Entleiben, die er indeß fortwährend machte, waren nicht ganz Ernst, es war weniger der Wunsch des Todes, für ihn war ja keine Ruhe und Hoffnung im Tod; es war mehr in Augenblicken der fürchterlichsten Angst oder der dumpfen an's Nichtseyn gränzenden Ruhe ein Versuch, sich zu sich selbst zu bringen durch physischen Schmerz. Augenblicke, wenn sein Geist sonst auf irgend einer wahnwitzigen Idee zu reiten schien, waren noch die glücklichsten. Es war doch ein wenig Ruhe und sein wirrer Blick war nicht so entsetzlich, als die nach Rettung dürstende Angst, die ewige Qual der Unruhe! Oft schlug er sich den Kopf an die Wand, oder versetzte sich sonst einen heftigen physischen Schmerz.

Den 8. Morgens blieb er im Bette, Oberlin ging hinauf; er lag fast nackt auf dem Bette und war heftig. Oberlin wollte ihn zudecken, er klagte aber sehr, wie schwer Alles sey, so schwer, er glaube gar nicht, daß er gehen könne, jetzt endlich empfände er die ungeheure Schwere der Luft. Oberlin sprach ihm Muth zu. Er blieb aber in seiner frühern Lage und blieb den größten Theil des Tages so, auch nahm er keine Nahrung zu sich. Gegen Abend wurde Oberlin zu einem Kranken nach Bellefosse gerufen. Es war gelindes Wetter und Mondschein. Auf dem Rückweg begegnete ihm Lenz. Er schien ganz vernünftig und sprach ruhig und freundlich mit Oberlin. Der bat ihn, nicht zu [weit] zu gehen, er versprachs; im Weggehen wandte er sich plötzlich um und trat wieder ganz nah zu Oberlin und sagte rasch: sehn Sie, Herr Pfarrer, wenn ich das nur nicht mehr hören müßte mir wäre geholfen. „Was denn, mein Lieber?" Hören Sie denn nichts, hören Sie denn nicht die entsetzliche Stimme, die um den ganzen Horizont schreit, und die man gewöhnlich die Stille heißt, seit ich in dem stillen Thal bin, hör' ich's immer, es läßt mich nicht schlafen, ja Herr Pfarrer, wenn ich wieder einmal schlafen könnte. Er ging dann kopfschüttelnd weiter. Oberlin ging zurück nach Waldbach und wollte ihm Jemand nachschicken, als er ihn die Stiege herauf in sein Zimmer gehen hörte. Einen Augenb[li]ck darauf platzte etwas im Hof mit so starkem Schall, daß es Oberlin unmöglich von dem Falle eines Menschen herkommen zu können schien. Die Kindsmagd kam todtblaß und ganz zitternd.

Er saß mit kalter Resignation im Wagen, wie sie das Thal hervor nach Westen fuhren. Es war ihm einerlei, wohin man ihn führte; mehrmals wo der Wagen bei dem schlechten Wege in Gefahr gerieth, blieb er ganz ruhig sitzen; er war vollkommen gleichgültig. In diesem Zustand legte er den Weg durch's Gebirg zurück. Gegen Abend waren sie im Rheinthale. Sie entfernten sich allmählig vom Gebirg, das nun wie eine tiefblaue Krystallwelle sich in das Abendroth hob, und auf deren warmer Fluth die rothen Strahlen des Abend spielten; über die Ebene hin am Flusse des Gebirges lag ein schimmerndes bläuliches Gespinnst. Es wurde finster, jemehr sie sich Straßburg näherten; hoher Vollmond, alle fernen Gegenstände dunkel, nur der Berg neben bildete eine scharfe Linie, die Erde war wie ein goldner Pokal, über den schäumend die Goldwellen des Monds liefen. Lenz starrte ruhig hinaus, keine Ahnung, kein Drang; nur wuchs eine dumpfe Angst in ihm, je mehr die Gegenstände sich in der Finsterniß verloren. Sie mußten einkehren; da machte er wieder mehre Versuche, Hand an sich zu legen, war aber zu scharf bewacht. Am folgenden Morgen bei trübem regnerischem Wetter traf er in Straßburg ein. Er schien ganz vernünftig, sprach mit den Leuten; er that Alles wie es die Andern thaten, es war aber eine entsetzliche Leere in ihm, er fühlte keine Angst mehr, kein Verlangen; sein Dasein war ihm eine nothwendige Last. – – So lebte er hin.

Leonce und Lena

Ein Lustspiel

Vorrede.

Alfieri: „e la fama?“
Gozzi: „e la fame?“

Personen.

König Peter vom Reiche Popo.
Prinz Leonce, sein Sohn, verlobt mit
Prinzessin Lena vom Reiche Pipi.
Valerio.
Die Gouvernante.
Der Hofmeister.
Der Präsident des Staatsraths.
Der Hofprediger.
Der Landrath.
Der Schulmeister.
Rosetta.
Bediente, Staatsräthe, Bauern, etc. etc.

Erster Act.

„O wär' ich doch ein Narr!
Mein Ehrgeiz geht auf [e]ine bunte Jacke."
Wie es Euch gefällt.

Erste Scene.

Ein Garten.

Leonce (***halb ruhend auf einer Bank***). ***Der* Hofmeister.**

Leonce. Mein Herr, was wollen Sie von mir? Mich auf meinen Beruf vorbereiten? Ich habe alle Hände voll zu thun. Ich weiß mir vor Arbeit nicht zu helfen. Sehen Sie, erst habe ich auf den Stein hier dreihundert fünf und sechzig Mal hintereinander zu spuken. Haben Sie das noch nicht probirt? Thun Sie es, es gewährt eine ganz eigne Unterhaltung. – Dann, sehen Sie diese Hand voll Sand? – (***er nimmt Sand auf, wirft ihn in die Höhe und fängt ihn mit dem Rücken der Hand wieder auf***) – jetzt werf' ich sie in die Höhe. Wollen wir wetten? Wie[v]iel Körnchen hab' ich jetzt auf dem Handrücken? Grad oder ungrad? Wie? Sie wollen nicht wetten? Sind Sie ein Heide? Glauben Sie an Gott? Ich wette gewöhnlich mit mir selbst und kann es tagelang so treiben. Wenn Sie einen Menschen aufzutreiben wissen, der Lust hätte, manchmal mit mir zu wetten, so werden Sie mich sehr verbinden. Dann – habe ich nachzudenken, wie es wohl angehen mag, daß ich mir einmal auf den Kopf sehe. – O wer sich einmal auf den Kopf sehen könnte! Das ist eines von meinen Idealen. Und dann – und dann – noch unendlich Viel der Art. – Bin ich ein Müßiggänger? Habe ich keine Beschäftigung? – Ja, es ist traurig....

Hofmeister. Sehr traurig, Eure Hoheit.

Leonce. Daß die Wolken schon seit drei Wochen von Westen nach Osten ziehen. Es macht mich ganz melancholisch.

Hofmeister. Eine sehr gegründete Melancholie.

Leonce. Mensch, warum widersprechen Sie mir nicht? Sie haben dringende Geschäfte, nicht wahr? Es ist mir leid, daß ich Sie so lange aufgehalten habe. (***Der* Hofmeister *entfernt sich mit einer tiefen Verbeugung.***) Mein Herr, ich gratulire Ihnen zu der schönen Parenthese, die Ihre Beine machen, wenn Sie sich verbeugen.

Leonce (***allein, streckt sich auf der Bank aus***). Die Bienen sitzen so träg an den Blumen und der Sonnenschein liegt so faul auf dem Boden. Es krassirt ein entsetzlicher Müßiggang. – Müßiggang ist aller Laster Anfang. Was die Leute nicht Alles aus Langeweile treiben! Sie studiren aus Langeweile, sie beten aus Langeweile, sie verlieben, verheirathen und vermehren sich aus Langeweile und sterben endlich aus Langeweile, und – und das ist der Humor davon – Alles mit den wichtigsten Gesichtern, ohne zu merken, warum, und meinen Gott weiß was dazu. Alle diese Helden, diese Genies, diese Dummköpfe, diese Heiligen, diese Sünder, diese Familienväter sind im Grunde nichts als raffinirte Müßiggänger. – Warum muß ich es grade wissen? Warum kann ich mir nicht wichtig werden und der armen Puppe einen Frack anziehen und einen Regenschirm in die Hand geben, daß sie sehr rechtlich und sehr nützlich und sehr moralisch würde?– Der Mann, der eben von mir ging, ich beneidete ihn, ich hätte ihn aus Neid prügeln mögen. O wer einmal jemand Anderes sein könnte! Nur 'ne Minute lang. Wie der Mensch läuft! Wenn ich nur etwas unter der Sonne wüßte, was mich noch könnte laufen machen.

(**Valerio**, ***etwas betrunken, tritt auf.***)

Valerio (***stellt sich dicht vor den*** **Prinzen**, ***legt den Finger an die Nase und sieht ihn starr an***). Ja!

Leonce (***eben so***). Richtig!

Valerio. Haben Sie mich begriffen?

Leonce. Vollkommen.

Valerio. Nun, so wollen wir von etwas Anderem reden. (***Er legt sich ins Gras***). Ich werde mich indessen in das Gras legen und meine Nase oben zwischen den Halmen herausblühen lassen und romantische Empfindungen beziehen, wenn die Bienen und Schmetterlinge sich darauf wiegen, wie auf einer Rose.

Leonce. Aber Bester, schnaufen Sie nicht so stark, oder die Bienen und Schmetterlinge müssen verhungern über den ungeheuren Prisen, die Sie aus den Blumen ziehen.

Valerio. Ach Herr, was ich ein Gefühl für die Natur habe! Das Gras steht so schön, daß man ein Ochs sein möchte, um es fressen zu können, und dann wieder ein Mensch, um den Ochsen zu essen, der solches Gras gefressen.

Leonce. Unglücklicher, Sie scheinen auch an Idealen zu laboriren.

Valerio. Es ist ein Jammer. Man kann keinen Kirchthurm herunterspringen, ohne den Hals zu brechen. Man kann keine vier Pfund Kirschen mit den Steinen essen, ohne Leibweh zu kriegen. Seht, Herr, ich könnte mich in eine Ecke setzen und singen vom Abend bis zum Morgen: „Hei, da sitzt e Fleig' an der Wand! Fleig' an der Wand! Fleig' an der Wand!" und so fort bis zum Ende meines Lebens.

Leonce. Halt's Maul mit deinem Lied, man könnte darüber ein Narr werden.

Valerio. So wäre man doch etwas. Ein Narr! Ein Narr! Wer will mir seine Narrheit gegen meine Vernunft verhandeln? Ha, ich bin Alexander der Große!
Wie mir die Sonne eine goldne Krone in die Haare scheint, wie meine Uniform blitzt! Herr Generalissimus Heupferd, lassen Sie die Truppen anrücken! Herr Finanzminister Kreuzspinne, ich brauche Geld! Liebe Hofdame Libelle, was macht meine theure Gemahlin Bohnenstange? Ach bester Herr Leibmedicus Cantharide, ich bin um einen Erbprinzen verlegen. Und zu diesen köstlichen Phantasieen bekommt man gute Suppe, gutes Fleisch, gutes Brod, ein gutes Bett und das Haar umsonst geschoren, – im Narrenhaus nämlich, – während ich mit meiner gesunden Vernunft mich höchstens noch zur Beförderung der Reife auf einen Kirschbaum verdingen könnte, um – nun? – um?

Leonce. Um die Kirschen durch die Löcher in deinen Hosen schamroth zu machen! Aber Edelster, dein Handwerk, deine Profession, dein Gewerbe, dein Stand, deine Kunst?

Valerio (*mit Würde*). Herr, ich habe die große Beschäftigung, müßig zu gehen, ich habe eine ungemeine Fertigkeit im Nichtsthun, ich besitze eine ungeheure Ausdauer in der Faulheit. Keine Schwiele schändet meine Hände, der Boden hat noch keinen Tropfen von meiner Stirne getrunken, ich bin noch Jungfrau in der Arbeit, und wenn es mir nicht der Mühe zu viel wäre, würde ich mir die Mühe nehmen, Ihnen diese Verdienste weitläufiger auseinanderzusetzen.

Leonce (*mit komischem Enthusiasmus*). Komm an meine Brust! Bist du einer von den Göttlichen, welche mühelos mit reiner Stirne durch den Schweiß und Staub über die Heerstraße des Lebens wandeln, und mit glänzenden Sohlen und blühenden Leibern gleich seligen Göttern in den Olympus treten? Komm! Komm!

Valerio (*singt im Abgehen*). Hei! da sitzt e Fleig' an der Wand! Fleig' an der Wand! Fleig' an der Wand!

(*Beide Arm in Arm ab.*)

Zweite Scene.

Ein Zimmer.

König Peter *wird von zwei* **Kammerdienern** *angekleidet.*

Peter (*während er angekleidet wird*). Der Mensch muß denken und ich muß für meine Unterthanen denken, denn sie denken nicht, sie denken nicht. – Die Substanz ist das an sich, das bin ich. (*Er läuft fast nackt im Zimmer herum.*) Begriffen? An sich ist an sich, versteht Ihr? Jetzt kommen meine Attribute, Modificationen, Affectionen und Accidenzien, wo ist mein Hemd, meine Hose? – Halt, pfui! der freie Wille steht davorn ganz offen. Wo ist die Moral, wo sind die Manschetten? Die Kategorien sind in der schändlichsten Verwirrung, es sind zwei Knöpfe zuviel zugeknöpft, die Dose steckt in der rechten Tasche. Mein ganzes System ist ruinirt. – Ha, was bedeutet der Knopf im Schnupftuch? Kerl, was bedeutet der Knopf, an was wollte ich mich erinnern?

Erster Kammerdiener. Als Eure Majestät diesen Knopf in ihr Schnupftuch zu knüpfen geruhten, so wollten Sie …

König. Nun?

Erster Kammerdiener. Sich an etwas erinnern.

Peter. Eine verwickelte Antwort! – Ey! Nun an was meint Er?

Zweiter Kammerdiener. Eure Majestät wollten sich an etwas erinnern, als sie diesen Knopf in Ihr Taschentuch zu knüpfen geruhten.

Peter (*läuft auf und ab*). Was? Was? Die Menschen machen mich confus, ich bin in der größten Verwirrung. Ich weiß mir nicht mehr zu helfen.

(Ein **Diener** *tritt auf.)*

Diener. Eure Majestät, der Staatsrath ist versammelt.

Peter *(freudig).* Ja, das ist's, das ist's. – Ich wollte mich an mein Volk erinnern! Kommen Sie meine Herren! Gehn Sie symetrisch. Ist es nicht sehr heiß? Nehmen Sie doch auch Ihre Schnupftücher und wischen Sie sich das Gesicht. Ich bin immer so in Verlegenheit, wenn ich öffentlich sprechen soll.

(Alle ab.)

König Peter. *Der* **Staatsrath.**

Peter. Meine Lieben und Getreuen, ich wollte Euch hiermit kund und zu wissen thun, kund und zu wissen thun – denn entweder verheirathet sich mein Sohn, oder nicht *(legt den Finger an die Nase)* entweder, oder – Ihr versteht mich doch? Ein drittes giebt es nicht. Der Mensch muß denken. *(Steht eine Zeitlang sinnend.)* Wenn ich so laut rede, so weiß ich nicht wer es eigentlich ist, ich oder ein anderer, das ängstigt mich. *(Nach langem Besinnen.)* Ich bin ich. – Was halten Sie davon, Präsident?

Präsident *(gravitätisch langsam).* Eure Majestät, vielleicht ist es so, vielleicht ist es aber auch nicht so.

Der ganze Staatsrath im Chor. Ja, vielleicht ist es so, vielleicht ist es aber auch nicht so.

König Peter *(mit Rührung).* O meine Weisen! – Also von was war eigentlich die Rede? Von was wollte ich sprechen? Präsident, was haben Sie ein so kurzes Gedächtniß bei einer so feierlichen Gelegenheit? Die Sitzung ist aufgehoben. *(Er entfernt sich feierlich, der ganze Staatsrath folgt ihm.)*

Dritte Scene.

Ein reichgeschmückter Saal, Kerzen brennen.

Leonce *mit einigen* **Dienern.**

Leonce. Sind alle Läden geschlossen? Zündet die Kerzen an! Weg mit dem Tag! Ich will Nacht, tiefe ambrosische Nacht. Stellt die Lampen unter Krystallglocken zwischen die Oleander, daß sie wie Mädchenaugen unter den Wimpern der Blätter hervorträumen. Rückt die Rosen näher, daß der Wein wie Thautropfen auf die Kelche sprudle. Musik! Wo sind die Violinen? Wo ist die Rosetta? Fort! Alle hinaus!

(Die **Diener** *gehen ab.* **Leonce** *streckt sich auf ein Ruhebett.*

Rosetta, *zierlich gekleidet, tritt ein. Man hört Musik aus der Ferne.)*

Rosetta *(nähert sich schmeichelnd).* Leonce!

Leonce. Rosetta!

Rosetta. Leonce!

Leonce. Rosetta!

Rosetta. Deine Lippen sind träg. Vom Küssen?

Leonce. Vom Gähnen!

Rosetta. Oh!

Leonce. Ach Rosetta, ich habe die entsetzliche Arbeit…

Rosetta. Nun?

Leonce. Nichts zu thun…

Rosetta. Als zu lieben?

Leonce. Freilich Arbeit!

Rosetta (*beleidigt*). *Leonce!*

Leonce. Oder Beschäftigung.

Rosetta. Oder Müßiggang.

Leonce. Du hast Recht wie immer. Du bist ein kluges Mädchen, und ich halte viel auf deinen Scharfsinn.

Rosetta. So liebst Du mich aus Langeweile?

Leonce. Nein, ich habe Langeweile, weil ich dich liebe. Aber ich liebe meine Langeweile wie dich. Ihr seid eins. O dolce far niente, ich träume über deinen Augen, wie an wunderheimlichen tiefen Quellen, das Kosen deiner Lippen schläfert mich ein, wie Wellenrauschen. (*Er umfaßt sie*). Komm liebe Langeweile, deine Küsse sind ein wollüstiges Gähnen, und deine Schritte sind ein zierlicher Hiatus.

Rosetta. Du liebst mich, Leonce?

Leonce. Ei warum nicht?

Rosetta. Und immer?

Leonce. Das ist ein langes Wort: immer! Wenn ich dich nun noch fünftausend Jahre und sieben Monate liebe, ist's genug? Es ist zwar viel weniger, als immer, ist aber doch eine erkleckliche Zeit, und wir können uns Zeit nehmen, uns zu lieben.

Rosetta. Oder die Zeit kann uns das Lieben nehmen.

Leonce. Oder das Lieben uns die Zeit. Tanze, Rosetta, tanze, daß die Zeit mit dem Takt deiner niedlichen Füße geht.

Rosetta. Meine Füße gingen lieber aus der Zeit.

(*Sie tanzt und singt.*)

O meine müden Füße ihr müßt tanzen
In bunten Schuhen,
Und möchtet lieber tief, tief
Im Boden ruhen.

O meine heißen Wangen, ihr müßt glühen
Im wilden Kosen,
Und möchtet lieber blühen
Zwei *weiße* Rosen.

O meine armen Augen, ihr müßt blitzen
Im Strahl der Kerzen,

Und lieber schlieft ihr aus im Dunkeln
Von euren Schmerzen.

Leonce (***indeß träumend vor sich hin***). O, eine sterbende Liebe ist schöner, als eine werdende. Ich bin ein Römer; bei dem köstlichen Mahle spielen zum Des[s]ert die goldnen Fische in ihren Todesfarben. Wie ihr das Roth von den Wangen stirbt, wie still das Auge ausglüht, wie leis das Wogen ihrer Glieder steigt und fällt! Adio, adio meine Liebe, ich will deine Leiche lieben. (**Rosetta** ***nähert sich ihm wieder.***) Thränen, Rosetta? Ein feiner Epikuräismus – weinen zu können. Stelle dich in die Sonne, daß die köstlichen Tropfen krystallisiren, es muß prächtige Diamanten geben. Du kannst dir ein Halsband machen lassen.

Rosetta. Wohl Diamanten, sie schneiden mir in die Augen. Ach Leonce! (***Will ihn umfassen.***)

Leonce. Gib Acht! Mein Kopf! Ich habe unsere Liebe darin beigesetzt. Sieh zu den Fenstern meiner Augen hinein. Siehst du, wie schön todt das arme Ding ist? Siehst du die zwei weißen Rosen auf seinen Wangen und die zwei rothen auf seiner Brust? Stoß mich nicht, daß ihm kein Aermchen abbricht, es wäre Schade. Ich muß meinen Kopf gerade auf den Schultern tragen, wie die Todtenfrau einen Kindersarg.

Rosetta (***scherzend***). Narr!

Leonce. Rosetta! (**Rosetta** ***macht ihm eine Fratze.***) Gott sei Dank! (***Hält sich die Augen zu.***)

Rosetta (***erschrocken***). Leonce, sieh mich an.

Leonce. Um keinen Preis!

Rosetta. Nur einen Blick!

Leonce. Keinen! [W]einst du? Um ein klein wenig, und meine liebe Liebe käme wieder auf die Welt. Ich bin froh, daß ich sie begraben habe. Ich behalte den Eindruck.

Rosetta (***entfernt sich traurig und langsam, sie singt im Abgehn:***)

Ich bin eine arme Waise,
Ich fürchte mich ganz allein.
Ach lieber Gram –
Willst du nicht kommen mit mir heim?

Leonce (***allein***). Ein sonderbares Ding um die Liebe. Man liegt ein Jahr lang schlafwachend zu Bette, und an einem schönen Morgen wacht man auf, trinkt ein Glas Wasser, zieht seine Kleider an und fährt sich mit der Hand über die Stirn und besinnt sich – und besinnt sich. – Mein Gott, wieviel Weiber hat man nöthig, um die Scala der Liebe auf und ab zu singen? Kaum daß Eine einen Ton ausfüllt. Warum ist der Dunst über unsrer Erde ein Prisma, das den weißen Gluthstrahl der Liebe in einen Regenbogen bricht? – (***Er trinkt.***) In welcher Bouteille steckt denn der Wein, an dem ich mich heute betrinken soll? Bringe ich es nicht einmal mehr so weit? Ich sitze wie unter einer Luftpumpe. Die Luft so scharf und dünn, daß mich friert, als sollte ich in Nankinhosen Schlittschuh laufen. – Meine Herren, meine Herren, wißt ihr auch, was Caligula und Nero waren? Ich weiß es. – Komm Leonce, halte mir einen Monolog, ich will zuhören. Mein Leben gähnt mich an, wie ein großer weißer Bogen

Papier, den ich vollschreiben soll, aber ich bringe keinen Buchstaben heraus. Mein Kopf ist ein leerer Tanzsaal, einige verwelkte Rosen und zerknitterte Bänder auf dem Boden, geborstene Violinen in der Ecke, die letzten Tänzer haben die Masken abgenommen und sehen mit tod[t]müden Augen einander an. Ich stülpe mich jeden Tag vier und zwanzigmal herum, wie einen Handschuh. O ich kenne mich, ich weiß was ich in einer Viertelstunde, was ich in acht Tagen, was ich in einem Jahre denken und träumen werde. Gott, was habe ich denn verbrochen, daß du mich, wie einen Schulbuben, meine Lection so oft hersagen läßt? –

Bravo Leonce! Bravo! (***Er klatscht.***) Es thut mir ganz wohl, wenn ich mir so rufe. He! Leonce! Leonce!

Valerio (***unter einem Tisch hervor***). Eure Hoheit scheint mir wirklich auf dem besten Weg, ein wahrhaftiger Narr zu werden.

Leonce. Ja, beim Licht besehen, kommt es mir eigentlich eben so vor.

Valerio. Warten Sie, wir wollen uns darüber sogleich ausführlicher unterhalten. Ich habe nur noch ein Stück Braten zu verzehren, das ich aus der Küche, und etwas Wein, den ich von Ihrem Tische gestohlen. Ich bin gleich fertig.

Leonce. Das schmatzt. Der Kerl verursacht mir ganz idyllische Empfindungen; ich könnte wieder mit dem Einfachsten anfangen, ich könnte Käs essen, Bier trinken, Tabak rauchen. Mach fort, grunze nicht so mit deinem Rüssel, und klappre mit deinen Hauern nicht so.

Valerio. Werthester Adonis, sind Sie in Angst um Ihre Schenkel? Sein Sie unbesorgt, ich bin weder ein Besenbinder, noch ein Schulmeister. Ich brauche keine Gerten zu Ruthen.

Leonce. Du bleibst nichts schuldig.

Valerio. Ich wollte, es ginge meinem Herrn eben so.

Leonce. Meinst du, damit du zu deinen Prügeln kämst? Bist du so besorgt um deine Erziehung?

Valerio. O Himmel, man kömmt leichter zu seiner Erzeugung, als zu seiner Erziehung. Es ist traurig, in welche Umstände Einen andere Umstände versetzen können! Was für Wochen hab' ich erlebt, seit meine Mutter in die Wochen kam! Wieviel Gutes hab' ich empfangen, das ich meiner Empfängniß zu danken hätte?

Leonce. Was deine Empfänglichkeit betrifft, so könnte sie es nicht besser treffen, um getroffen zu werden. Drück dich besser aus, oder du sollst den unangenehmsten Eindruck von meinem Nachdruck haben.

Valerio. Als meine Mutter um das Vorgebirg der guten Hoffnung schiffte ....

Leonce. Und dein Vater an Cap Horn Schiffbruch litt ....

Valerio. Richtig, denn er war Nachtwächter. Doch setzte er das Horn nicht so oft an die Lippen, als die Väter edler Söhne an die Stirn.

Leonce. Mensch, du besitzest eine himmlische Unverschämtheit. Ich fühle ein gewisses Bedürfniß, mich in nähere Berührung mit ihr zu setzen. Ich habe eine große Passion dich zu prügeln.

Valerio. Das ist eine schlagende Antwort und ein triftiger Beweis.

Leonce (*geht auf ihn los*). Oder du bist eine geschlagene Antwort. Denn du bekommst Prügel für deine Antwort.

Valerio (*läuft weg, Leonce stolpert und fällt*). Und Sie sind ein Beweis, der noch geführt werden muß, denn er fällt über seine eigenen Beine, die im Grund genommen selbst noch zu beweisen sind. Es sind höchst unwahrscheinliche Waden und sehr problematische Schenkel.

(*Der* Staatsrath *tritt auf.* Leonce *bleibt auf dem Boden sitzen.* Valerio.)

Präsident. Eure Hoheit verzeihen …

Leonce. Wie, mir selbst! Wie mir selbst! Ich verzeihe mir die Gutmüthigkeit Sie anzuhören. Meine Herren wollen Sie nicht Platz nehmen? – Was die Leute für Gesichter machen, wenn sie das Wort Platz hören! Setzen Sie sich nur auf den Boden und geniren Sie sich nicht. Es ist doch der letzte Platz, den Sie einmal erhalten, aber er trägt Niemand etwas ein, als dem Todtengräber.

Präsident (*verlegen mit den Fingern schnipsend*). Geruhen Eure Hoheit …

Leonce. Aber schnipsen Sie nicht so mit den Fingern, wenn Sie mich nicht zum Mörder machen wollen.

Präsident (*immer stärker schnipsend*). Wollten gnädigst, in Betracht …

Leonce. Mein Gott, stecken Sie doch die Hände in die Hosen, oder setzen Sie sich darauf. Er ist ganz aus der Fassung. Sammeln Sie sich.

Valerio. Man darf Kinder nicht während des P[issens] unterbrechen, sie bekommen sonst eine Verhaltung.

Leonce. Mann, fassen Sie sich. Bedenken Sie Ihre Familie und den Staat. Sie riskiren einen Schlagfluß, wenn Ihnen Ihre Rede zurücktritt.

Präsident (*zieht ein Papier aus der Tasche*). Erlauben Eure Hoheit. –

Leonce. Was, Sie können schon lesen? Nun denn …

Präsident. Daß man der zu erwartenden Ankunft von Eurer Hoheit verlobter Braut, der durchlauchtigsten Prinzessin Lena von Pipi, auf morgen sich zu gewärtigen habe, davon läßt Ihro königliche Majestät Eure Hoheit benachrichtigen.

Leonce. Wenn meine Braut mich erwartet, so werde ich ihr den Willen thun und sie auf mich warten lassen. Ich habe sie gestern Nacht im Traum gesehen, sie hatte ein Paar Augen so groß, daß die Tanzschuhe meiner Rosetta zu Augenbraunen darüber gepaßt hätten, und auf den Wangen war kein Grübchen zu sehen, sondern ein Paar Abzugsgruben für das Lachen. Ich glaube an Träume. Träumen Sie auch zuweilen Herr Präsident? Haben Sie auch Ahnungen?

Valerio. Versteht sich. Immer die Nacht vor dem Tag, an dem ein Braten verbrennt, ein Kapaun krepirt, oder Ihre königliche Majestät Leibweh bekommt.

Leonce. A propos, hatten Sie nicht noch etwas auf der Zunge? Geben Sie nur Alles von sich.

Präsident. An dem Tage der Vermählung ist ein höchster Wille gesonnen, seine allerhöchsten Willensäußerungen in die Hände Eurer Hoheit niederzulegen.

Leonce. Sagen Sie einem höchsten Willen, daß ich Alles thun werde, das ausgenommen, was ich werde bleiben lassen, was aber jedenfalls nicht so viel seyn wird, als wenn es noch einmal so viel wäre. – Meine Herren, Sie entschuldigen, daß ich Sie nicht begleite, ich habe gerade die Passion zu sitzen, aber meine Gnade ist so groß, daß ich sie mit den Beinen kaum ausmessen kann. (***Er spreizt die Beine auseinander.***) Herr Präsident, nehmen Sie doch das Maaß, damit Sie mich später daran erinnern. Valerio gieb den Herren das Geleite.

Valerio. Das Geläute? Soll ich dem Herrn Präsidenten eine Schelle anhängen? Soll ich sie führen, als ob sie auf allen Vieren gingen?

Leonce. Mensch, du bist nichts als ein schlechtes Wortspiel. Du hast weder Vater noch Mutter, sondern die fünf Vokale haben dich miteinander erzeugt.

Valerio. Und Sie Prinz, sind ein Buch ohne Buchstaben, mit nichts als Gedankenstrichen. – Kommen Sie jetzt meine Herren. Es ist eine traurige Sache um das Wort *kommen*, will man ein Einkommen, so muß man stehlen, an ein Aufkommen ist nicht zu denken, als wenn man sich hängen läßt, ein Unterkommen findet man erst, wenn man begraben wird, und ein Auskommen hat man jeden Augenblick mit seinem Witz, wenn man nichts mehr zu sagen weiß, wie ich zum Beispiel eben, und Sie, *ehe* Sie noch etwas gesagt haben. Ihr Abkommen haben Sie gefunden und Ihr Fortkommen werden Sie jetzt zu suchen ersucht. (**Staatsrath *und* Valerio *ab.***)

Leonce (*allein*). Wie gemein ich mich zum Ritter an den armen Teufeln gemacht habe! Es steckt nun aber doch einmal ein gewisser Genuß in einer gewissen Gemeinheit. – Hm! Heirathen! Das heißt einen Ziehbrunnen leer trinken. O Shandy, alter Shandy, wer mir deine Uhr schenkte! – (**Valerio *kommt zurück.***) Ach Valerio, hast du es gehört?

Valerio. Nun Sie sollen König werden, das ist eine lustige Sache. Man kann den ganzen Tag spazieren fahren und den Leuten die Hüte verderben durch's viele Abziehen, man kann aus ordentlichen Menschen ordentliche Soldaten ausschneiden, so daß Alles ganz natürlich wird, man kann schwarze Fräcke und weiße Halsbinden zu Staatsdienern machen, und wenn man stirbt, so laufen alle blanken Knöpfe blau an und die Glockenstricke reißen wie Zwirnfaden vom vielen Läuten. Ist das nicht unterhaltend?

Leonce. Valerio! Valerio! Wir müssen was Anderes treiben. Rathe!

Valerio. Ach die Wissenschaft, die Wissenschaft! Wir wollen Gelehrte werden! a priori? oder a posteriori?

Leonce. a priori, das muß man bei meinem Herrn Vater lernen; und a posteriori fängt Alles an, wie ein altes Mährchen: es war einmal!

Valerio. So wollen wir Helden werden. (***Er marschirt trompetend und trommelnd auf und ab.***) Trom – trom – pläre – plem!

Leonce. Aber der Heroismus fuselt abscheulich und bekommt das Lazarethfieber und kann ohne Lieutenants und Rekruten nicht bestehen. Pack dich mit deiner Alexanders- und Napoleonsromantik!

Valerio. So wollen wir Genies werden.

Leonce. Die Nachtigall der Poesie schlägt den ganzen Tag über unserm Haupt, aber das Feinste geht zum Teufel, bis wir ihr die Federn ausreißen und in die Tinte oder die Farbe tauchen.

Valerio. So wollen wir nützliche Mitglieder der menschlichen Gesellschaft werden.

Leonce. Lieber möchte ich meine Demission als Mensch geben.

Valerio. So wollen wir zum Teufel gehen.

Leonce. Ach der Teufel ist nur des Contrastes wegen da, damit wir begreifen sollen, daß am Himmel doch eigentlich etwas sei. (***Aufspringend.***) Ah Valerio, Valerio, jetzt hab' ich's! Fühlst du nicht das Wehen aus Süden? Fühlst du nicht wie der tiefblaue glühende Aether auf und ab wogt, wie das Licht blitzt von dem goldnen, sonnigen Boden, von der heiligen Salzfluth und von den Marmor-Säulen und Leibern? Der große Pan schläft und die ehernen Gestalten träumen im Schatten über den tiefrauschenden Wellen von dem alten Zaubrer Virgil, vom Tarantella und Tambourin und tiefen tollen Nächten, voll Masken, Fackeln und Guitarren. Ein Lazzaroni! Valerio! Ein Lazzaroni! Wir gehen nach Italien.

Vierte Scene.

Ein Garten.

Prinzessin Lena *im Brautschmuck. Die* Gouvernante.

Lena. Ja, jetzt. Da ist es. Ich dachte die Zeit an nichts. Es ging so hin, und auf einmal richtet sich *der* Tag vor mir auf. Ich habe den Kranz im Haar – und die Glocken, die Glocken! (***Sie lehnt sich zurück und schließt die Augen.***) Sieh, ich wollte, der Rasen wüchse so über mich und die Bienen summten über mir hin; sieh, jetzt bin ich eingekleidet und habe Rosmarin im Haar. Gibt es nicht ein altes Lied:

Auf dem Kirchhof will ich liegen
Wie ein Kindlein in der Wiegen, –

Gouvernante. Armes Kind, wie Sie bleich sind unter Ihren blitzenden Steinen.

Lena. O Gott, ich könnte lieben, warum nicht? Man geht ja so einsam und tastet nach einer Hand, die einen hielte, bis die Leichenfrau die Hände auseinandernähme und sie Jedem über der Brust faltete. Aber warum schlägt man einen Nagel durch zwei Hände, die sich nicht suchten? Was hat meine arme Hand gethan? (***Sie zieht einen Ring vom Finger.***) Dieser Ring sticht mich wie eine Natter.

Gouvernante. Aber – er soll ja ein wahrer Don Carlos sein.

Lena. Aber – ein Mann –

Gouvernante. Nun?

Lena. Den man nicht liebt. (***Sie erhebt sich.***) Pfui! Siehst du, ich schäme mich. – Morgen ist aller Duft und Glanz von mir gestreift. Bin ich denn wie die arme, hilflose Quelle, die jedes Bild, das sich über sie bückt, in ihrem stillen Grund abspiegeln muß? Die Blumen öffnen und schließen, wie sie wollen, ihre Kelche der Morgensonne und dem Abendwind. Ist denn die Tochter eines Königs weniger, als eine Blume?

Gouvernante (*weinend*). Lieber Engel, du bist doch ein wahres Opferlamm.

Lena. Ja wohl – und der Priester hebt schon das Messer. – Mein Gott, mein Gott, ist es denn wahr, daß wir uns selbst erlösen müssen mit unserem Schmerz? Ist es denn wahr, die Welt sei ein gekreuzigter Heiland, die Sonne seine Dornenkrone und die Sterne die Nägel und Speere in seinen Füßen und Lenden?

Gouvernante. Mein Kind, mein Kind! ich kann dich nicht so sehen. – Es kann nicht so gehen, es tödtet dich. Vielleicht, wer weiß! Ich habe so etwas im Kopf. Wir wollen sehen. Komm! (*Sie führt die* **Prinzessin** *weg*).

Zweiter Act.

Wie ist mir eine Stimme doch erklungen,
Im tiefsten Innern,
Und hat mit Einemmale mir verschlungen
All mein Erinnern!

Adalbert von Chamisso.

Erste Scene.

Freies Feld. Ein Wirthshaus im Hintergrund.

Leonce *und* Valerio, *der einen Pack trägt, treten auf.*

Valerio (*keuchend*). Auf Ehre, Prinz, die Welt ist doch ein ungeheuer weitläuftiges Gebäude.

Leonce. Nicht doch! Nicht doch! Ich wage kaum die Hände auszustrecken, wie in einem engen Spiegelzimmer, aus Furcht überall anzustoßen, daß die schönen Figuren in Scherben auf dem Boden lägen und ich vor der kahlen, nackten Wand stünde.

Valerio. Ich bin verloren.

Leonce. Da wird Niemand einen Verlust dabei haben als wer dich findet.

Valerio. Ich werde mich wenigstens in den Schatten meines Schattens stellen.

Leonce. Du verflüchtigst dich ganz an der Sonne. Siehst du die schöne Wolke da oben? Sie ist wenigstens ein Viertel von Dir. Sie sieht ganz wohlbehaglich auf deine gröbere materielle Stoffe herab.

Valerio. Die Wolke könnte Ihrem Kopf nichts schaden, wenn man Ihnen denselben scheeren und sie Tropfen für Tropfen darauf fallen ließ. – Ein köstlicher Einfall. Wir sind schon durch ein Dutzend Fürstenthümer, durch ein halbes Dutzend Großherzogthümer und durch ein Paar Königreiche gelaufen und das in der größten Uebereilung in einem halben Tage und warum? Weil man König werden und eine schöne Prinzessin heirathen soll. Und sie leben noch in einer solchen Lage? *Ich* begreife ihre Resignation nicht. Ich begreife nicht, daß Sie nicht Arsenick genommen, sich auf das Geländer des Kirchthurms gestellt und sich eine Kugel durch den Kopf gejagt haben, um es ja nicht zu verfehlen.

Leonce. Aber Valerio, die Ideale! Ich habe das Ideal eines Frauenzimmers in mir und muß es suchen. Sie ist unendlich schön und unendlich geistlos. Die Schönheit ist da so hülflos, so rührend wie ein neugebornes Kind. Es ist ein köstlicher Contrast. Diese himmlisch stupiden Augen, dieser göttlich einfältige Mund, dieses schaafnasige griechische Profil, dieser geistige Tod in diesem geistigen Leib.

Valerio. Teufel! da sind wir schon wieder auf der Gränze; das ist ein Land wie eine Zwiebel, nichts als Schaalen, oder wie ineinandergesteckte Schachteln, in der größten sind nichts als Schachteln und in der kleinsten ist gar nichts. (***Er wirft seinen Pack zu Boden.***) Soll denn dieser Pack mein Grabstein werden? Sehen Sie Prinz ich werde philosophisch, ein Bild des menschlichen Lebens. Ich schleppe diesen Pack mit wunden Füßen durch Frost und Sonnenbrand, weil ich Abends ein reines Hemd anziehen will und wenn endlich der Abend kommt, so ist meine Stirn gefurcht, meine Wange hohl, mein Auge dunkel und ich habe grade noch Zeit, mein Hemd anzuziehen, als Todtenhemd. Hätte ich nun nicht gescheidter gethan, ich hätte mein Bündel vom Stecken gehoben und es in der ersten besten Kneipe verkauft, und hätte mich dafür betrunken und im Schatten geschlafen, bis es Abend geworden wäre, und hätte nicht geschwitzt und mir keine Leichdörner gelaufen? Und Prinz, jetzt kommt die Anwendung und die Praxis. Aus lauter Schamhaftigkeit wollen wir jetzt auch den inneren Menschen bekleiden und Rock und Hosen inwendig anziehen. (***Beide gehen auf das Wirthshaus los.***) Ey du lieber Pack, welch ein köstlicher Duft, welche Weindüfte und Bratengerüche! Ey ihr lieben Hosen, wie wurzelt ihr im Boden und grünt und blüht und die langen schweren Trauben hängen mir ins Maul und der Most gährt unter der Kelter.

(***Sie gehen ab.***)

Prinzessin Lena. ***Die*** **Gouvernante.**

Gouvernante. Es muß ein bezauberter Tag seyn, die Sonne geht nicht unter, und es ist so unendlich lang seit unsrer Flucht.

Lena. Nicht doch, meine Liebe, die Blumen sind ja kaum welk, die ich zum Abschied brach, als wir aus dem Garten gingen.

Gouvernante. Und wo sollen wir ruhen? Wir sind noch auf gar nichts gestoßen. Ich sehe kein Kloster, keine Eremiten, keine Schäfer.

Lena. Wir haben Alles wohl anders geträumt mit unsern Büchern hinter der Mauer unsers Gartens, zwischen unsern Myrthen und Oleandern.

Gouvernante. O die Welt ist abscheulich! An einen irrenden Königssohn ist gar nicht zu denken.

Lena. O sie ist schön und so weit, so unendlich weit. Ich möchte immer so fort gehen Tag und Nacht. Es rührt sich nichts. Was ein rother Schein über den Wiesen spielt von den Kukuksblumen und die fernen Berge liegen auf der Erde wie ruhende Wolken.

Gouvernante. Du mein Jesus, was wird man sagen? Und doch ist es so zart und weiblich! Es ist eine Entsagung. Es ist wie die Flucht der heiligen Odilia. Aber wir müssen ein Obdach suchen. Es wird Abend.

Lena. Ja die Pflanzen legen ihre Fiederblättchen zum Schlaf zusammen und die Sonnenstrahlen wiegen sich an den Grashalmen wie müde Libellen.

Zweite Scene.

Das Wirthshaus auf einer Anhöhe an einem Fluß, weite Aussicht. Der Garten vor demselben.

Valerio. Leonce.

Valerio. Nun Prinz, liefern Ihre Hosen nicht ein köstliches Getränk? Laufen Ihnen Ihre Stiefel nicht mit der größten Leichtigkeit die Kehle hinunter?

Leonce. Siehst du die alten Bäume, die Hecken, die Blumen, das Alles hat seine Geschichten, seine lieblichen heimlichen Geschichten. Siehst du die greisen freundlichen Gesichter unter den Reben an der Hausthür? Wie sie sitzen und sich bei den Händen halten und Angst haben, daß sie alt sind und die Welt noch so jung ist. O Valerio, und ich bin so jung und die Welt ist so alt. Ich bekomme manchmal eine Angst um mich und könnte mich in eine Ecke setzen und heiße Thränen weinen aus Mitleid mit mir.

Valerio (*giebt ihm ein Glas*). Nimm diese Glocke, diese Taucherglocke und senke dich in das Meer des Weines, daß es Perlen über dich schlägt. Sieh wie die Elfen über dem Kelch der Weinblumen schweben, goldbeschuht, die Cymbeln schlagend.

Leonce (*aufspringend*). Komm Valerio, wir müssen was treiben, was treiben. Wir wollen uns mit tiefen Gedanken abgeben; wir wollen untersuchen wie es kommt, daß der Stuhl auf drei Beinen steht und nicht auf zwei, daß man sich die Nase mit Hülfe der Hände putzt und nicht wie die Fliegen mit den Füßen. Komm, wir wollen Ameisen zergliedern, Staubfäden zählen; ich werde es doch noch zu irgend einer fürstlichen Liebhaberei bringen. Ich werde doch noch eine Kinderrassel finden, die mir erst aus der Hand fällt, wenn ich Flocken lese und an der Decke zupfe. Ich habe noch eine gewisse Dosis Enthusiasmus zu verbrauchen; aber wenn ich Alles recht warm gekocht habe, so brauche ich eine unendliche Zeit um einen Löffel zu finden, mit dem ich das Gericht esse und darüber steht es ab.

Valerio. Ergo bibamus. Diese Flasche ist keine Geliebte, keine Idee, sie macht keine Geburtsschmerzen, sie wird nicht langweilig, wird nicht treulos, sie bleibt eins vom ersten Tropfen bis zum letzten. Du brichst das Siegel und alle Träume, die in ihr schlummern, sprühen dir entgegen.

Leonce. O Gott! Die Hälfte meines Lebens soll ein Gebet seyn, wenn mir nur ein Strohhalm bescheert wird, auf dem ich reite, wie auf einem prächtigen Roß, bis ich selbst auf dem Stroh liege. – Welch unheimlicher Abend. Da unten ist Alles still und da oben wechseln und ziehen die Wolken und der Sonnenschein kommt wieder. Sieh, was seltsame Gestalten sich dort jagen, sieh die langen weißen Schatten mit den entsetzlich magern Beinen und Fledermausschwingen und Alles so rasch, so wirr und da unten rührt sich kein Blatt, kein Halm. Die Erde hat sich ängstlich zusammengeschmiegt, wie ein Kind und über ihre Wiege schreiten die Gespenster.

Valerio. Ich weiß nicht, was Ihr wollt, mir ist ganz behaglich zu Muth. Die Sonne sieht aus wie ein Wirthshausschild und die feurigen Wolken darüber, wie die Aufschrift: Wirthshaus zur goldnen Sonne. Die Erde und das Wasser da unten sind wie ein Tisch auf dem Wein verschüttet ist und wir liegen darauf wie Spielkarten, mit denen Gott und der Teufel aus Langeweile eine Parthie machen und Ihr seyd der Kartenkönig und ich bin ein Kartenbube, es fehlt nur noch eine Dame, eine schöne Dame, mit einem großen Lebkuchenherz auf der Brust und einer mächtigen Tulpe, worin die lange Nase sentimental versinkt, (***die* Gouvernante *und die* Prinzessin *treten auf***) und – bei Gott da ist sie! Es ist aber eigentlich keine Tulpe, sondern eine Prise Taback und es ist eigentlich keine Nase, sondern ein Rüssel. (***Zur* Gouvernante.**) Warum schreiten Sie, Wertheste, so eilig, daß man Ihre weiland Waden bis zu Ihren respectabeln Strumpfbändern sieht?

Gouvernante (***heftig erzürnt, bleibt stehen***). Warum reißen Sie, Geehrtester, das Maul so weit auf, daß Sie Einem ein Loch in die Aussicht machen?

Valerio. Damit Sie, Geehrteste, sich die Nase am Horizont nicht blutig stoßen. Ihre Nase ist wie der Thurm auf Libanon, der gen Damaskus steht.

Lena (***zur* Gouvernante**). Meine Liebe, ist denn der Weg so lang?

Leonce (***träumend vor sich hin***). O, jeder Weg ist lang! Das Picken der Todtenuhr in unserer Brust ist langsam und jeder Tropfen Blut mißt seine Zeit und unser Leben ist ein schleichend Fieber. Für müde Füße ist jeder Weg zu lang. . . .

Lena (***die ihm ängstlich sinnend zuhört***). Und für müde Augen jedes Licht zu scharf und müde Lippen jeder Hauch zu schwer (***lächelnd***) und müde Ohren jedes Wort zu viel. (***Sie tritt mit der* Gouvernante *ins Haus.***)

Leonce. O lieber Valerio! Könnte ich nicht auch sagen: „sollte nicht dies und ein Wald von Federbüschen, nebst ein Paar gepufften Rosen auf meinen Schuhen?" Ich hab' es glaub' ich ganz melancholisch gesagt. Gott sey Dank, daß ich anfange mit der Melancholie niederzukommen. Die Luft ist nicht mehr so hell und kalt, der Himmel senkt sich glühend dicht um mich und schwere Tropfen fallen. – O diese Stimme: *ist denn der Weg so lang?* Es reden viele Stimmen über die Erde und man meint sie sprächen von andern Dingen, aber ich hab' sie verstanden. Sie ruht auf mir wie der Geist, da er über den Wassern schwebte, eh' das Licht ward. Welch Gähren in der Tiefe, welch Werden in mir, wie sich die Stimme durch den Raum gießt. – Ist denn der Weg so lang? (***Geht ab.***)

Valerio. Nein. Der Weg zum Narrenhaus ist nicht so lang, er ist leicht zu finden, ich kenne alle Fußpfade, alle Vicinalwege und Chausseen dorthin. Ich sehe ihn schon auf einer breiten Allee dahin, an einem eiskalten Wintertag den Hut unter dem Arm, wie er sich in die langen Schatten unter die kahlen Bäume stellt und mit dem Schnupftuch fächelt. – Er ist ein Narr! (***Folgt ihm.***)

Dritte Scene.

Ein Zimmer.

Lena. ***Die*** **Gouvernante.**

Gouvernante. Denken Sie nicht an den Menschen.

Lena. Er war so alt unter seinen blonden Locken. Den Frühling auf den Wangen, den Winter im Herzen. Das ist traurig. Der müde Leib findet ein Schlafkissen überall, doch wenn der Geist müd' ist, wo soll er ruhen? Es kommt mir ein entsetzlicher Gedanke, ich glaube es gibt Menschen, die unglücklich sind, unheilbar, blos weil *sie sind.* (***Sie erhebt sich.***)

Gouvernante. Wohin mein Kind?

Lena. Ich will hinunter in den Garten.

Gouvernante. Aber –

Lena. Aber, liebe Mutter, Du weißt man hätte mich eigentlich in eine Scherbe setzen sollen. Ich brauche Thau und Nachtluft wie die Blumen. Hörst Du die Harmonieen des Abends? Wie die Grillen den Tag einsingen und die Nachtviolen ihn mit ihrem Duft einschläfern! Ich kann nicht im Zimmer bleiben. Die Wände fallen auf mich.

Vierte Scene.

Der Garten. Nacht und Mondschein.

Man sieht **Lena** ***auf dem Rasen sitzend.***

Valerio (***in einiger Entfernung***). Es ist eine schöne Sache um die Natur, sie ist aber doch nicht so schön, als wenn es keine Schnaken gäbe, die Wirthsbetten etwas reinlicher wären und die Todtenuhren nicht so in den Wänden pickten. Drin schnarchen die Menschen und draußen quaken die Frösche, Drin pfeifen die Hausgrillen und draußen die Feldgrillen. Lieber Rasen, dies ist ein rasender Entschluß. (***Er legt sich auf den Rasen nieder.***)

Leonce (***tritt auf***). O Nacht, balsamisch wie die erste, die auf das Paradies herabsank. (***Er bemerkt die*** **Prinzessin** ***und nähert sich ihr leise.***)

Lena (***spricht vor sich hin***). Die Grasmücke hat im Traum gezwitschert, die Nacht schläft tiefer, ihre Wange wird bleicher und ihr Athem stiller. Der Mond ist wie ein schlafendes Kind, die goldnen Locken sind ihm im Schlaf über das liebe Gesicht heruntergefallen. – O sein Schlaf ist Tod. Wie der todte Engel auf seinem dunkeln Kissen ruht und die Sterne gleich Kerzen um ihn brennen. Armes Kind, kommen die schwarzen Männer bald Dich holen? Wo ist Deine Mutter? Will sie Dich nicht noch einmal küssen? Ach es ist traurig, todt und so allein.

Leonce. Steh auf in Deinem weißen Kleid und wandle hinter der Leiche durch die Nacht und singe ihr das Todtenlied.

Lena. Wer spricht da?

Leonce. Ein Traum.

Lena. Träume sind selig.

Leonce. So träume Dich selig, und laß mich Dein seliger Traum seyn.

Lena. Der Tod ist der seligste Traum.

Leonce. So laß mich Dein Todesengel seyn. Laß meine Lippen sich gleich seinen Schwingen auf Deine Augen senken. (***Er küßt sie.***) Schöne Leiche, Du ruhst so lieblich auf dem schwarzen Bahrtuch der Nacht, daß die Natur das Leben haßt und sich in den Tod verliebt.

Lena. Nein, laß mich. (***Sie springt auf und entfernt sich rasch.***)

Leonce. Zu viel! zu viel! Mein ganzes Seyn ist in dem einen Augenblick. Jetzt stirb. Mehr ist unmöglich. Wie frischathmend, schönheitglänzend ringt die Schöpfung sich aus dem Chaos entgegen. Die Erde ist eine Schaale von dunkelm Gold, wie schäumt das Licht in ihr und fluthet über ihren Rand und hellauf perlen daraus die Sterne. Meine Lippen saugen sich daran: dieser eine Tropfen Seligkeit macht mich zu einem köstlichen Gefäß. Hinab heiliger Becher! (***Er will sich in den Fluß stürzen.***)

Valerio (***springt auf und umfaßt ihn***). Halt Serenissime!

Leonce. Laß mich!

Valerio. Ich werde sie lassen, sobald sie gelassen sind und das *Wasser* zu lassen versprechen.

Leonce. Dummkopf!

Valerio. Ist denn Eure Hoheit noch nicht über die Lieutenantsromantik hinaus, das Glas zum Fenster hinaus zu werfen, womit man die Gesundheit seiner Geliebten getrunken?

Leonce. Ich glaube halbwegs Du hast Recht.

Valerio. Trösten Sie sich. Wenn Sie auch nicht heut Nacht unter dem Rasen schlafen, so schlafen sie wenigstens darauf. Es wäre ein eben so selbstmörderischer Versuch in eins von den Betten gehen zu wollen. Man liegt auf dem Stroh wie ein Todter und wird von den Flöhen gestochen wie ein Lebendiger.

Leonce. Meinetwegen. (***Er legt sich ins Gras.***) Mensch, Du hast mich um den schönsten Selbstmord gebracht. Ich werde in meinem Leben keinen so vorzüglichen Augenblick mehr dazu finden und das Wetter ist so vortrefflich. Jetzt bin ich schon aus der Stimmung. Der Kerl hat mir mit seiner gelben Weste und seinen himmelblauen Hosen Alles verdorben. – Der Himmel bescheere mir einen recht gesunden, plumpen Schlaf.

Valerio. Amen. – Und ich habe ein Menschenleben gerettet und werde mir mit meinem guten Gewissen heut Nacht den Leib warm halten. Wohl bekomm's Valerio!

Dritter Act.

Erste Scene.

Leonce. Valerio.

Valerio. Heirathen? Seit wann hat es Eure Hoheit zum ewigen Kalender gebracht?

Leonce. Weißt Du auch, Valerio, daß selbst der Geringste unter den Menschen so groß ist, daß das Leben noch viel zu kurz ist, um ihn lieben zu können? Und dann kann ich doch einer gewissen Art von Leuten, die sich einbilden, daß nichts so schön und heilig sey, daß sie es nicht noch schöner und heiliger machen müßten, die Freude lassen. Es liegt ein gewisser Genuß in dieser lieben Arroganz. Warum soll ich ihnen denselben nicht gönnen?

Valerio. Sehr human und philobestialisch. Aber weiß sie auch, wer Sie sind?

Leonce. Sie weiß nur daß sie mich liebt.

Valerio. Und weiß Eure Hoheit auch, wer sie ist?

Leonce. Dummkopf! Frag doch die Nelke und die Thauperle nach ihrem Namen.

Valerio. Das heißt, sie ist überhaupt etwas, wenn das nicht schon zu unzart ist und nach dem Signalement schmeckt. – Aber, wie soll das gehn? Hm! – Prinz, bin ich Minister, wenn Sie heute vor ihrem Vater mit der Unaussprechlichen, Namenlosen, mittelst des Ehesegens zusammengeschmiedet werden? Ihr Wort?

Leonce. Mein Wort!

Valerio. Der arme Teufel Valerio empfiehlt sich Sr. Excellenz dem Herrn Staatsminister Valerio von Valerienthal. – „Was will der Kerl? Ich kenne ihn nicht. Fort Schlingel!"
(Er läuft weg, **Leonce** *folgt ihm.)*

Zweite Scene.

Freier Platz vor dem Schlosse des Königs Peter.

Der **Landrath.** *Der* **Schulmeister. Bauern** *im Sonntagsputz, Tannenzweige haltend.*

Landrath. Lieber Herr Schulmeister, wie halten sich Eure Leute?

Schulmeister. Sie halten sich so gut in ihren Leiden, daß sie sich schon seit geraumer Zeit an einander halten. Sie gießen brav Spiritus an sich, sonst könnten sie sich in der Hitze unmöglich so lange halten. Courage, Ihr Leute! Streckt Eure Tannenzweige grad vor Euch hin, daß man meint Ihr wärt ein Tannenwald und Eure Nasen die Erdbeeren und Eure Dreimaster die Hörner vom Wildpret und Eure hirschledernen

Hosen der Mondschein darin, und merkt's Euch, der Hinterste läuft immer wieder vor den Vordersten, daß es aussieht als wärt Ihr ins Quadrat erhoben.

Landrath. Und Schulmeister, Ihr stehet vor die Nüchternheit.

Schulmeister. Versteht sich, denn ich kann vor Nüchternheit kaum mehr stehen.

Landrath. Gebt Acht, Leute, im Programm steht: sämmtliche Unterthanen werden von freien Stücken reinlich gekleidet, wohlgenährt, und mit zufriedenen Gesichtern sich längs der Landstraße aufstellen. Macht uns keine Schande!

Schulmeister. Seyd standhaft! Krazt Euch nicht hinter den Ohren und schneuzt Euch die Nasen nicht mit den Fingern, so lang das hohe Paar vorbeifährt und zeigt die gehörige Rührung, oder es werden rührende Mittel gebraucht werden. Erkennt was man für Euch thut, man hat Euch grade so gestellt, daß der Wind von der Küche über Euch geht und Ihr auch einmal in Eurem Leben einen Braten riecht. Könnt Ihr noch Eure Lection? He! Vi!

Bauern. Vi!

Schulmeister. Vat!

Bauern. Vat!

Schulmeister. Vivat!

Bauern. Vivat!

Schulmeister. So Herr Landrath. Sie sehen wie die Intelligenz im Steigen ist. Bedenken Sie, es ist *Latein*. Wir geben aber auch heut Abend einen transparenten Ball mittelst der Löcher in unseren Jacken und Hosen, und schlagen uns mit unseren Fäusten Cocarden an die Köpfe.

Dritte Scene.

Großer Saal. Geputzte Herren und Damen sorgfältig gruppirt.

Der Ceremonienmeister mit einigen Bedienten auf dem Vordergrund.

Ceremonienmeister. Es ist ein Jammer. Alles geht zu Grund. Die Braten schnurren ein. Alle Glückwünsche stehen ab. Alle Vatermörder legen sich um, wie melancholische Schweinsohren. Den Bauern wachsen die Nägel und der Bart wieder. Den Soldaten gehn die Locken auf. Von den zwölf Unschuldigen ist Keine, die nicht das horizontale Verhalten dem senkrechten vorzöge. Sie sehen in ihren weißen Kleidchen aus wie erschöpfte Seidenhasen und der Hofpoet grunzt um sie herum wie ein bekümmertes Meerschweinchen. Die Herrn Officiere kommen um all ihre Haltung. (***Zu einem* Diener.**) Sage doch dem Herrn Candidaten, er möge seine Buben einmal das Wasser abschlagen lassen. – Der arme Herr Hofprediger! Sein Frack läßt den Schweif ganz melancholisch hängen. Ich glaube er hat Ideale und verwandelt alle Kammerherrn in Kammerstühle. Er ist müde vom Stehen.

Zweiter Bediente. Alles Fleisch verdirbt vom Stehen. Auch der Hofprediger ist ganz *ab*-gestanden, seit er heut Morgen aufgestanden.

Ceremonienmeister. Die Hofdamen stehen da, wie Gradirbäume, das Salz crystallisirt an ihren Halsketten.

Zweiter Bediente. Sie machens sich wenigstens bequem. Man kann ihnen nicht nachsagen, daß sie auf den Schultern tragen. Wenn sie nicht offenherzig sind, so sind sie doch offen bis zum Herzen.

Ceremonienmeister. Ja, sie sind gute Karten vom türkischen Reich, man sieht die Dardanellen und das Marmormeer. Fort, Ihr Schlingel! An die Fenster! Da kömmt Ihro Majestät.

(**König Peter** *und der* **Staatsrath** *treten ein.*)

Peter. Also auch die Prinzessin ist verschwunden? Hat man noch keine Spur von unserm geliebten Erbprinzen? Sind meine Befehle befolgt? Werden die Gränzen beobachtet?

Ceremonienmeister. Ja, Majestät. Die Aussicht von diesem Saal gestattet uns die strengste Aufsicht. (*Zu dem ersten* **Bedienten.**) Was hast Du gesehen?

Erster Bediente. Ein Hund, der seinen Herrn sucht, ist durch das Reich gelaufen.

Ceremonienmeister (*zu einem andern*). Und Du?

Zweiter Bediente. Es geht jemand auf der Nordgränze spazieren, aber es ist nicht der Prinz, ich könnte ihn erkennen.

Ceremonienmeister. Und Du?

Dritter Diener. Sie verzeihen, Nichts.

Ceremonienmeister. Das ist sehr wenig. Und Du?

Vierter Diener. Auch Nichts.

Ceremonienmeister. Das ist noch weniger.

Peter. Aber, Staatsrath, habe ich nicht den Beschluß gefaßt, daß meine königliche Majestät sich an diesem Tag freuen und daß an ihm die Hochzeit gefeiert werden sollte? War das nicht unser festester Entschluß?

Präsident. Ja, Eure Majestät, so ist es protokollirt und aufgezeichnet.

König. Und würde ich mich nicht kompromitiren, wenn ich meinen Beschluß nicht ausführte?

Präsident. Wenn es anders für Eure Majestät möglich wäre sich zu kompromitiren, so wäre dieß ein Fall, worin sie sich kompromitiren *könnte.*

König Peter. Habe ich nicht mein königliches Wort gegeben? Ja, ich werde meinen Beschluß sogleich ins Werk setzen, ich werde mich freuen. (*Er reibt sich die Hände.*) O ich bin außerordentlich froh!

Präsident. Wir theilen sämmtlich die Gefühle Eurer Majestät, so weit es für Unterthanen möglich und schicklich ist.

Peter. O ich weiß mir vor Freude nicht zu helfen. Ich werde meinen Kammerherrn rothe Röcke machen lassen, ich werde einige Cadetten zu Lieutenants machen, ich werde meinen Unterthanen erlauben – aber, aber, die Hochzeit? Lautet die andere Hälfte des Beschlusses nicht, daß die Hochzeit gefeiert werden sollte?

Präsident. Ja, Eure Majestät.

Peter. Ja, wenn aber der Prinz nicht kommt und die Prinzessin auch nicht?

Präsident. Ja, wenn der Prinz nicht kommt und die Prinzessin auch nicht, – dann – dann

Peter. Dann, dann?

Präsident. Dann können sie sich allerdings nicht heirathen.

König. Halt, ist der Schluß logisch? Wenn – dann – richtig – Aber mein Wort, mein königliches Wort!

Präsident. Tröste sich Eure Majestät mit andern Majestäten. Ein königliches Wort ist ein Ding, – ein Ding, – ein Ding, – das nichts ist.

Peter (*zu den* **Dienern**). Seht Ihr noch nichts?

Diener. Eure Majestät, nichts, gar nichts.

Peter. Und ich hatte beschlossen mich so zu freuen, grade mit dem Glockenschlag zwölf wollte ich anfangen und wollte mich freuen volle zwölf Stunden – ich werde ganz melancholisch.

Präsident. Alle Unterthanen werden aufgefordert die Gefühle Ihrer Majestät zu theilen.

Ceremonienmeister. Denjenigen, welche kein Schnupftuch bei sich haben, ist das Weinen jedoch Anstands halber untersagt.

Erster Bediente. Halt! Ich sehe was! Es ist etwas wie ein Vorsprung, wie eine Nase, das Übrige ist noch nicht über der Gränze; und dann seh' ich noch einen Mann und dann noch zwei Personen entgegengesetzten Geschlechts.

Ceremonienmeister. In welcher Richtung?

Erster Bediente. Sie kommen näher. Sie gehn auf das Schloß zu. Da sind sie.

(**Valerio, Leonce,** ***die* Gouvernante *und die* Prinzessin *treten maskirt auf.***)

Peter. Wer seyd Ihr?

Valerio. Weiß ich's? (***Er nimmt langsam hintereinander mehrere Masken ab.***) Bin ich das? oder das? oder das? Wahrhaftig ich bekomme Angst, ich könnte mich so ganz auseinanderschälen und blättern.

Peter (*verlegen*). Aber – aber etwas müßt Ihr denn doch seyn?

Valerio. Wenn Eure Majestät es so befehlen. Aber meine Herren hängen Sie alsdann die Spiegel herum und verstecken sie ihre blanken Knöpfe etwas und sehen sie mich nicht so an, daß ich mich in ihren Augen spiegeln muß, oder ich weiß wahrhaftig nicht mehr, wer ich eigentlich bin.

Peter. Der Mann bringt mich in Confusion, zur Desperation. Ich bin in der größten Verwirrung.

Valerio. Aber eigentlich wollte ich einer hohen und geehrten Gesellschaft verkündigen, daß hiemit die zwei weltberühmten Automaten angekommen sind und daß ich vielleicht der dritte und merkwürdigste von beiden bin, wenn ich eigentlich selbst recht wüßte, wer ich wäre, worüber man übrigens sich nicht wundern dürfte, da ich selbst gar nichts von dem weiß, was ich rede, ja auch nicht einmal weiß, daß ich es nicht weiß, so daß es höchst wahrscheinlich ist, daß man mich nur so reden *läßt*, und es eigentlich nichts als Walzen und Windschläuche sind, die das Alles sagen. (***Mit schnarrendem Ton.***) Sehen Sie hier meine Herren und Damen, zwei Personen beiderlei Geschlechts, ein Männchen und ein Weibchen, einen Herr und eine Dame. Nichts als Kunst und Mechanismus, nichts als Pappendeckel und Uhrfedern. Jede hat eine feine, feine Feder von Rubin unter dem Nagel der kleinen Zehe am rechten Fuß, man drückt ein klein wenig und die Mechanik läuft volle fünfzig Jahre. Diese Personen sind so vollkommen gearbeitet, daß man sie von andern Menschen gar nicht unterscheiden könnte, wenn man nicht wüßte, daß sie bloße Pappdeckel sind, man könnte sie eigentlich zu Mitgliedern der menschlichen Gesellschaft machen. Sie sind sehr edel, denn sie sprechen hochdeutsch. Sie sind sehr moralisch, denn sie stehen auf den Glockenschlag auf, essen auf den Glockenschlag zu Mittag, und gehen auf den Glockenschlag zu Bett, auch haben sie gute Verdauung, was beweist, daß sie ein gutes Gewissen haben. Sie haben ein feines sittliches Gefühl, denn die Dame hat gar kein Wort für den Begriff Beinkleider, und dem Herrn ist es rein unmöglich, hinter einem Frauenzimmer eine Treppe hinauf oder vor ihm hinunterzugehen. Sie sind sehr gebildet, denn die Dame singt alle neuen Opern und der Herr trägt Manschetten. Geben Sie Acht, meine Herren und Damen, sie sind jetzt in einem interessanten Stadium, der Mechanismus der Liebe fängt an sich zu äußern, der Herr hat der Dame schon einigemal den Schawl getragen, die Dame hat schon einigemal die Augen verdreht und gen Himmel geblickt. Beide haben schon mehrmals geflüstert: Glaube, Liebe, Hoffnung! beide sehen bereits ganz accordirt aus, es fehlt nur noch das einzige Wörtchen: Amen.

Peter (***den Finger an die Nase legend***). In effigie? in effigie? Präsident, wenn man einen Menschen in effigie hängen läßt, ist das nicht eben so gut, als wenn er ordentlich gehängt würde?

Präsident. Verzeihen, Eure Majestät, es ist noch viel besser, denn es geschieht ihm kein Leid dabei, und er wird *dennoch* gehängt.

Peter. Jetzt hab' ich's. Wir feiern die Hochzeit in effigie. (***Auf* Leonce *und* Lena *deutend.***) Das ist der Prinz, das ist die Prinzessin. Ich werde meinen Beschluß durchsetzen, ich werde mich freuen. Laßt die Glocken läuten, macht Eure Glückwünsche zurecht, hurtig Herr Hofprediger.

(***Der* Hofprediger *tritt vor, räuspert sich, blickt einigemal gen Himmel.***)

Valerio. Fang an! Laß Deine fatalen Gesichter und fang an! Wohlauf!

Hofprediger (***in der größten Verwirrung***). Wenn wir, oder, aber

Valerio. Sintemal und alldieweil –

Hofprediger. Denn –

Valerio. Es war vor Erschaffung der Welt –

Hofprediger. Daß –

Valerio. Gott lange Weile hatte –

Peter. Machen Sie es nur kurz, Bester.

Hofprediger (*sich fassend*). Geruhen Eure Hoheit Prinz Leonce vom Reiche Popo und geruhen Eure Hoheit Prinzessin Lena vom Reiche Pipi, und geruhen Eure Hoheiten gegenseitig sich beiderseitig einander haben zu wollen, so sagen Sie ein lautes und vernehmliches Ja.

Lena *und* **Leonce.** Ja.

Hofprediger. So sage ich Amen.

Valerio. Gut gemacht, kurz und bündig, so wäre denn das Männlein und das Fräulein erschaffen und alle Thiere des Paradieses stehen um sie.

(**Leonce** *nimmt die Maske ab.*)

Alle. Der Prinz!

Peter. Der Prinz! Mein Sohn! Ich bin verloren, ich bin betrogen! (*Er geht auf die* **Prinzessin** *los.*) Wer ist die Person? Ich lasse Alles für ungültig erklären.

Gouvernante (*nimmt der* **Prinzessinn** *die Maske ab, triumphirend*). Die Prinzessin!

Leonce. Lena?

Lena. Leonce?

Leonce. Ei Lena, ich glaube das war die Flucht *in* das Paradies. Ich bin betrogen.

Lena. Ich bin betrogen.

Leonce. O Zufall!

Lena. O Vorsehung!

Valerio. Ich muß lachen, ich muß lachen. Eure Hoheiten sind wahrhaftig durch den Zufall einander zugefallen, ich hoffe Sie werden, dem Zufall zu Gefallen, Gefallen aneinander finden.

Gouvernante. Daß meine alten Augen endlich das sehen konnten! Ein irrender Königssohn! Jetzt sterb ich ruhig.

Peter. Meine Kinder ich bin gerührt, ich weiß mich vor Rührung kaum zu lassen. Ich bin der glücklichste Mann! Ich lege aber auch hiermit feierlichst die Regierung in deine Hände, mein Sohn, und werde sogleich ungestört jetzt bloß nur noch zu denken anfangen. Mein Sohn, Du überlässest mir diese Weisen, (*er deutet auf den* **Staatsrath**) damit sie mich in meinen Bemühungen unterstützen. Kommen Sie meine Herren, wir müssen denken, ungestört denken. (*Er entfernt sich mit dem* **Staatsrath.**) Der Mensch hat mich vorhin confus gemacht, ich muß mir wieder heraushelfen.

Leonce (*zu den Anwesenden*). Meine Herren, meine Gemahlin und ich bedauern unendlich, daß Sie uns heute so lange zu Diensten gestanden sind. Ihre Stellung ist so traurig, daß wir um keinen Preis ihre Standhaftigkeit länger auf die Probe stellen möchten. Gehn Sie jetzt nach Hause, aber vergessen Sie ihre Reden, Predigten und Verse nicht, denn morgen fangen wir in aller Ruhe und Gemüthlichkeit den Spaß noch einmal von vorn an. Auf Wiedersehn!

(*Alle entfernen sich,* **Leonce, Lena, Valerio** *und die* **Gouvernante** *ausgenommen.*)

Leonce. Nun Lena, siehst Du jetzt, wie wir die Taschen voll haben, voll Puppen und Spielzeug? Was wollen wir damit anfangen, wollen wir ihnen Schnurrbärte machen und ihnen Säbel anhängen? Oder wollen wir ihnen Fräcke anziehen, und sie infusorische Politik und Diplomatie treiben lassen und uns mit dem Mikroskop daneben setzen? Oder hast Du Verlangen nach einer Drehorgel auf der milchweiße ästhetische Spitzmäuse herumhuschen? Wollen wir ein Theater bauen? (**Lena** ***lehnt sich an ihn und schüttelt den Kopf.***) Aber ich weiß besser was Du willst, wir lassen alle Uhren zerschlagen, alle Kalender verbieten und zählen Stunden und Monden nur nach der Blumenuhr, nur nach Blüthe und Frucht. Und dann umstellen wir das Ländchen mit Brennspiegeln, daß es keinen Winter mehr giebt und die uns im Sommer bis Ischia und Capri hinaufdestilliren, und wir das ganze Jahr zwischen Rosen und Veilchen, zwischen Orangen und Lorbeern stecken.

Valerio. Und ich werde Staatsminister und es wird ein Dekret erlassen, daß wer sich Schwielen in die Hände schafft unter Kuratel gestellt wird, daß wer sich krank arbeitet kriminalistisch strafbar ist, daß Jeder der sich rühmt sein Brod im Schweiße seines Angesichts zu essen, für verrückt und der menschlichen Gesellschaft gefährlich erklärt wird und dann legen wir uns in den Schatten und bitten Gott um Makkaroni, Melonen und Feigen, um musikalische Kehlen, klassische Leiber und eine komm[o]de Religion.

Woyzeck

[H1,1]

Buden. Volk.

Marktschreier ***vor einer Bude.***

[**Marktschreier.**] Meine Herren! Meine Herren! Sehn sie die Kreatur, wie sie Gott gemacht, nix, gar nix. Sehen Sie jezt die Kunst, geht aufrecht hat Rock und Hosen, hat ein Säbel! Ho! Mach Kompliment! So bist baron. Gieb Kuß! ***(er trompetet)*** Michel ist musikalisch. Meine Herren hier ist zu sehen das astronomische Pferd und die kleinen Kanaillevögele. Ist favori von alle gekrönte Häupter. Die rapräsentation anfangen! Man mackt Anfang von Anfang. Es wird sogleich seyn das commencement von commencement.

Soldat. Willst du?

Margreth. Meinetwegen. Das muß schön Dings seyn. Was der Mensch Quasten hat und die Frau hat Hosen.

[H1,2]

Das Innere der Bude.

Marktschreier. Zeig' dein Talent! zeig deine viehische Vernünftigkeit! Beschäme die menschliche Societät! Meine Herren dieß Thier, wie sie da sehn, Schwanz am Leib, auf seinen 4 Hufen ist Mitglied von allen gelehrten Societäten, ist Professor an mehren Universitäten wo die Studenten bey ihm reiten und schlagen lernen. Das war einfacher Verstand! Denk jezt mit der doppelten raison. Was machst du wann du mit der doppelten Räson denkst? Ist unter der gelehrten société da ein Esel? ***(der Gaul schüttelt den Kopf)*** Sehn sie jezt die doppelte Räson! Das ist Viehsionomik. Ja das ist kein viehdummes Individuum, das ist eine Person! Ein Mensch, ein thierischer Mensch und doch ein Vieh, eine bête, ***(das Pferd führt sich ungebührlich auf)*** So beschäme die société! Sehn sie das Vieh ist noch Natur unverdorbne Natur! Lernen Sie bey ihm. Fragen sie den Arzt es ist höchst schädlich! Das hat geheißen Mensch sey natürlich, du bist geschaffen Staub, Sand, Dreck. Willst du mehr seyn, als Staub, Sand, Dreck? Sehn sie was Vernunft, es kann rechnen und kann doch nit an den Fingern herzählen, warum?

Kann sich nur nit ausdrücken, nur nit expliciren, ist ein verwandter Mensch! Sag den Herren, wieviel Uhr es ist, Wer von den Herren und Damen hat eine Uhr, eine Uhr.

UNTEROFFICIER. Eine Uhr! (***zieht großartig und gemessen eine Uhr aus der Tasche***) Da mein Herr. (Das ist ein Weibsbild guckt sieben Paar lederne Hosen durch)

MARGRETH. Das muß ich sehn (***sie klettert auf den 1. Platz. UNTEROFFICIER hilft ihr***)

[**H1,3**]

MARGRETH (*allein*). Der andre hat ihm befohlen und er hat gehn müssen, Ha! Ein Mann vor einem Andern.

[**H1,4**]

Der Casernenhof.

ANDRES. LOUIS.

ANDRES (*singt*).

Frau Wirthin hat n'e brave Magd
Sie sitzt im Garten Tag und Nacht
Sie sitzt in ihrem Garten
Biß daß das Glöcklein zwölfe schlägt
Und paßt auf die Soldaten.

LOUIS. Ha Andres, ich hab keine Ruh!

ANDRES. Narr!

LOUIS. Was meinst du? So red doch

ANDRES. Nu?

LOUIS. Was glaubst du wohl, daß ich hin bin?

ANDRES. Weils schön Wetter ist und sie heut tanzen.

LOUIS. Ich muß fort, muß sehen!

ANDRES. Was willst du?

LOUIS. Hinaus!

ANDRES. Du Unfriede, wegen des Menschs

LOUIS. Ich muß fort.

[**H1,5**]

Wirthshaus.

Die Fenster sind offen. Man tanzt. Auf der Bank vor dem Haus.

LOUIS (*lauscht am Fenster*). Er – Sie! Teufel! (***er setzt sich zitternd nieder***) (***Er geht wieder an's Fenster***) Wie das geht! Ja wälzt Euch übernander! Und Sie: immer, zu – immer zu.

Der Narr. Puh! Das riecht.

Louis. Ja das riecht! Sie hat rothe, rothe Backen und warum riecht sie schon? Kerl, was witterst du so?

Der Narr. Ich riech, ich riech Blut.

Louis. Blut? Warum wird es mir so roth vor den Augen! Es ist mir als wälzten sie sich in einem Meer von Blut, all miteinander! Ha rothes Meer.

[**H1,6**]

Freies Feld.

Louis. Immer! zu! – Immer zu! – Hisch! hasch, so ziehn die Geigen und die Pfeifen. – Immer zu! immer zu! Was spricht da? da unten aus dem Boden hervor, ganz leise was, was ***(er bückt sich nieder)*** Stich, Stich, Stich die Woyzecke todt, Stich, stich die Woyzecke todt. Was das zischt und wimmert und donnert.

[**H1,7**]

Ein Zimmer.

Louis ***und*** **Andres.**

Andres. He!

Louis. Andres!

Andres ***(murmelt im Sch[l]af).***

Louis. He Andres!

Andres. Na, was is?

Louis. Ich hab keine Ruh, ich hör's immer, wies geigt und springt, immer zu! immer zu! Und dann wann ich die Augen zumach, da blitzt es mir immer, es ist ein großes breit[es] Messer und das liegt auf einem Tisch am Fenster und ist in einer dunkeln Gaß und ein alter Mann sitzt dahinter. Und das Messer ist mir immer zwischen den Augen.

Andres. Schlaf Narr!

[**H1,8**]

Kasernenhof.

Louis. Hast nix gehört.

Andres. Er ist da vorbey mit einem Kameraden.

Louis. Er hat was gesagt.

Andres. Woher weißt du? Was soll ichs sagen. Nu, er lachte und dann sagte er ein köstlich Weibsbild! die hat Schenkel und Alles so fest!

LOUIS (*ganz kalt*). So hat er das gesagt?
Von was hat mir doch heut Nacht geträumt? War's nicht von einem Messer? Was man doch närrische Träume hat.

ANDRES. Wohin Kamerad?

LOUIS. Meinem Officier Wein holen. – Aber Andres, sie war doch ein einzig Mädel.

ANDRES. Wer war?

LOUIS. Nix. Adies.

[**H1,9**]

Der **OFFICIER. LOUIS.**

LOUIS (*allein*). Was hat er gesagt? So? – Ja es ist noch nicht aller Tag Abend.

[**H1,10**]

Ein Wirthshaus.

BARBIER. UNTEROFFICIER.

BARBIER.

Ach Tochter, liebe Tochter
Was hast du gedenkt,
Daß du dich an die Landkutscher
die Fuhrleut hast gehängt. –

Was kann der liebe Gott nicht. was? Das Geschehene ungeschehn machen. Hä hä hä! – Aber es ist einmal so, und es ist gut, daß es so ist. Aber besser ist besser.

(*singt*)

Brantewein das ist mein Leben
Brantwein giebt Courage

Und ein ordentlicher Mensch hat sein Leben lieb, und ein Mensch, der sein Leben lieb hat, hat keine Courage, ein tugendhafter Mensch hat keine Courage! Wer Courage hat ist ein Hundsfott

UNTEROFFICIER (*mit Würde*). Sie vergessen sich, in Gegenwart eines Tapfern,

BARBIER. Ich spreche ohne Beziehungen, ich spreche nicht mit Rücksichten, wie die Franzosen sprechen, un[d] es war schön von Euch. – Aber wer Courage hat ist ein Hundsfott!

UNTEROFFICIER. Teufel! du zerbrochne Bartschüssel, du abgestandne Seifbrüh du sollst mir deinen Urin trinken, du sollst mir dein Rasirmesser verschlucken!

BARBIER. Herr Er thut sich Unrecht, hab ich ihn denn gemeint, hab ich gesagt er hätt Courage? Herr laß er mich in Ruh! Ich bin die Wissenschaft. Ich bekomme für meine Wissenschaftlichkeit alle Woche einen halben Gulden. schlag Er mich nicht grad oder ich muß verhungern. Ich bin ein spinosa pericyclyda; ich hab einen lateinischen Rücken. Ich bin ein lebendiges Skelett, die ganze Menschheit studirt an mir –. Was ist der Mensch? Knochen! Staub, Sand, Dreck. Was ist die Natur? Staub, Sand,

Dreck. Aber die dummen Menschen, die dummen Menschen. Wir müssen Freunde seyn. Wenn Ich keine Courage hätte gäb es keine Wissenschaft, keine Natur, keine amputation, exarticulation. Was ist das, mein Arm, Fleisch, Knochen, Adern? Was ist das Dreck? Worin steckt's, im Dreck? Laß ich den Arm so abschneiden, nein, der Mensch ist egoistisch, aber haut, schießt sticht hinein, so, jezt. Wir müssen Freunde [seyn], ich bin gerührt. Seht ich wollte unsre Nasen wären zwei Bouteillen und wir könnten sie uns einander in die Häls gießen.
Ach was die Welt schön ist! Freund! mein Freund! Die Welt! (***gerührt***) seht einmal die Sonne kommt zwischen den Wolken hervor, als würd' e potchambre ausgeschütt.

(***er weint.***)

[**H1,11**]

Das Wirthshaus.

(**Louis** ***sitzt vor dem Wirthshaus***) **Leute** ***gehn hinaus.***

Andres. Was machst du da?

Louis. Wieviel Uhr ist's.

Andres. ———

Louis. So noch nicht mehr? Ich mein es müßte schneller gehn und Ich wollt es wär übermorgen Abend

Andres. Warum?

Louis. Dann wär's vorbey.

Andres. Was?

Louis. Geh deiner Wege.

———

[**Andres.**] Was sitzt du da vor der Thür

Louis. Ich sitze gut da, und ich weiß – aber es sitzen manche Leut vor die Thür und sie wissen es nicht; Es wird mancher mit den Füßen voran zur Thür n'aus getragen.

[**Andres.**] Komm mit!

———

[**Louis.**] Ich sitz gut so und läg noch besser gut so. Je kürzer je besser und je länger um so besser.

———

[**Louis.**] Wenn alle Leut wüssten wieviel Uhr es ist, sie würden sich ausziehn, und ein saubres Hemd anthun und sich die Hobelspän schütteln lassen.

[**Andres.**] Er ist besoffen.

Louis. Was liegt dann da üben? Es glän[z]t so. Es zieht mir immer so zwischen den Augen herum. Wie es glitzert. Ich muß das Ding haben.

[H1,12]

Freies Feld.

Louis (*er legt das Messer in eine Höhle*). Du sollst nicht tödten. Lieg da! Fort! (*er entfernt sich eilig*)

[H1,13]

Nacht. Mondschein.

Andres *und* **Louis** *in einem Bett.*

Louis (*leise*). Andres!

Andres (*träumend*). Da! halt! – Ja

Louis. He Andres.

Andres. Wie?

Louis. Ich hab keine Ruhe! Andres

Andres. Drückt dich der Alp?

Louis. Draußen liegt was. Im Boden. Sie deuten immer drauf hin und hörst du jezt, und jezt, wie sie in den Wänden klopfen eben hat einer zum Fenster hereingeguckt. Hörst du's nicht, ich hör's den ganzen Tag. Immer zu. Stich, stich die W[oyzecke todt!]

Andres. Leg dich Louis du mußt ins Lazareth. Du mußt Schnaps trinken und Pulver drin, das schneidt das Fieber.

[H1,14]

Margreth *mit* **Mädchen** *vor der Hausthür.*

Mädchen.

Wie scheint die Sonn St. Lichtmeßtag
Und steht das Korn im Blühn.
Sie gingen wohl die Straße hin
Sie gingen zu zwei und zwein
Die Pfeifer gingen vorn
Die Geiger hinter drein.
Sie hatten rothe S+k

1. Kind. S'ist nit schön.

2. [Kind.] Was willst du auch immer.

[Kind.] Was hast zuerst angefangen

[Kind.] Ich kann nit.

[Kind.] Warum?

[Kind.] Darum?

[Kind.] Aber warum darum?

[Kind.] Es muß singen.

[Kind.] Margrethchen sing du uns.

Margreth. Kommt ihr kleine Krabben!

Ringle, ringel Rosenkranz. König Herodes.

Großmutter erzähl.

Grossmutter. Es war einmal ein arm Kind und hat kein Vater und keine Mutter war Alles todt und war Niemand mehr auf der Welt. Alles todt, und es ist hingangen und hat gerrt Tag und Nacht. Und wie auf die Erd Niemand mehr war, wollt's in Himmel gehn, und der Mond guckt es so freundlich an und wie's endlich zum Mond kam, war's ein Stück faul Holz und da ist es zur Sonn gangen und wie's zur Sonn kam war's eine verwelkte Sonnenblume und wie's zu den Sternen kam, warens kleine goldne Mücken die waren angesteckt wie der Neuntödter sie auf die Schlehen steckt und wies wieder auf die Erd wol[l]t, war die Erd ein umgestürzter Hafen und war ganz allein und da hat sich s hingesetzt und gerrt und da sitzt es noch und ist ganz allein

Louis. Margreth!

Margreth (*erschreckt:* Was ist).

Louis. Margreth wir wollen gehn s'ist Zeit,

Margreth. Wohinaus

Louis. Weiß ich's?

[**H1,15**]

Margreth *und* Louis.

Margreth. Also dort hinaus ist die Sta[dt] s'ist [f]inster.

Louis. Du sollst noch bleiben. Komm setz dich.

Margreth. Aber ich muß fort.

Louis. Du würdest dir die Füße nicht wund lau[fen]

Margreth. Wie bist du denn auch?

Louis. Weißt du auch wie lang es jezt ist Margreth

Margreth. Um Pfingsten 2 Jahr

Louis. Weißt du auch wie lang es noch seyn wird?

Margreth. Ich muß fort der Nacht[t]hau fällt.

Louis. Frierts' dich Margreth, und doch bist du warm. Was du heiße Lippen hast! (heiß, heißer Hurenathem und doch möcht' ich de[n] Himmel geben sie noch einmal zu küssen) Sterben und wenn man kalt ist, so friert man nicht mehr.

Du wirst vom Morgenthau nicht frieren.

Margreth. Was sagst du?

Louis. Nix. (***schweigen***)

Margreth. Was der Mond roth auf geht.

Louis. Wie ein blutig Eisen.

MARGRETH. Was hast du vor? Louis, du bist so blaß. Louis halt. Um des Himmels w[illen], He Hülfe

LOUIS. Nimm das und das! Kannst du nicht sterben. So! so! Ha sie zuckt noch, noch nicht noch nicht? Immer noch? (*stößt zu*)
Bist du todt? Todt! Todt! (*es kommen* LEUTE, *läuft weg*)

[H1,16]

Es kommen **LEUTE.**

1. P[ERSON]. Halt!

2. P[ERSON]. Hörst du? Still! Dort

1. [PERSON.] Uu! Da! Was ein Ton.

2. [PERSON.] Es ist das Wasser, es ruft, schon lang ist Niemand ertrunken. Fort s'ist nicht gut, es zu hören.

1. [PERSON.] Und jezt wieder. Wie ein Mensch der stirbt.

2. [PERSON.] Es ist unheimlich, so duftig – halb Nebel, grau und das Summen der Käfer wie gesprungne Glocken. Fort!

1. [PERSON.] Nein, zu deutlich, zu laut. Da hinauf. Komm mit.

[H1,17]

Das Wirthshaus.

LOUIS. Tanzt alle, immer zu, schwizt und stinkt, er holt Euch doch einmal Alle.
(*singt*)
Frau Wirthin hat 'ne brave Magd
Sie sitzt im Garten Tag und Nacht
Sie sitzt in ihrem Garten
Bis daß das Glöcklein zwölfe schlägt
Und paßt auf die Soldaten.

(*er tanzt*) So Käthe! setz dich! Ich hab heiß! heiß (*er zieht den Rock aus*) es ist einmal so, der Teufel holt die eine und läßt die andre laufen.
Käthe du bist heiß! Warum denn Käthe du wirst auch noch kalt werden. Sey vernünftig. Kannst du nicht singen?

[KÄTHE.]
Ins Schwabeland das mag ich nicht
Und lange Kleider trag ich nicht
Denn lange Kleider spitze Schuh,
Die kommen keiner Dienstmagd zu.

[LOUIS.] Nein, keine Schuh, man kann auch ohne Schuh in die Höll gehn.

[KÄTHE.]
O pfui mein Schatz das war nicht fein.
Behalt dein Thaler und schlaf allein.

[**Louis.**] Ja wahrhaftig, ich möchte mich nicht blutig machen.

Käthe. Aber was hast du an deiner Hand.

Louis. Ich? Ich?

Käthe. Roth, Blut (*es stellen sich* **Leute** *um sie*)

Louis. Blut? Blut?

Wirth. Uu Blut.

Louis. Ich glaub ich hab' mich geschnitten, da an die rechte Hand.

Wirth. Wie kommt's aber an den Ellenbogen?

Louis. Ich hab's abgewischt.

Wirth. Was mit der rechten Hand an den rechten Ellbogen. Ihr seyd geschickt

Narr. Und da hat der Riese gesagt: ich riech, ich riech, ich riech Menschenfleisch. Puh. Der stinkt schon

Louis. Teufel, was wollt Ihr? Was geht's Euch an? Platz! oder der erste – Teufel. Meint Ihr ich hätt Jemand umgebracht? Bin ich Mörder? Was gafft Ihr! Guckt Euch selbst an. Platz da (*er läuft hinaus.*)

[H1,18]

Kinder.

1. Kind. Fort. Margrethe!

2. Kind. Was is.

1. Kind. Weist du's nit? Sie sind schon alle hinaus. Draußen liegt eine.

2. Kind. Wo?

1.) [**Kind.**] Links über die Lochschneis in die Wäldchen, am rothen Kreuz.

2.) [**Kind.**] Fort, daß wir noch was sehen. Sie tragen [sie] sonst hinein.

[H1,19]

Louis, ***allein.***

Das Messer? Wo ist das Messer? Ich hab' es da gelassen. Es verräth mich! Näher, noch näher! Was ist das für ein Platz? Was hör ich? Es rührt sich was. Still. Da in der Nähe. Margreth? Ha Margreth! Still. Alles still! (Was bist du so bleich, Margreth? Was hast du eine rothe Schnur um den Hals? Bey wem hast du das Halsband verdient, mit deiner Sünde? Du warst schwarz davon, schwarz! Hab ich dich jezt gebleicht. Was hängen deine schwarzen Haare, so wild? Hast du deine Zöpfe heut nicht geflochten?) Da liegt was! kalt, naß, stille. Weg von dem Platz, das Messer, das Messer hab ich's? So! Leute – Dort. (*er läuft weg*)

[**H1,20**]

Louis ***an einem Teich.***

So da hinunter! (***er wirft das Messer hinein***) Es taucht in das dunkle Wasser, wie Stein! Der Mond ist wie ein blutig Eisen! Will denn die ganze Welt es ausplaudern? Nein es liegt zu weit vorn, wenn sie sich baden (***er geht in den Teich und wirft weit***) so jezt, aber im Sommer, wenn sie tauchen nach Muscheln, bah es wird rostig. Wer kann's erkennen? hätt' ich es zerbrochen. Bin ich noch blutig? ich muß mich waschen. Da ein Fleck und da noch einer.

[**H1,21**]

Gerichtsdiener. Barbier. Arzt. Richter.

Pol[izeydiener]. Ein guter Mord, ein ächter Mord, ein schöner Mord, so schön als man ihn nur verlangen thun kann, wir haben schon lange so keinen gehabt. —

(**Barbier**, dogmatischer Atheist. Lang, hager, feig, possirlich, Wissenschaftler)

[H2,1]

Freies Feld. Die Stadt in der Ferne.

Woyzeck. Andres.

Andres ***und*** **Woyzeck** ***schneiden Stöcke im Gebüsch.***

Andres (*pfeift und singt*).

Da ist die schöne Jägerei.
Schießen steht Jedem frei
Da möcht' ich Jäger seyn
Da möcht ich hin.

Läuft dort e Has vorbey
Frägt mich ob ich Jäger sey
Jäger bin ich auch schon gewesen,
Schießen kann ich aber nit.

Woyzeck. Ja Andres, das ist er der Platz ist verflucht. Siehst du den leichten Streif, da über das Gras hin, wo die Schwämme so nachwachsen da rollt Abends der Kopf, es h[o]b ihn einmal einer auf, er meint es sey ein Igel, 3 Tage und 2 Nächte nur das Zeichen, und er war todt. (*Leise*) Das waren die Freimaurer, ich hab' es haus.

Andres. Es wird finster, fast macht Ihr einem Angst. (*er singt*)

Woyzeck (*Faßt ihn an*). Hörst du's Andres? Hörst du's es geht! neben uns, unter uns, Fort, die Erde schwankt unter unsern Sohlen. Die Freimaurer! Wie sie wühlen!

(*Er reißt ihn mit sich*)

Andres. Laßt mich! Seyd Ihr toll! Teufel.

Woyzeck. [B]ist du ein Maulwurf, sind deine Ohren voller Staub? Hörst du das fürchterliche Getös am Himmel, Ueber der Stadt, Alles Gluth! Sieh nicht hinter dich. Wie es herauffliegt, und Alles daunter

Andres. Du machst mir Angst.

Woyzeck. Sieh nicht hinter dich! (*Sie verstecken sich im Gebüsch*)

Andres. Woyzeck ich hör nichts mehr.

Woyzeck. Still, ganz still, wie der Tod.

Andres. Sie trommeln drin. Wir müssen fort.

[H2,2]

Die Stadt.

Louise. Margreth (*am Fenster*). ***Der Zapfenstreich geht vorbey.***

Tambourmajor, ***voraus.***

Louise. He! Bub! Sa! ra

Margreth. Ein schöner Mann!

Louise. Wie e Baum.

(**Tambourmajor** ***grüßt.***)

Margreth. Ey was freundliche Auge, Frau Nachbar, so was is man nit an ihr gewöhnt.

Louise. Soldaten, das sind schmucke Bursch

Margreth. Ihr Auge glänze ja noch!

Louise. Was geht sies an! Trag sie ihr Auge zum Jud und laß sie sich putze, vielleicht glänze sie auch noch, daß man sie als 2 Knöpf verkaufe könnt.

Margreth. Sie! Sie! Frau Jungfer, ich bin e honette Person, aber Sie, es weiß jeder sie guckt siebe Paar lederne Hose durch.

Louise. Luder (***schlägt das Fenster zu***)

Komm mei Bu, soll ich dir singen? Was die Leut wollen! Bist du auch nur'n Hurenkind und machst deiner Mutter Freud mit deim unehrliche Gesicht.

Hansel spann deine sechs Schimmel an
Gieb ihn zu fresse auf's neu
Kein Haber fresse sie,
Kein Wasser saufe sie
Lauter kühle Wein muß es seyn, Juchhe.
Lauter kühle Wein muß es seyn.

Mädel, was fangst du jetzt an
Hast ein klein' Kind und kein Mann?
Ey was frag ich danach
Sing ich den ganzen Tag
Heyo popeo mei Bu, juchhe.
Giebt mir kein Mensch nix dazu.

(***es klopft am Fenster***) Bist du's Franz? Komm herein.

Woyzeck. Ich kann nit. Muß zum Verles.

Louise. Hast du Stecken geschnitten für den Major.

Woyzeck. Ja Louisel.

Louise. Was hast du Franz, du siehst so verstört?

Woyzeck. pst! still! Ich hab's aus! Die Freimaurer! Es war ein fürchterliches Getös am Himmel und Alles in Gluth! Ich bin viel auf der Spur! sehr viel!

Louise. Narr!

Woyzeck. Meinst? Sieh um dich! Alles starr fest, finster, was regt sich dahinter. Etwas, was wir nicht fassen begreifen still, was uns von Sinnen bringt, aber ich hab's aus. Ich muß fort!

Louise. Dein Kind?

Woyzeck. Ah. Junge! Heut Abend auf die Messe. Ich hab wieder was gespart (***ab***)

Louise. Der Mann schnappt noch über, er hat mir Angst gemacht. Wie unheimlich, ich mag, wenn es finster wird gar nicht bleiben, ich glaub' ich bin blind, er steckt einen an. Sonst scheint doch als die Latern herein. Ach wir armen Leute. (***sie singt:***)

und macht die Wiege knickknack
Schlaf wohl mein lieber Dicksack.
(*Sie geht ab.*)

[**H2,3**]

Oeffentlicher Platz. Buden. Lichter.

Alter Mann. Kind *das tanzt*:
Auf der Welt ist kein Bestand
Wir müssen alle sterben, das ist uns wohlbekannt!

[**Franz.**] He! Hopsa! Armer Mann, alter Mann! Armes Kind! Junges Kind! ++z+ und ++st! Hey Louisel, soll ich dich tragen? Ein Mensch muß noch d. +++ vo+ +ß ++d+, damit er essen kann. ++++ Welt! Schöne Welt!

Ausrufer. *An einer Bude*: Meine Herren, meine Damen, ist zu sehn das astronomische Pferd und die feinen Kanaillevögele, sind Liebling von allen Potentaten Europas und Mitglied von allen gelehrten Societäten; weissagen den Leuten Alles, wie alt, wie viel Kinder, was für Krankheit, schießt Pistol los, stellt sich auf ein Bein. Alles Erziehung, haben eine viehische Vernunft, oder vielmehr eine ganze vernünftige Viehigkeit, ist kein viehdummes Individuum wie viele Personen, das verehrliche Publikum abgerechnet. Es wird sein, die rapresentation, das commencement vom commencement wird sogleich nehm sein Anfang.
Sehn Sie die Fortschritte der Civilisation. Alles schreitet fort, ein Pferd, ein Aff, ein Canaillevogel. Der Aff' ist schon ein Soldat, s'ist noch nit viel, unterst Stuf von menschliche Geschlecht!

Narr. *Grotesk! Sehr grote[sk]*

L++. Sind Sie auch ein Atheist! ich bin ein dogmatischer Atheist

++. Ist's grote[sk]? Ich bin ein Freund vom grotesken. Sehn sie dort? was ein grotesker Effect.

L++. Ich bin ein dogmatischer Atheist.
Grote[sk].

[**H2,4**]

Handwerksbursche[n].

[**Handwerksbursch.**] *Bruder!* Vergißmeinnicht! Freundschaft – Ich könnt ein Regenfaß voll greinen. Wehmuth! wenn ich noch eine hätt! Es stockt mir, es reißt mir. Warum ist dieße Welt so schön? Wenn ich's eine Aug zu mach und über meine Nas hinguck, so is Alles rosenroth. Brandewein, da ist mein Leben,

Ein Andrer. Er sieht Alles rosenroth, wann ein Kreuz über seine Nas guckt.

+ **Bur[sch].** S'is keine Ordnung! Was hat der Laternenputzer vergessen mir die Augen zu fegen, s'is Alles finster. Hol der Teufel den lieben Herrgott! Ich lieg mir selbst im Weg und muß über mich springen. Wo is mein Schatten hingekommen. Keine Sicherheit mehr im Sta[a]t. Leucht mir einmal einer mit dem Mond zwischen die Beine ob ich meinen Schatten noch hab.

Fraßen ab das grüne, grüne Gras
Fraßen ab das grüne, grüne Gras
Bis auf den Ra – a – sen.

Sternschnuppe, ich muß den Sternen die Nas schneuzen.
Daß ich mit meinem Gesellen, die Handthierung, ist das recht, Schwein, eine Th++++eit, Thierischheit, V+higkeit eines sündigen Mannes ++++++s und empfiehlt sich mit mehr unerzeugten Kindern.
Mach kein Loch in die Natur.
Warum hat Gott die Menschen geschaffen? Das hat auch seinen Nutzen, was würde der Landmann, der Schuhmacher der Schneider anfangen, wenn er für die Menschen keine Schuhe, keine Hosen machte, warum hat Gott den Menschen das Gefühl der Schamhaftigkeit eingeflößt, damit der Schneider leben kann. Ja! Ja! Also! darum! auf daß! damit! oder aber, wenn er es nicht gethan hätte, aber darin sehen wir seine Weisheit, daß er die viehgische Schöpfung der menschlichen b++foh+en hätte, weil die Menschlichkeit sonst das Viehische aufgefressen hätte. Dießer Säugling, dießes schwache, hülflose Geschöpf, jener Säugling, – Laßt uns jezt über das Kreuz pissen, damit ein Jud stirbt. Brandewein das ist mein Leben, Brandwein, giebt Courage.

[H2,5]

Unterofficier. Tambourmajor.

[**Unterofficier.**] Halt, jezt. Siehst du sie! Was ein Weibsbild.

Tambourmajor. Teufel zum Fortpflanzen von Kürassierregimentern und zur Zucht von Tambourmajors.

Unterofficier. Wie sie den Kopf trägt, man meint das schwarze Haar müsse ihn abwärts ziehn, wie ein Gewicht, und Augen, schw[arz]

Tambourmajor. Als ob man in einen Ziehbrunnen oder zu einem Schornstein hinunter guckt. Fort hinter drein.

Louisle. Was Lichter,

Franz. Ja die Bou++, eine große schwarze Katze mit feurigen Augen. Hey, was ein Abend.

[H2,6]

WOYZECK. DOCTOR.

DOCTOR. Was erleb' ich. Woyzeck? Ein Mann von Wort? Er! er! er?

WOYZECK. Was denn Herr Doctor.

DOCTOR. Ich es gesehn hab! er auf die Straß gepißt hat, wie ein Hund. Geb' ich ihm dafür alle Tag 3 Groschen und Kost? Die Welt wird schlecht sehr schlecht, schlecht, sag' ich, O! Woyzeck das ist schlecht.

WOYZECK. Aber Herr Doctor wenn man nit anders kann?

DOCTOR. Nit anders kann, nit anders kann. Aberglaube, abscheulicher Aberglaube, hab' ich nit nachgewiesen, daß der musculus constrictor vesicae dem Willen unterworfen ist, Woyzeck der Mensch ist frei, im Menschen verklärt sich die Individualität zur Freiheit – seinen Harn nicht halten können! Es ist Betrug Woyzeck. Hat er schon seine Erbsen gegessen, nichts als Erbsen, nichts als Hülsenfrüchte, cruciferae, merk' er sich's. Die nächste Woche fangen wir dann mit Hammelfleisch an. Muß er nicht auf's secret? Mach er. Ich sag's ihm. Es giebt eine Revolution in der Wissenschaft. Eine Revolution! Nach gestrigem Buche, 0,10 Harnstoff, salzsaures Ammonium, R+sdi+. Aber ich hab's gesehen, daß er an die Wand pißte, ich streckte grad meinen Kopf hinaus, zwischen meiner Valnessia und Myand+++. Hat er mir Frösch gefangen? Hat er Laich? Keinen Süßwasserpolypen, keine Hydra, Veretillen, Cristatellen? Stoß er mir nicht an's Mikroskop, ich hab eben den linken Backzahn von einem Infusionsthier darunter. Ich sprenge sie in die Luft, alle miteinander. Woyzeck, keine Spinneneier, keine Kröten? Aber an die Wand gepißt! Ich hab's gesehen, (***tritt auf ihn los***) Nein Woyzeck, ich ärger mich nicht, ärgern ist ungesund, ist unwissenschaftlich. Ich bin ruhig, ganz ruhig und ich sag's ihm mit der grösten Kaltblütigkeit. Behüte wer wird sich über einen Menschen ärgern! einen Menschen, Wenn es noch ein Proteus wäre, der einem krepirt! Aber er hätte doch nicht an die Wand pissen sollen.

WOYZECK. Ja die Natur, Herr Doctor wenn die Natur aus ist.

DOCTOR. Was ist das wenn die Natur ist?

WOYZECK. Wenn die Natur aus ist, das ist, wenn die Natur ist?

Wenn die Welt so finster wird, daß man mit den Händen an ihr herumtappen muß, daß man meint sie verrinnt wie Spinnweb'. Das ist, so wenn etwas ist und doch nicht ist, Wenn alles dunkel ist und nur noch ein rother Schein im Westen, wie von einer Esse.

Wenn (***schreitet im Zimmer auf und ab***)

DOCTOR. Kerl er tastet mit seinen Füßen herum, wie mit Spinnenfüßen.

WOYZECK (***steht ganz grad***)**.** Haben Sie schon die Ringe von den Schwämmen auf dem Boden gesehn, lange Linien, dann Kreise, Figuren, da steckt's! da! Wer das lesen könnte.

Wenn die Sonn im hellen Mittage steht und es ist als müsse die Welt auflodern, Hören sie nichts? wenn, wie ++, wenn als die Welt spricht, sehen sie die langen Linien, und das ist als ob es einem mit fürchterlicher Stimme anredete.

Doctor. Woyzeck! er kommt ins Narrenhaus, er hat eine schöne fixe Idee, eine köstliche alienatio mentis, seh' er mich an, was soll er thun, Erbsen essen, dann Hammelfleisch essen, sein Gewehr putzen, das weiß er Alles und da zwischen die fixen Ideen, die V+++g+g, das ist brav Woyzeck, er bekommt ein Groschen Zulage die Woche, meine Theorie, meine neue Theorie, kühn, ewig jugendlich. Woyzeck, ich werde unsterblich. Zeig' er seinen Puls! ich mu[ß] ihm morgens und Abends den Puls fühlen.

[**H2,7**]

Straße.

Hauptmann. Doctor.

(**Hauptmann** ***keucht die Straße herunter, hält an, keucht, sieht sich um***)

Hauptmann. Wohin so eilig geehrtester Herr Sargnagel?

Doctor. Wohin so langsam geehrtester Herr Exercirzagel.

Hauptmann. Nehmen Sie Sich Zeit wer[th]ester Grabstein.

Doctor. Ich stehle meine Zeit nicht, wie sie werthester

———

Hauptmann. Laufen Sie nicht so Herr Doctor ein guter Mensch geht nicht so schnell. Hähähä, ein guter Mensch (***schnauft***) ein guter Mensch, sie hetzen sich ja hinter dem Tod drein, sie machen mir ganz Angst.

Doctor. Pressirt, Herr Hauptmann, pressirt,

Hauptmann. Herr Sargnagel, sie schleifen sich ja so ihre kleinen Beine ganz auf dem Pflaster ab, Reiten Sie doch nicht auf ihrem Stock in die Luft.

Doctor. Sie ist in 4 Wochen todt, ein cancer aquaticus, im siebenten Monat, ich hab' schon 20 solche Patienten gehabt, in 4 Wochen richt sie sich danach

Hauptmann. Herr Doctor, erschrecken sie mich nicht, es sind schon Leute am Schreck gestorben, am puren hellen Schreck,

Doctor. In 4 Wochen, dummes Thier, sie giebt ein interessantes Präparat. Ich sag ihr, 4

Hauptmann. Daß dich das Wetter, ich halt sie beym Flügel ich lasse sie nicht.
Teufel, 4 Wochen? Doctor, Sargnagel, Todtenhemd, ich so lang ich da bin 4 Wochen, und die Leute Citronen in den Händen, aber sie werden sagen, er war ein guter Mensch, ein guter Mensch.

Doctor. Ey guten Morgen Herr Hauptmann (***den Hut und Stock schwingend***) Kikerikei! Freut mich! Freut mich! (***hält ihm den Hut [hi]n***) was ist das Herr Hauptmann, das ist Hohlkopf? Hä?

Hauptmann (***macht eine Falte***). Was ist das Herr Doctor, das ist eine Einfalt! Hähähä! Aber nichts für ungut. Ich bin ein guter Mensch – aber ich kann auch wenn ich will Herr Doctor, hähäh, wenn ich will. Ha Woyzeck, was hetzt er sich so an mir vorbey. Bleib er doch Woyzeck. er läuft ja wie ein offnes Rasirmesser durch die Welt, man schneidt sich an ihm, er läuft als hätt er ein Regiment Kosacken zu rasiren und würde gehenkt über dem letzten Haar nach einer Viertelstunde – aber, über die langen Bärte, was wollt ich doch sagen? Woyzeck – die langen Bärte

Doctor. Ein langer Bart unter dem Kinn, schon Plinius spricht davon, man muß es den Soldaten abgewöhnen, die, die,

Hauptmann (*fährt fort*). Hä? über die langen Bärte? Wie is Woyzeck hat er noch nicht ein Haar aus einem Bart in seiner Schüssel gefunden? He er versteht mich doch, ein Haar von einem Menschen vom Bart eines Sapeur, eines Unterofficier, eines – eines Tambourmajor? He Woyzeck? Aber Er hat eine brave Frau. Geht ihm nicht wie andern.

Woyzeck. Ja wohl! Was wollen Sie sagen Herr Hauptmann?

Hauptmann. Was der Kerl ein Gesicht macht! er steckt ++++++st++ct, in den Himmel nein, muß nun auch nicht in der Suppe, aber wenn er sich eilt und um die Eck geht, so kann er vielleicht noch auf Paar Lippen eins finden, ein Paar Lippen, Woyzeck, ich habe wieder die Liebe gefühlt, Woyzeck.
Kerl er ist ja kreideweiß.

Woyzeck. Herr Hauptmann, ich bin ein armer Teufel, – und hab sonst nichts –auf der Welt Herr Hauptmann, wenn Sie Spaß machen –

Hauptmann. Spaß ich, daß dich Spaß, Kerl!

Doctor. Den Puls Woyzeck, den Pul[s], klein, hart hüpfend, ungleich.

Woyzeck. Herr Hauptmann, die Erd ist höllenheiß, mir eiskalt, eiskalt, die Hölle ist kalt, wollen wir wetten.
Unmöglich. Mensch! Mensch! unmöglich.

Hauptmann. Kerl, will er erschossen, will ein Paar Kugeln vor den Kopf haben? er ersticht mich mit seinen Augen, und ich mein es gut [mit] ihm, weil er ein guter Mensch ist Woyzeck, ein guter Mensch.

Doctor. Gesichtsmuskeln starr, gespannt, zuweilen hüpfend, Haltung aufgerichtet gespannt.

Woyzeck. Ich geh! Es ist viel möglich. Der Mensch! es ist viel möglich.
Wir haben schön Wetter Herr Hauptmann. Sehn sie so ein schönen, festen grauen Himmel, man könnte Lust bekommen, einen Kloben hineinzuschlagen und sich daran zu hängen, nur wegen des Gedankenstrichels zwischen Ja, und nein, ja – und nein, Herr Hauptmann ja und nein? Ist das nein am ja oder das ja am nein Schuld. Ich will drüber nachdenken,

(***geht mit breiten Schritten ab, erst langsam dann immer schneller***)

Doctor (***schießt ihm nach***). Phänomen, Woyzeck, Zulage.

Hauptmann. Mir wird ganz schwindlich vor den Menschen, wie schnell, der lange Schlegel greift aus, es läuft der Schatten von einem Spinnenbein. und der Kurze, das zuckelt. Der lange ist der Blitz und der kleine der Donner. Hähä, hinterdrein. Das hab' ich nicht gern! ein guter Mensch ist dankbar und hat sein Leben lieb, ein guter Mensch hat keine courage nicht! ein Hundsfott hat courage! Ich bin blos in Krieg gangen um mich in meiner Liebe zum Leben zu befestigen. Von der Angst zur Angst, von da zum Krieg von da zur courage, wie man zu so Gedanken kommt, grotesk! grotesk!

[**H2,8**]

Woyzeck. Louisel.

Louisel. Guten Tag Franz.

Franz (***sie betrachtend***). Ach bist du's noch! Ey wahrhaftig! nein man sieht nichts, man müßt's doch sehen! Louisel du bist schön!

Louisel. Was siehst du so sonderbar Franz, ich fürcht mich.

Franz. Was n'e schöne Straße, man läuft sich Leichdörner, es ist gut auf der Gasse stehn, und in Gesellschaft auch gut.

Louisel. Gesellschaft?

Franz. Es gehn viel Leut durch die Gasse, nicht wahr und du kannst reden mit wem du willst, was geht das mich [an]! Hat er da gestanden? da? da? Und so bey dir? so? Ich wollt ich wär er gewesen.

Louisel. Ey er? Ich kann die Leute die Straße nicht verbieten und machen, daß sie ihr Maul mitnehmen wenn sie durchgehn,

Franz. Und die Lippen nicht zu Haus lassen. Es wär Schade sie sind so schön? Aber die Wespen setzen [s]ich gern drauf.

Louisel. Und was ne Wiesp hat dich gestochen, du siehst so verrückt wie n'e Kuh, die die Hornissen jagen.

Franz. Mensch! (***geht auf sie los***)

Louisel. Rühr mich an Franz! Ich hätt lieber ein Messer in den Leib, als deine Hand auf meiner! Mein Vater hat mich nicht angreifen gewagt, wie ich 10 Jahr alt war, wenn ich ihn ansah.

Woyzeck. Weib! – Nein es müßte was an dir seyn! Jeder Mensch ist ein Abgrund, es schwindelt einem, wenn man hinabsieht. Es wär! Sie geht wie die Unschuld. Nein Unschuld du hast ein Zeichen an dir. Weiß ich's? Weiß ich's? Wer weiß es?

[**H2,9**]

Louisel, (*allein.*) *Gebet.*

Und ist kein Betrug in seinem Munde erfunden. Herr Gott!

[H3,1]

Der Hof des Professors.

STUDENTEN ***unten, der*** **PROFESSOR** ***am Dachfenster.***

[**PROFESSOR.**] Meine Herrn, ich bin auf dem Dach, wie David, als er die Bathseba sah; aber ich sehe nichts als die culs de Paris der Mädchenpension im Garten trocknen. Meine Herrn wir sind an der wichtigen Frage über das Verhältniß des Subjectes zu[m] Object, wenn wir nur eins von den Dingen nehmen, worin [sich] die organische Selbstaffirmation des Göttlichen, auf einem der hohen Standpunkte manifestirt und Ihre Verhältnisse zum Raum, zur Erde, zum Plan[et]arischen untersuchen, meine Herrn, wenn ich dieße Katze zum Fenster hinauswerfe, wie wird dieße Wesenheit sich zum centrum gravitationis und dem eignen Instinct verhalten. He Woyzeck, (***brüllt***) Woyzeck!

WOYZECK. Herr Professor sie beißt.

PROFESSOR. Kerl, er greift die Bestie so zärtlich an, als wär's seine Großmutter.

WOYZECK. Herr Doctor ich hab's Zittern.

DOCTOR (***ganz erfreut***). Ey, Ey, schön Woyzeck. (***reibt sich die Hände***) (***Er nimmt die Katze.***) Was seh' ich meine Herrn, die neue Species Hühnerlaus, eine schöne Spezies, wesentlich verschieden, enfoncé, der Herr Doctor (***er zieht eine Loupe heraus***) Ricinus, meine Herrn – (***die Katze läuft fort.***) Meine Herrn, das Thier hat keinen wissenschaftlichen Instinct, Ricinus, herauf, die schönsten Exemplare, bringen sie ihre Pelzkragen. Meine Herrn, sie können dafür was anders sehen, sehen sie der Mensch, seit einem Vierteljahr ißt er nichts als Erbsen, bemerkten sie die Wirkung, fühlen sie einmal was ein ungleicher Puls, da und die Augen.

WOYZECK. Herr Doctor es wird mir dunkel. (***Er setzt sich.***)

DOCTOR. *Courage* Woyzeck noch ein Paar Tage, und dann ist's fertig, fühlen sie meine Herrn fühlen sie, (***sie beta[s]ten ihm Schläfe, Puls und Busen***)
à propos, Woyzeck, beweg den Herren doch einmal die Ohren, ich hab es Ihnen schon zeigen wollen, Zwei Muskeln sind bey ihm thätig. Allon[s] frisch!

WOYZECK. Ach Herr Doctor!

DOCTOR. Bestie, soll ich dir die Ohren bewegen; willst du's machen wie die Katze. So meine Herrn, das sind so Uebergänge zum Esel, häufig auch in Folge weiblicher Erziehung. und die Muttersprache, Wieviel Haare hat dir deine Mutter zum Andenken schon ausgerissen aus Zärtlichkeit, Sie sind dir ja ganz dünn geworden, seit ein Paar Tagen, ja die Erbsen, meine Herren.

[H3,2]

Der **IDIOT.** ***Das*** **KIND. WOYZECK.**

KARL (***hält das*** **KIND** ***vor sich auf dem Schooß***). Der is in's Wasser gefallen, der is ins Wasser gefallen, wie, der is in's Wasser gefallen.

Woyzeck. Bub, Christian,

Karl (*Sieht i[h]n sta[r]r an*). Der is in's Wasser gefallen,

Woyzeck (*will das* **Kind** *liebkosen, es wendet sich weg und schreit*). Herrgott!

Karl. Der is in's Wasser gefallen.

Woyzeck. Christianchen, du bekommst en Reuter, sa sa. (*das* **Kind** *wehrt sich*) (*zu* **Karl**) Da kauf dem Bub en Reuter,

Karl (*sieht i[h]n starr an*).

Woyzeck. Hop! hop! Roß.

Karl (*jauchzend*). ho! hop! Roß! Roß (*läuft mit dem* **Kind** *weg.*)

[H4,1]

Freies Feld. Die Stadt in der Ferne.

Woyzeck *und* Andres *schneiden Stöcke im Gebüsch.*

Woyzeck. Ja Andres; den Streif da über das Gras hin, da rollt Abends der Kopf, es hob ihn einmal einer auf, er meint es wär' ein Igel. Drei Tag und drei Nächt und er lag auf den Hobelspänen (*leise*) Andres, das waren die Freimaurer, ich hab's, die Freimaurer, still!

Andres (*singt*). Saßen dort zwei Hasen
Fraßen ab das grüne, grüne Gras

Woyzeck. Still! Es geht was!

Andres. Fraßen ab das grüne, grüne Gras
Bis auf den Rasen.

Woyzeck. Es geht hinter mir, unter mir (*stampft auf den Boden*) hohl, hörst du? Alles hohl da unten. Die Freimaurer!

Andres. Ich fürcht mich.

Woyzeck. S'ist so kurios still. Man möcht' den Athem halten. Andres!

Andres. Was?

Woyzeck. Red was! (*starrt in die Gegend.*) Andres! Wie hell! Ein Feuer fährt um den Himmel und ein Getös herunter wie Posaunen. Wie's heraufzieht! Fort. Sieh nicht hinter dich (*reißt ihn in's Gebüsch*)

Andres (*nach einer Pause*). Woyzeck! hörst du's noch?

Woyzeck. Still, Alles still, als wär die Welt todt.

Andres. Hörst du? Sie trommeln drin. Wir müssen fort.

[H4,2]

Marie (*mit ihrem* Kind *am Fenster*). Margreth.
Der Zapfenstreich geht vorbey, der Tambourmajor *voran.*

Marie (*das* Kind *wippend auf dem Arm*). He Bub! Sa ra ra ra! Hörst? Da kommen sie

Margreth. Was ein Mann, wie ein Baum.

Marie. Er steht auf seinen Füßen wie ein Löw.

(Tambourmajor *grüßt.*)

Margreth. Ey, was freundliche Auge, Frau Nachbarin, so was is man an ihr nit gewöhnt.

Marie (*singt*). Soldaten, das sind schöne Bursch

Margreth. Ihre Auge glänze ja noch.

Marie. Und wenn! Trag sie ihr Auge zum Jud und laß sie sie putze, vielleicht glänze sie noch, daß man sie für zwei Knöpf verkaufe könnt.

Margreth. Was Sie? Sie? Frau Jungfer, ich bin eine honette Pers[o]n, aber sie, sie guckt 7 Paar lederne Hose durch.

Marie. Luder! (***schlägt das Fenster [zu].***) Komm mein Bub. Was die Leut wollen. Bist doch nur en arm Hurenkind und machst deiner Mutter Freud mit deim unehrliche Gesicht. Sa! Sa! (***singt.***)

Mädel, was fangst du jezt an
Hast ein klein Kind und kein Mann
Ey was frag ich danach
Sing ich die ganze Nacht
Heyo popeio mein Bu. Juchhe!
Giebt mir kein Mensch nix dazu.

Hansel spann deine sechs Schimmel an
Gieb ihn zu fresse auf's neu
Kein Haber fresse sie
Kein Wasser saufe sie
Lauter kühle Wein muß es seyn Juchhe
Lauter kühle Wein muß es seyn.

(***es klopft am Fenster***)

Marie. Wer da? Bist du's Franz? Komm herein!

Woyzeck. Kann nit. Muß zum Verles.

Marie. Was hast du Franz?

Woyzeck (***geheimnißvoll***). Marie, es war wieder was, viel, steht nicht geschrieben, und sieh da ging ein Rauch vom Land, wie der Rauch vom Ofen?

Marie. Mann!

Woyzeck. Es ist hinter mir gegangen bis vor die Stadt. Was soll das werden?

Marie. Franz!

Woyzeck. Ich muß fort (***er geht.***)

Marie. Der Mann! So vergeistert. Er hat sein Kind nicht angesehn. Er schnappt noch über mit den Gedanken. Was bist so still, Bub? Furchst' Dich? Es wird so dunkel, man meint, man wär blind. Sonst scheint d[och] als die Latern herein. ich halt's nicht aus. Es schauert mich. (***geht ab***)

[**H4,3**]

Buden. Lichter. Volk.

[**H4,4**]

Marie sitzt, ihr Kind auf dem Schooß,
ein Stückchen Spiegel in der Hand.

(***bespiegelt sich***) Was die Steine glänze! Was sind's für? Was hat er gesagt? – Schlaf Bub! Drück die Auge zu, fest, (***das Kind versteckt die Augen hinter den Händen***) noch fester, bleib so, still oder er holt dich (*singt*)

Mädel mach's Ladel zu
S' kommt e Zigeunerbu
Führt dich an deiner Hand
Fort in's Zigeunerland.

(*spiegelt sich wieder*) S'ist gewiß Gold! Unsereins hat nur ein Eckchen in der Welt und ein Stückchen Spiegel und doch hab' ich einen so rothe[n] Mund als die großen Madamen mit ihren Spiegeln von oben bis unten und ihren schönen Herrn, die ihnen die Händ' küssen; ich bin nur ein arm Weibsbild. – (*das* Kind *richtet sich auf*) Still Bub, die Auge zu, das Schlafengelchen! wie's an der Wand läuft (*sie blinkt mit dem Glas*) die Auge zu, oder es sieht dir hinein, daß du blind wirst.

(Woyzeck *tritt herein, hinter sie. Sie fährt auf mit den Händen nach den Ohren*)

Woyzeck. Was hast du?

Marie. Nix.

Woyzeck. Unter deinen Fingern glänzt's ja.

Marie. Ein Ohrringlein; hab's gefunden.

Woyzeck. Ich hab' so noch nix gefunden, Zwei auf einmal.

Marie. Bin ich ein Mensch?

Woyzeck. S'ist gut, Marie. – Was der Bub schläft. Greif' ihm unter's Aermchen der Stuhl drückt ihn. Die hellen Tropfen steh'n ihm auf der Stirn; Alles Arbeit unter der Sonn, sogar Schweiß im Schlaf. Wir arme Leut! Das is wieder Geld Marie, die Löhnung und was von mein'm Hauptmann.

Marie. Gott vergelt's Franz.

Woyzeck. Ich muß fort. Heut Abend, Marie. Adies.

Marie (*allein nach einer Pause*). ich bin doch ein schlecht Mensch. Ich könnt' mich erstechen. – Ach! Was Welt? Geht doch Alles zum Teufel, Mann und Weib.

[H4,5]

Der Hauptmann. Woyzeck.

Hauptmann *auf einem Stuhl,* Woyzeck *rasirt ihn.*

Hauptmann. Langsam, Woyzeck, langsam; ein's nach dem andern; Er macht mir ganz schwindlich. Was soll ich dann mit den zehn Minuten anfangen, die er heut zu früh fertig wird? Woyzeck, bedenk' er, er hat noch seine schöne dreißig Jahr zu leben, dreißig Jahr! macht 360 Monate, und Tage, Stunden, Minuten! Was will er denn mit der ungeheuren Zeit all anfangen? Theil er sich ein, Woyzeck.

Woyzeck. Ja wohl, Herr Hauptmann.

Hauptmann. Es wird mir ganz angst um die Welt, wenn ich an die Ewigkeit denke. Beschäftigung, Woyzeck, Beschäftigung! ewig das ist ewig, das ist ewig, das siehst du ein; nun ist es aber wieder nicht ewig und das ist ein Augenblick, ja, ein Augenblick – Woyzeck, es schaudert mich, wenn ich denk, daß sich die Welt in einem Tag herumdreht, was eine Zeitverschwendung, wo soll das hinaus? Woyzeck, ich kann kein Mühlrad mehr sehn, oder ich werd' melancholisch.

Woyzeck. Ja wohl, Herr Hauptmann.

Hauptmann. Woyzeck er sieht immer so verhetzt aus, Ein guter Mensch thut das nicht, ein guter Mensch, der sein gutes Gewissen hat. – Red' er doch was Woyzeck. Was ist heut für Wetter?

Woyzeck. Schlimm, Herr Hauptmann, schlimm; Wind.

Hauptmann. Ich spür's schon, s'ist so was Geschwindes draußen; so ein Wind macht mir den Effect wie eine Maus. (***pfiffig***) Ich glaub' wir haben so was aus Süd-Nord.

Woyzeck. Ja wohl, Herr Hauptmann.

Hauptmann. Ha! ha! ha! Süd-Nord! Ha! Ha! Ha! O er ist dumm, ganz abscheulich dumm. (***gerührt***) Woyzeck, er ist ein guter Mensch, ein guter Mensch – aber (***mit Würde***) Woyzeck, er hat keine Moral! Moral das ist wenn man moralisch ist, versteht er. Es ist ein gutes Wort. Er hat ein Kind, ohne den Segen der Kirche, wie unser hochehrwürdiger Herr G[ar]nisonsprediger sagt, ohne den Segen der Kirche, es ist nicht von mir.

Woyzeck. Herr Hauptmann, der liebe Gott wird den armen Wurm nicht drum ansehn, ob das Amen drüber gesagt ist, eh' er gemacht wurde. Der Herr sprach: lasset die Kindlein zu mir kommen.

Hauptmann. Was sagt er da? Was ist das für n'e kuriose Antwort? Er macht mich ganz confus mit seiner Antwort. Wenn ich sag: *er*, so mein ich ihn, ihn,

Woyzeck. Wir arme Leut. Sehn sie, Herr Hauptmann, Geld, Geld. Wer kein Geld hat. Da setz einmal einer seinsgleichen auf die Moral in die Welt. Man hat auch sein Fleisch und Blut. Unsereins ist doch einmal unseelig in der und der andern Welt, ich glaub' wenn wir in Himmel kämen, so müßten wir donnern helfen.

Hauptmann. Woyzeck er hat keine Tugend, er ist kein tugendhafter Mensch. Fleisch und Blut? Wenn ich am Fenster lieg, wenn es geregnet hat und den weißen Strümpfen so nachsehe, wie sie über die Gassen springen, – verdammt Woyzeck, – da kommt mir die Liebe. Ich hab auch Fleisch und Blut. Aber Woyzeck, die Tugend, die Tugend! Wie sollte ich dann die Zeit herumbringen? ich sag' mir immer du bist ein tugendhafter Mensch, (***gerührt***) ein guter Mensch, ein guter Mensch.

Woyzeck. Ja Herr Hauptmann, die Tugend! ich hab's noch nicht so aus. Sehn Sie wir gemeinen Leut, das hat keine Tugend, es kommt einem nur so die Natur, aber wenn ich ein Herr wär und hätt ein Hut und eine Uhr und en anglaise und könnt vornehm reden, ich wollt schon tugendhaft seyn. Es muß was Schöns seyn um die Tugend, Herr Hauptmann. Aber ich bin ein armer Kerl.

Hauptmann. Gut Woyzeck. Du bist ein guter Mensch, ein guter Mensch. Aber du denkst zuviel, das zehrt, du siehst immer so verhetzt aus. Der Diskurs hat mich ganz angegriffen. Geh' jezt und renn nicht so; langsam hübsch langsam die Straße hinunter.

[H4,6]

Marie. Tambour-Major.

Tambour-Major. Marie!

Marie (*ihn ansehend, mit Ausdruck*). Geh' einmal vor dich hin. – Ueber die Brust wie ein Stier und ein Bart wie ein Löw.. So ist keiner.. Ich bin stolz vor allen Weibern.

Tambour-Major. Wenn ich am Sonntag erst den großen Federbusch hab' und die weißen Handschuh, Donnerwetter, Marie, der Prinz sagt immer: Mensch, er ist ein Kerl.

Marie (*spöttisch*). Ach was! (*tritt vor ihn hin.*) Mann!

Tambour-Major. Und du bist auch ein Weibsbild, Sapperment, wir wollen eine Zucht von Tambour-Major's anlegen. He? (*er umfaßt sie*)

Marie (*verstimmt*). Laß mich!

Tambourmajor. Wild Thier.

Marie (*heftig*). Rühr mich an!

Tambour. Sieht dir der Teufel aus den Augen?

Marie. Meinetwegen. Es ist Alles eins.

[H4,7]

Marie. Woyzeck.

Franz (*sieht sie starr an, schüttelt den Kopf*). Hm! Ich seh nichts, ich seh nichts. O, man müßt's sehen, man müßt's greifen können mit Fäusten.

Marie (*verschüchtert*). Was hast du Franz? Du bist hirnwüthig Franz.

Franz. Eine Sünde so dick und so breit. (Es stinkt daß man die Engelchen zum Himmel hinaus räuchern könnt.) Du hast ein rothen Mund, Marie. Keine Blase drauf? Adieu, Marie, du bist schön wie die Sünde – Kann die Todsünde so schön seyn?

Marie. Franz, du red'st im Fieber.

Franz. Teufel! – Hat er da gestanden, so, so?

Marie. Dieweil der Tag lang und die Welt alt ist, können viel Menschen an einem Platz stehn, einer nach dem andern.

Woyzeck. Ich hab ihn gesehn.

Marie. Man kann viel sehn, wenn man 2 Augen hat und man nicht blind ist und die Sonn scheint.

Woyzeck. Mit seinen Armen.

Marie (*keck*). Und wenn auch.

[**H4,8**]

Woyzeck. ***Der*** **Doctor.**

Doctor. Was erleb' ich Woyzeck? Ein Mann von Wort.

Woyzeck. Was denn Herr Doctor?

Doctor. Ich hab's gesehn Woyzeck; er hat auf Straß gepißt, an die Wand gepißt wie ein Hund. Und doch 2 Groschen täglich. Woyzeck das ist schlecht, die Welt wird schlecht, sehr schlecht.

Woyzeck. Aber Herr Doctor, wenn einem die Natur kommt.

Doctor. Die Natur kommt, die Natur kommt! Die Natur! Hab' ich nicht nachgewiesen, daß der musculus constrictor vesicae dem Willen unterworfen ist? Die Natur! Woyzeck, der Mensch ist frei, in dem Menschen verklärt sich die Individualität zur Freiheit. Den Harn nicht halten können! ***(schüttelt den Kopf, legt die Hände auf den Rücken und geht auf und ab)*** Hat er schon seine Erbsen gegessen, Woyzeck? – Es giebt eine Revolution in der Wissenschaft, ich sprenge sie in die Luft. Harnstoff, 0,10, salzsaures Ammonium, Hyperoxydul.

Woyzeck muß er nicht wieder pissen? geh' er einmal hinein und probir er's.

Woyzeck. Ich kann nit Herr Doctor.

Doctor *(mit Affect).* Aber auf die Wand pissen! Ich hab's schriftlich, den Akkord in der Hand. Ich hab's gesehn, mit dießen Augen gesehn, ich streckte grade die Nase zum Fenster hinaus und ließ die Sonnenstrahlen hinein fallen, um das Niesen zu beobachten, ***(tritt auf ihn los)*** Nein Woyzeck, ich ärger mich nicht, Aerger ist ungesund, ist unwissenschaftlich. Ich bin ruhig ganz ruhig, mein Puls hat seine gewöhnlichen 60 und ich sag's ihm mit der grösten Kaltblütigkeit! Behüte wer wird sich über einen Menschen ärgern, einen Menschen! Wenn es noch ein proteus wäre, der einem kre[pir]t! Aber er hätte doch nicht an die Wand pissen sollen –

Woyzeck. Sehn sie Herr Doctor, manchmal hat man so n'en Character, so n'e Structur. – Aber mit der Natur ist's was anders, sehn sie mit der Natur ***(er kracht mit den Fingern)*** das ist so was, wie soll ich doch sagen, z. B.

Doctor. Woyzeck, er philosophirt wieder.

Woyzeck *(vertraulich).* Herr Doctor haben sie schon was von der doppelten Natur gesehn? Wenn die Sonn in Mittag steht und es ist als ging die Welt im Feuer auf hat schon eine fürchterliche Stimme zu mir geredt!

Doctor. Woyzeck, er hat eine aberratio

Woyzeck *(legt den Finger an die Nase).* Die Schwämme Herr Doctor. Da, da steckts. Haben sie schon gesehn in was für Figuren die Schwämme auf dem Boden wachsen. Wer das lesen könnt.

Doctor. Woyzeck er hat die schönste aberratio, mentalis partialis der zweiten Species, sehr schön ausgeprägt, Woyzeck er kriegt Zulage. Zweiter species, fixe Idee, mit allgemein vernünftigem Zustand, er thut noch Alles wie sonst, rasirt seinen Hauptmann!

Woyzeck. Ja, wohl.

DOCTOR. Ißt seine Erb[s]en?

WOYZECK. Immer ordentlich Herr Doctor. Das Geld für die menage kriegt meine Frau.

DOCTOR. Thut seinen Dienst,

WOYZECK. Ja wohl.

DOCTOR. Er ist ein interessanter casus, Subject Woyzeck er kriegt Zulage. Halt er sich brav. zeig er seinen Puls! Ja.

[**H4,9**]

HAUPTMANN. DOCTOR.

HAUPTMANN. Herr Doctor, die Pferde machen mir ganz Angst; wenn ich denke, daß die armen Bestien zu Fuß gehn müssen. Rennen Sie nicht so. Rudern Sie mit ihrem Stock nicht so in der Luft. Sie hetzen sich ja hinter dem Tod drein. Ein guter Mensch, der sein gutes Gewissen hat, geht nicht so schnell. Ein guter Mensch. (***Er erwischt den* DOCTOR *am Rock***) Herr Doctor erlauben sie, daß ich ein Menschen[l]eben rette, sie schießen Herr Doctor, ich bin so schwermüthig, ich habe so was schwärmerisches, ich muß immer weinen, wenn ich meinen Rock an der Wand hängen sehe, da hängt er.

DOCTOR. Hm, auf[ge]dunsen, fett, dicker Hals, apoplectische Constitution. Ja Herr Hauptmann sie können eine apoplexia cerebralis kriechen, sie können sie aber vielleicht auch nur auf der einen Seite bekommen, und dann auf der einen gelähmt seyn, oder aber sie können im besten Fall geistig gelähmt werden und nur fort vegetiren, das sind so o[h]ngefähr ihre Aussichten auf die nächsten 4 Wochen. übrigens kann ich sie versichern, daß sie einen von den interessanten Fällen abgeben und wenn Gott will, daß ihre Zunge zum Theil gelähmt wird, so machen wir die unsterblichsten Experimente.

HAUPTMANN. Herr Doctor erschrecken Sie mich nicht, es sind schon Leute am Schreck gestorben, am bloßen hellen Schreck. – Ich sehe schon die Leute mit den Citronen in den Händen, aber sie werden sagen, er war ein guter Mensch, ein guter Mensch – Teufel Sargnagel

DOCTOR [(***hält ihm den Hut hin***)]. Was ist das Herr Hauptmann? das ist Hohlkopf

HAUPTMANN (***macht eine Falte***). Was ist das Herr Doctor, das ist Einfalt.

DOCTOR. Ich empfehle mich, geehrtester Herr Exercirzagel

HAUPTMANN. Gleichfalls, bester Herr Sargnagel. –

[**H4,10**]

Die Wachtstube.

WOYZECK. ANDRES.

ANDRES (***singt***).

Frau Wirthin hat n'e brave Magd
Sie sitzt im Garten Tag und Nacht
Sie sitzt in ihrem Garten …

Woyzeck. Andres!

Andres. Nu?

Woyzeck. Schön Wetter.

Andres. Sonntagso[nn]wetter und Musik vor der Stadt. Vorhin sind [d]ie Weibsbilder hinaus, die Menscher dämpfen, das geht.

Woyzeck (*unruhig*). Tanz, Andres, sie tanzen

Andres. Im Rössel und im Sternen.

Woyzeck. Tanz, Tanz.

Andres. Meinetwegen.

Sie sitzt in ihrem Garten
bis daß das Glöcklein zwölfe schlägt
Und paßt auf die Solda – aten.

Woyzeck. Andres, ich hab keine Ruh.

Andres. Narr!

Woyzeck. Ich muß hinaus. Es dreht sich mir vor den Augen. was sie heiße Händ haben. Verdammt Andres!

Andres. Was willst du?

Woyzeck. Ich muß fort.

Andres. Mit dem Mensch.

Woyzeck. Ich muß hinaus, s'ist so heiß da hie.

[**H4,11**]

Wirthshaus.

Die Fenster offen, Tanz. Bänke vor dem Haus.

Bursche[n].

1.) Handwerksbursch.

Ich hab ein Hemdlein an
das ist nicht mein
Meine Seele stinkt nach Brandewein, –

2. Handwerksbursch. Bruder, soll ich dir aus Freundschaft ein Loch in die Natur machen? Verdammt. Ich will ein Loch in die Natur machen. Ich bin auch ein Kerl, du weißt, ich will ihm alle Flöh am Leib todt schlagen.

1. Handwerksbursch. Meine Seele, meine Seele stinkt nach Brandewein. – Selbst das Geld geht in Verwesung über. Vergißmeinnicht. Wie ist dieße Welt so schön. Bruder, ich muß ein Regenfaß voll greinen. Ich wollt unsre Nasen wären zwei Bouteillen und wir könnten sie uns einander in den Hals gießen.

Die andern im Chor. Ein Jäger aus der Pfalz,
ritt einst durch einen grünen Wald,
Halli, halloh, Gar lustig ist die Jägerei

Allhier auf grüner Heid
Das Jagen ist mei Freud.

(**Woyzeck** *stellt sich an's Fenster.* **Marie** *und der* **Tambourmajor** *tanzen vorbey, ohne ihn zu bemerken*)

Marie (*im Vorbeytanzen:* immer, zu, immer zu).

Woyzeck (*erstickt*). Immer zu. – immer zu. (*fährt heftig auf und sinkt zurück auf die Bank*) immer zu immer zu, (*schlägt die Hände in einander*) dreht Euch, wälzt Euch, Warum bläßt Gott nicht [die] Sonn aus, daß Alles in Unzucht sich übernanderwälzt, Mann und Weib, Mensch und Vieh. Thut's am hellen Tag, thut's einem auf den Händen, wie die Mücken. – Weib. –

Das Weib ist heiß, heiß! – Immer zu, immer zu, (*fährt auf*) der Kerl! Wie er an ihr herumtappt, an ihrem Leib, er rührt sie an –

1.) **Handwerksbursch** (*predigt auf dem Tisch*). Jedoch wenn ein Wandrer, der gelehnt steht an den Strom der Zeit oder aber sich die göttliche Weisheit beantwortet und sich anredet: Warum ist der Mensch? Warum ist der Mensch? – Aber wah[r]lich ich sage Euch, von was hätte der Landmann, der Weißbinder, der Schuster, der Arzt leben sollen, wenn Gott den Menschen nicht geschaffen hätte? Von was hätte der Schneider leben sollen, wenn er dem Menschen nicht die Empfindung der Schaam eingepflanzt, von was der Soldat, wenn [er] ihn nicht mit dem Bedürfniß sich todtzuschlagen ausgerüstet hätte? Darum zweifelt nicht, ja ja, es ist lieblich und fein, aber Alles Irdische ist eitel, selbst das Geld geht in Verwesung über. – Zum Beschluß, meine geliebten Zuhörer laßt uns noch über's Kreuz pissen, damit ein Jud stirbt.

[**H4,12**]

Freies Feld.

Woyzeck.

Immer zu! immer zu! Still Musik. – (*reckt sich gegen den Boden*) He was, was sagt ihr? Lauter, lauter, stich, stich die Zickwolfin todt? stich, stich die Zickwolfin todt. Soll ich? Muß ich? Hör ich's da noch, sagt's der Wind auch? Hör ich's immer, immer zu, stich todt, todt.

[**H4,13**]

Nacht.

Andres *und* **Woyzeck** *in einem Bett.*

Woyzeck (*schüttelt* **Andres**). Andres! Andres! ich kann nit schlafen, wenn ich die Augen zumach, dreh't sich's immer und ich hör die Geigen, immer zu, immer zu. und dann sprichts' aus der Wand, hörst du nix?

Andres. Ja, – laß sie tanzen – Gott behüt uns, Amen,

(schläft wieder ein)

Woyzeck. Es zieht mir zwischen den Augen wie ein Messer.

Andres. Du mußt Sch[na]ps trinken und Pulver drein, das schneidt das Fieber.

[**H4,14**]

Wirthshaus.

Tambour-Major. Woyzeck. Leute.

Tambour-Major. Ich bin ein Mann! *(schlägt sich auf die Brust)* ein Mann sag' ich. Wer will was? Wer kein besoffner Herrgott ist der laß sich von mir. Ich will ihm die Nas ins Arschloch prügeln. Ich will – *(zu* **Woyzeck***)* da Kerl, sauf, der Mann muß saufen, ich wollt die Welt wär Sch[n]aps, Schnaps

Woyzeck *pfeift.*

Tambour Major. Kerl, soll ich dir die Zung aus dem Hals ziehn und sie um den Leib herumwicklen? *(sie ringen,* **Woyzeck** *verliert)* soll ich dir noch soviel Athem lassen als ein Altweiberfurz, soll ich?

Woyzeck *(sezt sich erschöpft zitternd auf eine Bank).*

Tambour Major. Der Kerl soll dunkelblau pfeifen.

Ha. Brandewein das ist mein Leben
Brandwein giebt courage!

Einer. Der hat sein Fett.

Andrer. Er blut.

Woyzeck. Eins nach dem andern.

[**H4,15**]

Woyzeck. ***Der*** **Jude.**

Woyzeck. Das Pistolchen ist zu theuer.

Jud. Nu, kauft's oder kauft's nit, was is?

Woyzeck. Was kost das Messer.

Jud. S'ist gar, grad! Wollt Ihr Euch den Hals mit abschneiden, nu, was is es? Ich gäb's Euch so wohlfeil wie ein andrer, Ihr sollt Euren Tod wohlfeil haben, aber doch nit umsonst. Was is es? Er soll einen ökonomischen Tod haben

Woyzeck. Das kann mehr als Brod schneiden.

Jud. Zwei Groschen.

Woyzeck. Da! *(geht ab)*

Jud. Da! Als ob's nichts wär. Und es is doch Geld. Der Hund.

[H4,16]

[Marie. *Das* Kind. *Der* Narr.]

Marie (*allein, blättert in der Bibel*). Und ist kein Betrug in seinem Munde erfunden. Herrgott. Herrgott! Sieh mich nicht an. (*blättert weiter:*) aber die Pharisäer brachten ein Weib zu ihm, im Ehebruche begriffen und stelleten sie in's Mittel dar. – Jesus aber sprach: so verdamme ich dich auch nicht. Geh hin und sündige hinfort nicht mehr. (*schlägt die Hände zusammen*). Herrgott! Herrgott! Ich kann nicht. Herrgott gieb mir nur soviel, daß ich beten kann. (*das* Kind *drängt sich an sie*) Das Kind, giebt mir einen Stich in's Herz. Fort! Das brüht sich in der Sonne!

Narr (*liegt und erzählt sich Mährchen an den Fingern*). Der hat die goldne Kron, der Herr König. Morgen hol' ich der Frau Königin ihr Kind. Blutwurst sagt: komm Leberwurst (*er nimmt das* Kind *und wird still*)

[Marie.] Der Franz ist nit gekommen, gestern nit, heut nit, es wird heiß hie (*sie macht das Fenster auf.*) Und trat hinein zu seinen Füßen und weynete und fing an seine Füße zu netzen mit Thränen und mit den Haaren ihres Hauptes zu trocknen und küssete seine Füße und salbete sie mit Salben. (*schlägt sich auf die Brust*) Alles todt! Heiland, Heiland ich möchte dir die Füße salben

[H4,17]

Kaserne.

Andres. Woyzeck, *kramt in seinen Sachen.*

Woyzeck. Das Kamisolchen Andres, ist nit zur Montour, du kannst's brauchen Andres. Das Kreuz is meiner Schwester und das Ringlein, ich hab auch noch ein Heiligen, zwei Herzen und schön Gold, es lag in meiner Mutter Bibel und da steht:

Leiden sey all mein Gewinst,
Leiden sey mein Gottesdienst,
Herr wie dein Leib war roth und wund
So laß mein Herz seyn aller Stund.

Meine Mutter fühlt nur noch, wenn ihr die Sonn auf die Händ scheint! Das thut nix.

Andres (*ganz starr, sagt zu Allem:* ja wohl).

Woyzeck (*zieht ein Papier hervor*). Friedrich Johann Franz Woyzeck, geschworner Füsilir im 2. Regiment, 2. Bata[i]llon 4. Compagnie, geb. Mariae Verkündigung, ich bin heut den 20. Juli alt 30 Jahre 7 Monat und 12 Tage.

Andres. Franz, du kommst in's Lazareth. Armer du mußt Schnaps trinken und Pulver drin das tödt das Fieber.

Woyzeck. Ja Andres, wann der Schreiner die Hobelspän hobelt, es weiß niemand, wer sein Kopf drauf legen wird.

Briefe

Nach 4. Dezember 1831. An die Eltern in Darmstadt

..... Als sich das Gerücht verbreitete, daß *Romarino* durch Straßburg reisen würde, eröffneten die Studenten sogleich eine Subscription und beschlossen, ihm mit einer schwarzen Fahne entgegenzuziehen. Endlich traf die Nachricht hier ein, daß Romarino den Nachmittag mit den Generälen Schneider und Langermann ankommen würde. Wir versammelten uns sogleich in der Academie; als wir aber durch das Thor ziehen wollten, ließ der Offizier, der von der Regierung Befehl erhalten hatte, uns mit der Fahne nicht passiren zu lassen, die Wache unter das Gewehr treten, um uns den Durchgang zu wehren. Doch wir brachen mit Gewalt durch und stellten uns drei- bis vierhundert Mann stark an der großen Rheinbrücke auf. An uns schloß sich die Nationalgarde an. Endlich erschien Romarino, begleitet von einer Menge Reiter; ein Student hält eine Anrede, die er beantwortet, ebenso ein Nationalgardist. Die Nationalgarden umgeben den Wagen und ziehen ihn; wir stellen uns mit der Fahne an die Spitze des Zugs, dem ein großes Musikchor vormarschirt. So ziehen wir in die Stadt, begleitet von einer ungeheuren Volksmenge unter Absingung der Marseillaise und der Carmagnole; überall erschallt der Ruf: Vive la liberté! vive Romarino! à bas les ministres! à bas le juste milieu! Die Stadt selbst illuminirt, an den Fenstern schwenken die Damen ihre Tücher, und Romarino wird im Triumph bis zum Gasthof gezogen, wo ihm unser Fahnenträger die Fahne mit dem Wunsch überreicht, daß diese Trauerfahne sich bald in Polens Freiheitsfahne verwandeln möge. Darauf erscheint Romarino auf dem Balkon, dankt, man ruft Vivat! – und die Comödie ist fertig....

Dezember 1831. An die Eltern in Darmstadt

..... Es sieht verzweifelt kriegerisch aus; kommt es zum Kriege, dann gibt es in Deutschland vornehmlich eine babylonische Verwirrung, und der Himmel weiß, was das Ende vom Liede sein wird. Es kann *Alles* gewonnen und *Alles* verloren werden; wenn aber die Russen über die Oder gehn, dann nehme ich den Schießprügel, und sollte ich's in Frankreich thun. Gott mag den allerdurchlauchtigsten und gesalbten Schafsköpfen gnädig sein; auf der Erde werden sie hoffentlich keine Gnade mehr finden.....

Mitte April 1832. An die Eltern in Darmstadt

.... Das einzige Interessante in politischer Beziehung ist, daß die hiesigen republikanischen Zierbengel mit rothen Hüten herumlaufen, und daß Herr Périer die Cholera hatte, die Cholera aber leider nicht ihn......

20. August 1832. An Edouard Reuss in Strassburg

Darmstadt d. 20te August 1832.

Lieber Eduard!

Nicht wahr, ich sollte eigentlich mit einigen Dutzend Entschuldigungen anfangen? aber Himmel, ich habe dieß schon im beyliegenden Brief gethan, und wiederhole dergleichen nicht gern, ich krieche also unterthänigst zu Kreuz und bitte um Pardon für den nachlässigen Delinquenten. Ich denke Du nimmst diesen papiernen Oelzweig und Friedensfahne auch so ohne weitre Friedens-Präliminarien an und zankst nicht weiter mit mir, der ich Dich 3 volle Wochen warten ließ und lässest mich nicht eben so lange warten. Ich freue mich ordentlich, daß dießer Wisch Papier an einen Ort kommen soll, der mir meine zweite Vaterstadt geworden und dem ich, wenn ich einmal als ein gefürsteter Zweifüßler, longimanus und omnivore sterben sollte, die eine Herzkammer nebst meinem übrigen durchlauchtigsten Cadaver vermachen würde, während ich denn doch wohl die andere Herzkammer meinem Vaterhause ließe, aber auch nur meinem *Vaterhause*, denn ach! ich armseliger Kreuzträger, sitze *erstens* im lieben heiligen teutschen Reich, *zweitens* im Großherzogthum *Hessen*, *drittens* in der Residenz *Darmstadt*, zuletzt sitze ich nun noch freilich in der Mitte meiner Familie, aber ich bin leider noch nicht so patriarchalisch geworden, daß ich über dießen Abrahamsschooß die drei übrigen Klassifikationen vergessen sollte.

Die erste umfaßt die Secte der Nabelbeschauer, die sich von der alten wohlbekannt nur dadurch unterscheidet, daß sie beym Nabel nicht mehr an Gott, sondern bey Gott an den Nabel denkt, die zweite, als Unterabtheilung umfaßt ein Stück des Theils, wo der Nabel und Bauch-Gottesdienst als konstitutionell aufgeklärter Liberalismus getrieben wird, die dritte endlich umfaßt die ordinirten Geistlichen und trägt als Ordenskleid die Hoflivree und als Wappen den Hessischen Haus und Zivil-Verdienstorden e. c. t.

Du kannst Dir wohl denken, wie wohl ich mich dabey befinde, doch füge ich mich in die Umstände und bin dabey so ein anständiger, so ein rechtlicher, so ein zivilisirter junger Mann geworden, daß ich bey einem Minister den Thee einnehmen, bey seiner Frau auf dem Kanapee sitzen und mit seiner Tochter eine Françoise tanzen könnte; wir sind im neunzehnten Jahrhundert, bedenke was das heißen will!

Ach, lieber Eduard! schreibe mir nur bald, daß ich doch etwas aus Straßburg zu sehen bekomme, ich habe wohl Eltern und Geschwister hier, aber alle meine Freunde sind fort und ich bin fast ganz isolirt; ich war wohl die ersten Tage froh, aber ich kann einmal dieße Luft nicht vertragen, sie ist mir noch eben so zuwider, als zur Zeit da ich fortging. Ich lamentire Dir da etwas vor und Du möchtest wohl etwas Vernünftiges von mir hören, aber es ist unmöglich weder von, noch in *Darmstadt* dergleichen zu schreiben, ist auch noch nie geschehen. Nur das: Deine Aufträge sind besorgt, Zimmermann's Sohn hat noch die Redaction der Kirchen-Zeitung, wird sie jedoch wie man sagt, mit *Bretschneider* theilen, und ein Geistlicher aus Mainz, dessen Name mir entfallen, wird Zimmermanns Platz hier ausfüllen. Dieß interessirt Dich vielleicht, mich verzweifelt wenig. Lebe wohl, schreibe bald, herzliche Grüße an die Tante, Pauline und Mad. Bauer

vo[n De]inem G. Büchner.

24. August 1832. An August (und Adolph) Stöber in Strassburg

Darmstadt d. *24te August.* 1832

Liebes Brüderpaar!

Obgleich die Adresse nur an einen von Euch lautet, so gilt sie doch Euch beiden; doch seht vorerst nach der zweiten, [den]n mein Brief ist nur die Schaale und figurirt nur als Käspapier. Habt Ihr das andre Papier gelesen, so werdet Ihr wissen, daß es sich um nichts geringeres handelt, als um die Muse der teutschen Dichtkunst; ob Ihr dabey als Accoucheurs oder als Todtengräber auftreten sollt, wird der Erfolg lehren. Ihr seyd gebeten mit Eurer poetischen Haus und Feld-Apotheke bey der Wiederbelebung des Cadavers thätige Hülfe zu leisten, am besten wäre es man suchte ihn in einem Backofen zu erwärmen, denn dieß ist noch das einzige Kunstwerk, welches das liebe Teutsche Volk zu bauen und zu genießen versteht! Doch, Spaß bey Seite! ich lege Euch die Sache ernstlich an's Herz; wenn die Männer, welche Ihre Beihülfe versprochen haben, Wort halten, so kann etwas Tüchtiges geleistet werden, daß Ihr *viel* dazu beytragen könnt, weiß ich, ohne Euch schmeicheln zu wollen. Die Herausgeber kenne ich persönlich, *Künzel* ist Candidat der Theologie, *Metz* steht einer Buchhandlung vor, beyde sehr gebildete junge Leute; die *Zimmermänner* sind Zwillinge und studiren in Heidelberg, sie gehören zu meinen ältesten und besten Freunden, namentlich hat der eine von ihnen ausgezeichnete poetische Anlagen. Eure Antwort seyd Ihr gebeten, an mich zu adressiren, ich hoffe dabey auch einige herzliche Worte an mich zu finden; heute sind es zuerst 3 Wochen, daß ich Euch verlassen, und doch könnte ich Euch schon manche epistolas ex ponto schreiben! Ach säße ich doch wieder einmal unter Euch im Drescher. Herzliche Grüße an die edlen *Eugeniden*, namentlich an Boekel und Baum. Lebt wohl

Euer G *Büchner*

3. November 1832. An Adolph Stöber in Metz

Lieber Adolph!

Nur wenige Zeilen bringen Dir dießmal meine Grüße. Ich komme eben aus dem Leichendunst und von der Schädelstätte, wo ich mich täglich wieder einige Stunden selbst

kreuzige, und nach den kalten Brüsten und den todten Herzen, die ich da berührte, erquickte mich wieder das lebendige, warme an das Du mich drücktest über die Paar Meilen hinaus, die unsere Cadaver trennen. Wahrhaftig der Lindwurm von dem Du sprichst ist nicht so gefährlich, man müßte ein armer Tropf seyn, wenn unsre Arme nicht einmal über die dreißig Stunden hinübergreifen könnten. Wenn das Frühjahr kommt hoffe ich Dich zu sehen. Seit acht Tagen bin ich wieder hier, die teutsche naßkalte Holländerathmosphäre ist mir zuwider, die französische Gewitterluft ist mir lieber.

Lebe wohl.

Dein G. Büchner.

Vor Mitte Dezember 1832. An die Eltern in Darmstadt

.... Ich hätte beinahe vergessen zu erzählen, daß der Platz in Belagerungsstand gesetzt wird (wegen der holländischen Wirren). Unter meinem Fenster rasseln beständig die Kanonen vorbei, auf den öffentlichen Plätzen exerciren die Truppen und das Geschütz wird auf den Wällen aufgefahren. Für eine politische Abhandlung habe ich keine Zeit mehr, es wäre auch nicht der Mühe werth, das Ganze ist doch nur eine Comödie. Der König und die Kammern regieren, und das Volk klatscht und bezahlt.....

Anfang Januar 1833. An die Eltern in Darmstadt

..... Auf Weihnachten ging ich Morgens um vier Uhr in die Frühmette ins Münster. Das düstere Gewölbe mit seinen Säulen, die Rose und die farbigen Scheiben und die knieende Menge waren nur halb vom Lampenschein erleuchtet. Der Gesang des unsichtbaren Chores schien über dem Chor und dem Altare zu schweben und den vollen Tönen der gewaltigen Orgel zu antworten. Ich bin kein Katholik und kümmerte mich wenig um das Schellen und Knieen der buntscheckigen Pfaffen, aber der Gesang allein machte mehr Eindruck auf mich, als die faden, ewig wiederkehrenden Phrasen unserer meisten Geistlichen, die Jahr aus Jahr ein an jedem Weihnachtstag meist nichts Gescheidteres zu sagen wissen, als, der liebe Herrgott sei doch ein gescheidter Mann gewesen, daß er Christus grade um diese Zeit auf die Welt habe kommen lassen. –

5. April 1833. An die Eltern in Darmstadt

Straßburg, den 5. April 1833.

Heute erhielt ich Euren Brief mit den Erzählungen aus *Frankfurt*. Meine Meinung ist die: Wenn in unserer Zeit etwas helfen soll, so ist es *Gewalt*. Wir wissen, was wir von unseren Fürsten zu erwarten haben. Alles, was sie bewilligten, wurde ihnen durch die

Nothwendigkeit abgezwungen. Und selbst das Bewilligte wurde uns hingeworfen, wie eine erbettelte Gnade und ein elendes Kinderspielzeug, um dem ewigen Maulaffen *Volk* seine zu eng geschnürte Wickelschnur vergessen zu machen. Es ist eine blecherne Flinte und ein hölzerner Säbel, womit nur ein Deutscher die Abgeschmacktheit begehen konnte, Soldatchens zu spielen. Unsere Landstände sind eine Satyre auf die gesunde Vernunft, wir können noch ein Säculum damit herumziehen, und wenn wir die Resultate dann zusammennehmen, so hat das Volk die schönen Reden seiner Vertreter noch immer theurer bezahlt, als der römische Kaiser, der seinem Hofpoeten für zwei gebrochene Verse 20,000 Gulden geben ließ. Man wirft den jungen Leuten den Gebrauch der Gewalt vor. Sind wir denn aber nicht in einem ewigen Gewaltzustand? Weil wir in Kerker geboren und großgezogen sind, merken wir nicht mehr, daß wir im Loch stecken mit angeschmiedeten Händen und Füßen und einem Knebel im Munde. Was nennt Ihr denn *gesetzlichen Zustand*? Ein *Gesetz,* das die große Masse der Staatsbürger zum frohnenden Vieh macht, um die unnatürlichen Bedürfnisse einer unbedeutenden und verdorbenen Minderzahl zu befriedigen? Und dies Gesetz, unterstützt durch eine rohe Militärgewalt und durch die dumme Pfiffigkeit seiner Agenten, dies Gesetz ist eine *ewige, rohe Gewalt,* angethan dem Recht und der gesunden Vernunft, und ich werde mit *Mund* und *Hand* dagegen kämpfen, wo ich kann. Wenn ich an dem, was geschehen, keinen Theil genommen und an dem, was vielleicht geschieht, *keinen Theil* nehmen werde, so geschieht es weder aus Mißbilligung, noch aus Furcht, sondern nur weil ich im gegenwärtigen Zeitpunkt jede revolutionäre Bewegung als eine vergebliche Unternehmung betrachte und nicht die Verblendung Derer theile, welche in den Deutschen ein zum Kampf für sein Recht bereites Volk sehen. Diese tolle Meinung führte die Frankfurter Vorfälle herbei, und der Irrthum büßte sich schwer. Irren ist übrigens keine Sünde, und die deutsche Indifferenz ist wirklich von der Art, daß sie alle Berechnung zu Schanden macht. Ich bedaure die Unglücklichen von Herzen. Sollte keiner von meinen Freunden in die Sache verwickelt sein? ....

Frühjahr 1833. An die Eltern in Darmstadt

Wegen mir könnt Ihr ganz ruhig sein; ich werde nicht nach Freiburg gehen, und eben so wenig wie im vorigen Jahre, an einer Versammlung Theil nehmen.

Frühestens 28. Mai 1833. An die Eltern in Darmstadt

...... So eben erhalten wir die Nachricht, daß in Neustadt die Soldateska über eine friedliche und unbewaffnete Versammlung hergefallen sei und ohne Unterschied mehrere Personen niedergemacht habe. Aehnliche Dinge sollen sich im übrigen Rheinbayern zugetragen haben. Die liberale Partei kann sich darüber grade nicht beklagen; man vergilt Gleiches mit Gleichem, Gewalt mit Gewalt. Es wird sich finden, wer der Stärkere ist. –

Wenn Ihr neulich bei hellem Wetter bis auf das Münster hättet sehen können, so hättet Ihr mich bei einem langhaarigen, bärtigen, jungen Mann sitzend gefunden. Besagter hatte ein rothes Barett auf dem Kopf, um den Hals einen Cashmir-Shawl, um den Cadaver einen kurzen deutschen Rock, auf die Weste war der Name „Rousseau" gestickt, an den Beinen enge Hosen mit Stegen, in der Hand ein modisches Stöckchen. Ihr seht, die Carricatur ist aus mehreren Jahrhunderten und Welttheilen zusammengesetzt: Asien um den Hals, Deutschland um den Leib, Frankreich an den Beinen, 1400 auf dem Kopf und 1833 in der Hand. Er ist ein Kosmopolit – nein, er ist mehr, er ist *St. Simonist*! Ihr denkt nun, ich hätte mit einem Narren gesprochen, und Ihr irrt. Es ist ein liebenswürdiger junger Mann, viel gereist. – Ohne sein fatales Costüm hätte ich nie den St. Simonisten verspürt, wenn er nicht von der femme in Deutschland gesprochen hätte. Bei den Simonisten sind Mann und Frau gleich, sie haben gleiche *politische* Rechte. Sie haben nun ihren père, der ist *St. Simon*, ihr Stifter; aber billigerweise müßten sie auch eine mère haben. Die ist aber noch zu suchen, und da haben sie sich denn auf den Weg gemacht, wie Saul nach seines Vaters Eseln, mit dem Unterschied, daß – denn im neunzehnten Jahrhundert ist die Welt gar weit vorangeschritten, – daß die Esel diesmal den Saul suchen. Rousseau mit noch einem Gefährten (beide verstehen kein Wort deutsch) wollten die femme in Deutschland suchen, man beging aber die intolerante Dummheit, sie zurückzuweisen. Ich sagte ihm, er hätte nicht viel an den Weibern, die Weiber aber viel an ihm verloren; bei den Einen hätte er sich ennuyirt und über die Anderen gelacht. Er bleibt jetzt in Straßburg, steckt die Hände in die Taschen und predigt dem Volke die Arbeit, wird für seine Capacität gut bezahlt und marche vers les femmes, wie er sich ausdrückt. Er ist übrigens beneidenswerth, führt das bequemste Leben unter der Sonne, und ich möchte aus purer Faulheit St. Simonist werden, denn man müßte mir meine Capacität gehörig honoriren......

Juni 1833. An die Eltern in Darmstadt

.... Ich werde zwar immer meinen Grundsätzen gemäß handeln, habe aber in *neuerer* Zeit gelernt, daß nur das nothwendige Bedürfniß der großen Masse Umänderungen herbeiführen kann, daß alles Bewegen und Schreien der *Einzelnen* vergebliches Thorenwerk ist. Sie schreiben, man liest sie nicht; sie schreien, man hört sie nicht; sie handeln, man hilft ihnen nicht. [...] Ihr könnt voraussehen, daß ich mich in die Gießener Winkelpolitik und revolutionären Kinderstreiche nicht einlassen werde.

8. Juli 1833. An die Eltern in Darmstadt

Straßburg, den 8. Juli 1833.

Bald im Thal, bald auf den Höhen zogen wir durch das liebliche Land. Am zweiten Tage gelangten wir auf einer über 3000 Fuß hohen Fläche zum sogenannten weißen und schwarzen See. Es sind zwei finstere Lachen in tiefer Schlucht, unter etwa 500 Fuß hohen Felsenwänden. Der weiße See liegt auf dem Gipfel der Höhe. Zu unseren Füßen lag still das dunkle Wasser. Ueber die nächsten Höhen hinaus sahen wir im Osten die Rheinebenen und den Schwarzwald, nach West und Nordwest das Lothringer Hochland; im Süden hingen düstere Wetterwolken, die Luft war still. Plötzlich trieb der Sturm das Gewölke die Rheinebene herauf, zu unserer Linken zuckten die Blitze, und unter dem zerrissenen Gewölk über dem dunklen Jura glänzten die *Alpengletscher* in der Abendsonne. Der dritte Tag gewährte uns den nämlichen herrlichen Anblick; wir bestiegen nämlich den höchsten Punkt der Vogesen, den an 5000 Fuß hohen *Bölgen*. Man übersieht den Rhein von Basel bis Straßburg, die Fläche hinter Lothringen bis zu den Bergen der Champagne, den Anfang der ehemaligen franche Comté, den Jura und die Schweizergebirge vom Rigi bis zu den entferntesten Savoy'schen Alpen. Es war gegen Sonnenuntergang, die Alpen wie blasses Abendroth über der dunkel gewordenen Erde. Die Nacht brachten wir in einer geringen Entfernung vom Gipfel in einer Sennerhütte zu. Die Hirte haben hundert Kühe und bei neunzig Farren und Stiere auf der Höhe. Bis Sonnenaufgang war der Himmel etwas dunstig, die Sonne warf einen rothen Schein über die Landschaft. Ueber den Schwarzwald und den Jura schien das Gewölk wie ein schäumender Wasserfall zu stürzen, nur die Alpen standen hell darüber, wie eine blitzende Milchstraße. Denkt Euch über der dunklen Kette des Jura und über dem Gewölk im Süden, soweit der Blick reicht, eine ungeheure, schimmernde Eiswand, nur noch oben durch die Zacken und Spitzen der einzelnen Berge unterbrochen. Vom Bölgen stiegen wir rechts herab in das sogenannte Amarinenthal, das letzte Hauptthal der Vogesen. Wir gingen thalaufwärts. Das Thal schließt sich mit einem schönen Wiesengrund im wilden Gebirg. Ueber die Berge führte uns eine gut erhaltene Bergstraße nach Lothringen zu den Quellen der Mosel. Wir folgten eine Zeitlang dem Laufe des Wassers, wandten uns dann nördlich und kehrten über mehrere interessante Punkte nach Straßburg zurück.

Hier ging es seit einigen Tagen etwas unruhig zu. Ein ministerieller Deputirter, Herr *Saglio*, kam vor einigen Tagen aus Paris zurück. Es kümmerte sich Niemand um ihn. Eine bankerotte Ehrlichkeit ist heutzutage etwas zu Gemeines, als daß ein Volksvertreter, der seinen Frack wie einen Schandpfahl auf dem Rücken trägt, noch Jemanden interessiren könnte. Die Polizei war aber entgegengesetzter Meinung und stellte deßhalb eine bedeutende Anzahl Soldaten auf dem Paradeplatz und vor dem Hause des Herrn Saglio auf. Dies lockte denn endlich am zweiten oder dritten Tage die Menge herbei, gestern und vorgestern Abend wurde etwas vor dem Hause gelärmt. Präfect und Maire hielten es für die beste Gelegenheit, einen Orden zu erwischen, sie ließen die Truppen ausrücken, die Straßen räumen, Bajonnette und Kolbenstöße austheilen, Verhaftungen vornehmen, Proklamationen anschlagen *u.s.w.*

31. August 1833. An Edouard Reuss in Strassburg

Darmstadt d. 31te August. 33

Lieber Edouard!

Soll ich meine träge Hand entschuldigen? Für mein Gedächtniß ist's nicht nöthig; ich kümmerte mich sonst wenig darum, jetzt aber macht es bey mir den Wiederkäuer und füttert mich mit der Erinnerung an frohe Tage. Ich könnte in dießem lamentirenden Style fortfahren um Dir einen Begriff von meiner hiesigen Existenz zu geben, wenn Du nicht schon einmal selbst so eine Art vom Darmstädter Geschmack gehabt hättest. Meine Familie im engern Sinne traf ich im erwünschtesten Wohlseyn, und meine Mutter erholt sich zusehends von ihrer schweren Krankheit. Eltern und Geschwister widerzusehen, war eine große Freude; das entschädigt aber nicht für meine sonstigen furchtbar, kolossal, langweiligen Umgebungen. Es ist etwas großartiges in dieser Wüstenei, die Wüste Sahara in allen Köpfen und Herzen. Von den übrigen Verwandten weiß ich wenig. Nach dem pflichtmäßigen Antritts-Gerüssel, mache ich so gegen Ende Octobers mein officielles Abschieds-Genüssel, wo ich nach Gießen abziehe. Meine verwandtschaftlichen Regungen sind damit beseitigt. Von Gießen verspreche ich mir wenig, meine Freunde sind flüchtig oder im Gefängniß. Für mich ist nichts zu fürchten, ich bin hier konstitutionell, liberal aufgeklärt geworden, seit ich weiß, daß das tausendjährige Reich mit der konstitutionellen Aera angefangen. Unser Landtag führt den Beweis, seine Lebensfrage ist seit 8 Monaten noch nicht entschieden. Ein Mensch braucht höchstens eine Stunde um auf die Welt zu kommen, (wo die Civilisation und Aufklärung noch nicht so weit gekommen wie z. B. bey den Indiern 10 Minuten) ein deutscher Landtag deren 5760, ein Mensch lebt 60 Jahr, ein Landtag *41272*; O Messias! Ueber seine Physiognomie kann ich Dir grade nichts sagen, sintemal es noch nicht entschieden, ob das Kind mit Kopf oder podex zuerst auf die Welt kommt.

Doch wird es wahr[scheinlich] die Familienzüge behalten und so zi[em]lich seiner französischen Mama gleichen.

Bey unsrer Manier im Briefschreiben, hoffe ich kaum bald Antwort zu erhalten; doch dürftest Du mit mir einmal eine Ausnahme machen, so eine gänzliche Trennung von Straßburg schmerzt mich. Ich habe an Boeckel geschrieben, aber keine Antwort. Grüße ihn und sag' ihm er möge bald antworten und mir die These von Goupil schicken, die andere hätte ich erhalten und ließe ihm danken. Ist *Stöber* in Straßburg? Viel Grüße an ihn und die andern Freunde. Und *Wulfes*? Ist er noch bey Dir, so sag ihm, ich hoffte ihn bey mir zu sehen, wenn seine Reise ihn in unsre Gegend brächte. Ihr werdet mich doch über einem Monat ohne Briefe nicht vergessen haben. Ich bitte und hoffe auf baldige Antwort.

Bringe meine herzlichsten Grüße Deiner Mutter, Schwester und Tante, und sage ihnen, daß d[ie in i]hrer Nähe verlebten Augenblicke zu [den f]rohsten meines Lebens gehörten. Lebe [woh]l, Dein *Georg*.

1. November 1833. An die Eltern in Darmstadt

Gießen, den 1. November 1833.

..... Gestern wurden wieder zwei Studenten verhaftet, der kleine *Stamm*, und *Groß*.....

14. November 1833. An die Eltern in Darmstadt

Gießen, den [14.] November 1833.

...... Gestern war ich bei dem Bankett zu Ehren der zurückgekehrten Deputirten. An zweihundert Personen, unter ihnen *Balser* und *Vogt*. Einige loyale Toaste, bis man sich Courage getrunken, und dann das Polenlied, die Marseillaise gesungen und den in Friedberg Verhafteten ein Vivat gebracht! Die Leute gehen ins Feuer, wenn's von einer brennenden Punschbowle kommt! .....

9. Dezember 1833. An August Stöber in Oberbronn

Darmstadt: d. 9. Dec. 33.

Lieber August!

Ich schreibe in Ungewißheit, wo Dich dießer Brief treffen wird. Ich müßte mich sehr irren, wenn mir nicht Lambossy geschrieben hätte, daß Du Dich gewöhnlich in Oberbrunn aufhieltest. Das nämliche sagte mir Künzel, der von Deinem Vater auf einen an Dich gerichteten Brief Antwort erhalten hatte. Du erhälst am spätesten einen Brief, weil ich Dich am letzten mit einem finstren Gesicht quälen wollte, denn wenigstens Eurer Theilnahme halte ich mich immer versichert. Ich schrieb mehrmals, vielleicht sahst Du meine Briefe; ich klagte über mich und spottete über andre; beydes kann Dir zeigen, wie übel ich mich befand. Ich wollte Dich nicht auch in's Lazareth führen und so schwieg ich.

Du magst entscheiden ob die Erinnerung an 2 glückliche Jahre, und die Sehnsucht nach All dem, was sie glücklich machte oder ob die widrigen Verhältnisse unter denen ich hier lebe, mich in die unglückseelige Stimmung setzen. Ich glaube s'ist beydes. Manchmal fühle ich ein wahres Heimweh nach Euren Bergen. Hier ist Alles so eng und klein. Natur und Menschen, die kleinlichsten Umgebungen, denen ich auch keinen Augenblick Interesse abgewinnen kann. Zu Ende Octobers ging ich von hier nach Gießen. 5 Wochen brachte ich daselbst halb im Dreck und halb im Bett zu. Ich bekam einen Anfall von Hirnhautentzündung; die Krankheit wurde im Entstehen unterdrückt, ich wurde aber gleichwohl gezwungen nach Darmstadt zurückzukehren um mich daselbst völlig zu erholen. Ich denke noch bis Neujahr hier zu bleiben und d. 5 od. 6. Januar wieder nach Gießen abzureisen.

Ein Brief von Dir würde mir große Freude machen, und, nicht wahr Christ einem Reconvalescenten schlägt man nichts ab? Seit ich Euch am Mittwoch Abend vor

5 Monaten zum letzten mal die Hände zum Kutschenschlag hinausstreckte, ist's mir als wären sie mir abg[ebrochen] und ich denke wir drücken uns die Hände um so fester, je seltner wir sie uns reichen. 3 treffliche Freunde habe ich in Gießen gelassen und bin jetzt ganz allein.

H. Dr. H. K.... ist freilich noch da, aber das ästhetische Geschlapp steht mir am Hals, er hat schon alle mögliche poetischen Accouchirstühle probirt, ich glaube er kann höchstens noch an eine kritische Nothtaufe in der Abendzeitung appelliren.

Ich werfe mich mit aller Gewalt in die Philosophie, die Kunstsprache ist abscheulich, ich meine für menschliche Dinge, müsse man auch menschliche Ausdrücke finden; doch das stört mich nicht, ich lache über meine Narrheit, und meine es gäbe im Grund genommen doch nichts als taube Nüsse zu knacken. Man muß aber unter der Sonne doch auf irgend einem Esel reiten und so sattle ich in Gottes Namen den meinigen; für's Futter ist mir nicht bang, an Distelköpfen wirds nicht fehlen, so la[n]g die Buchdruckerkunst nicht verloren [g]eht. Lebe wohl, Bester. Grüße die Freu[n]de, es geschieht dann doppelt, ich habe auch B[ö]ckel drum gebeten.

Und *Adolph* ist er wieder in Metz? ich schicke Dir nächstens einige Zeilen an ihn.

Was schreiben Viktor und Scherb.

Die politischen Verhältnisse könnten mich rasend machen. Das arme Volk schleppt geduldig den Karren, worauf die Fürsten und Liberalen ihre Affenkomödie spielen. Ich bete jeden Abend zum Hanf und zu d. Latern.

Nach Mitte Januar 1834. An Wilhelmine Jaeglé in Strassburg

Hier ist kein Berg, wo die Aussicht frei sei. Hügel hinter Hügel und breite Thäler, eine hohle Mittelmäßigkeit in Allem; ich kann mich nicht an diese Natur gewöhnen, und die Stadt ist abscheulich. Bei uns ist Frühling, ich kann deinen Veilchenstrauß immer ersetzen, er ist unsterblich wie der Lama. Lieb Kind, was macht denn die gute Stadt Straßburg, es geht dort allerlei vor, und du sagst kein Wort davon. Je bai[s]e les petites mains, en goûtant les souvenirs doux de Strasbourg. –

„Prouv[e]-moi que tu m'aimes encore beaucoup en me donnant bientôt des nouvelles." Und ich ließ dich warten! Schon seit einigen Tagen nehme ich jeden Augenblick die Feder in die Hand, aber es war mir unmöglich, nur ein Wort zu schreiben. Ich studirte die Geschichte der Revolution. Ich fühlte mich wie zernichtet unter dem gräßlichen Fatalismus der Geschichte. Ich finde in der Menschennatur eine entsetzliche Gleichheit, in den menschlichen Verhältnissen eine unabwendbare Gewalt, Allen und Keinem verliehen. Der Einzelne nur Schaum auf der Welle, die Größe ein bloßer Zufall, die Herrschaft des Genies ein Puppenspiel, ein lächerliches Ringen gegen ein ehernes Gesetz, es zu erkennen das Höchste, es zu beherrschen unmöglich. Es fällt mir nicht mehr ein, vor den Paradegäulen und Eckstehern der Geschichte mich zu bücken. Ich gewöhnte mein Auge ans Blut. Aber ich bin kein Guillotinenmesser. Das *muß* ist eins von den

Verdammungsworten, womit der Mensch getauft worden. Der Ausspruch: es muß ja Aergerniß kommen, aber wehe dem, durch den es kommt, – ist schauderhaft. Was ist das, was in uns lügt, mordet, stiehlt? Ich mag dem Gedanken nicht weiter nachgehen. Könnte ich aber dies kalte und gemarterte Herz an deine Brust legen! B. wird dich über mein Befinden beruhigt haben, ich schrieb ihm. Ich verwünsche meine Gesundheit. Ich glühte, das Fieber bedeckte mich mit Küssen und umschlang mich wie der Arm der Geliebten. Die Finsterniß wogte über mir, mein Herz schwoll in unendlicher Sehnsucht, es drangen Sterne durch das Dunkel, und Hände und Lippen bückten sich nieder. Und jetzt? Und sonst? Ich habe nicht einmal die Wollust des Schmerzes und des Sehnens. Seit ich über die Rheinbrücke ging, bin ich wie in mir vernichtet, ein einzelnes Gefühl taucht nicht in mir auf. Ich bin ein Automat; die Seele ist mir genommen. Ostern ist noch mein einziger Trost; ich habe Verwandte bei Landau, ihre Einladung und die Erlaubniß, sie zu besuchen. Ich habe die Reise schon tausendmal gemacht und werde nicht müde. – Du frägst mich: sehnst du dich nach mir? Nennst du's Sehnen, wenn man nur in einem Punkt leben kann und wenn man davon gerissen ist, und dann nur noch das Gefühl seines Elendes hat? Gib mir doch Antwort. Sind meine Lippen so kalt? .... – Dieser Brief ist ein Charivari: ich tröste dich mit einem andern.

Anfang (?) 1834. An die Eltern in Darmstadt

Ich habe Anlagen zur Schwermuth.

Ludwig Büchner schreibt dazu in seiner Einleitung der *Nachgelassenen Schriften* (S. 4): „Die ihm beinahe unerträglich scheinende Trennung von seiner Braut erzeugte in ihm während der ganzen Dauer seines Gießener Aufenthalts eine trübe und zerrissene Gemüthsstimmung, die sich in seinen Briefen häufig ausspricht und den sonst lebensfrohen jungen Mann sagen läßt: ‚Ich habe [...]'."

Etwa 16. Februar 1834. An Wilhelmine Jaeglé in Strassburg

... Ich dürste nach einem Briefe. Ich bin allein, wie im Grabe; wann erweckt mich deine Hand? Meine Freunde verlassen mich, wir schreien uns wie Taube einander in die Ohren; ich wollte, wir wären stumm, dann könnten wir uns doch nur ansehen, und in neuen Zeiten kann ich kaum Jemand starr anblicken, ohne daß mir die Thränen kämen. Es ist dies eine Augenwassersucht, die auch beim Starrsehen oft vorkommt. Sie sagen, ich sei verrückt, weil ich gesagt habe, in sechs Wochen würde ich auferstehen, zuerst aber Himmelfahrt halten, in der Diligence nämlich. Lebe wohl, liebe Seele, und verlaß mich nicht. Der Gram macht mich dir streitig, ich lieg' ihm den ganzen Tag im Schooß; armes Herz, ich glaube, du vergiltst mit Gleichem....

Nach Mitte Februar 1834. An die Eltern in Darmstadt

..... *Ich verachte Niemanden*, am wenigsten wegen seines Verstandes oder seiner Bildung, weil es in Niemands Gewalt liegt, kein Dummkopf oder kein Verbrecher zu werden, – weil wir durch gleiche Umstände wohl Alle gleich würden, und weil die Umstände außer uns liegen. Der *Verstand* nun gar ist nur eine sehr geringe Seite unsers geistigen Wesens und die Bildung nur eine sehr zufällige Form desselben. Wer mir eine solche Verachtung vorwirft, behauptet, daß ich einen Menschen mit Füßen träte, weil er einen schlechten Rock anhätte. Es heißt dieß, eine Rohheit, die man Einem im Körperlichen nimmer zutrauen würde, ins Geistige übertragen, wo sie noch gemeiner ist. Ich kann Jemanden einen Dummkopf nennen, ohne ihn deßhalb zu *verachten*; die Dummheit gehört zu den allgemeinen Eigenschaften der menschlichen Dinge; für ihre Existenz kann ich nichts, es kann mir aber Niemand wehren, Alles, was existirt, bei seinem Namen zu nennen und dem, was mir unangenehm ist, aus dem Wege zu gehn. Jemanden kränken, ist eine Grausamkeit, ihn aber zu suchen oder zu meiden, bleibt meinem Gutdünken überlassen. *Daher* erklärt sich mein Betragen gegen alte Bekannte; ich kränkte Keinen und sparte mir viel Langeweile; halten sie mich für hochmüthig, wenn ich an ihren Vergnügungen oder Beschäftigungen keinen Geschmack finde, so ist es eine Ungerechtigkeit; mir würde es nie einfallen, einem Andern aus dem nämlichen Grunde einen ähnlichen Vorwurf zu machen. Man nennt mich einen *Spötter*. Es ist wahr, ich lache oft, aber ich lache nicht darüber, *wie* Jemand ein Mensch, sondern nur darüber, *daß* er ein Mensch ist, wofür er ohnehin nichts kann, und lache dabei über mich selbst, der ich sein Schicksal theile. Die Leute nennen das Spott, sie vertragen es nicht, daß man *sich* als Narr producirt und sie dutzt; sie sind Verächter, Spötter und Hochmüthige, weil sie die Narrheit nur *außer sich* suchen. Ich habe freilich noch eine Art von Spott, es ist aber nicht der der Verachtung, sondern der des Hasses. Der Haß ist so gut erlaubt als die Liebe, und ich hege ihn im vollsten Maße gegen die, *welche verachten*. Es ist deren eine große Zahl, die im Besitze einer lächerlichen Aeußerlichkeit, die man Bildung, oder eines todten Krams, den man Gelehrsamkeit heißt, die große Masse ihrer Brüder ihrem verachtenden Egoismus opfern. Der Aristocratismus ist die schändlichste Verachtung des heiligen Geistes im Menschen; gegen ihn kehre ich seine eigenen Waffen; Hochmuth gegen Hochmuth, Spott gegen Spott. – Ihr würdet euch besser bei meinem Stiefelputzer nach mir umsehn; mein Hochmuth und Verachtung Geistesarmer und Ungelehrter fände dort wohl ihr bestes Object. Ich bitte, fragt ihn einmal... Die Lächerlichkeit des Herablassens werdet Ihr mir doch wohl nicht zutrauen. Ich hoffe noch immer, daß ich leidenden, gedrückten Gestalten mehr mitleidige Blicke zugeworfen, als kalten, vornehmen Herzen bittere Worte gesagt habe. – .....

Etwa 8. März 1834. An Wilhelmine Jaeglé in Strassburg

... Der erste helle Augenblick seit acht Tagen. Unaufhörliches Kopfweh und Fieber, die Nacht kaum einige Stunden dürftiger Ruhe. Vor zwei Uhr komme ich in kein Bett, und dann ein beständiges Auffahren aus dem Schlaf und ein Meer von Gedanken, in denen mir die Sinne vergehen. Mein Schweigen quält dich wie mich, doch vermochte ich nichts über mich. Liebe, liebe Seele, vergibst du? Eben komme ich von draußen herein. Ein einziger, forthallender Ton aus tausend Lerchenkehlen schlägt durch die brütende Sommerluft, ein schweres Gewölk wandelt über die Erde, der tiefbrausende Wind klingt wie sein melodischer Schritt. Die Frühlingsluft löste mich aus meinem Starrkrampf. Ich erschrack vor mir selbst. Das Gefühl des Gestorbenseins war immer über mir. Alle Menschen machten mir das hypokratische Gesicht, die Augen verglast, die Wangen wie von Wachs, und wenn dann die ganze Maschinerie zu leiern anfing, die Gelenke zuckten, die Stimme herausknarrte und ich das ewige Orgellied herumtrillern hörte und die Wälzchen und Stiftchen im Orgelkasten hüpfen und drehen sah, – ich verfluchte das Concert, den Kasten, die Melodie und – ach, wir armen schreienden Musikanten, das Stöhnen auf unsrer Folter, wäre es nur da, damit es durch die Wolkenritzen dringend und weiter, weiter klingend, wie ein melodischer Hauch in himmlischen Ohren stirbt? Wären wir das Opfer im glühenden Bauch des Perryllusstiers, dessen Todesschrei wie das Aufjauchzen des in den Flammen sich aufzehrenden Gottstiers klingt. Ich lästre nicht. Aber die Menschen lästern. Und doch bin ich gestraft, ich fürchte mich vor meiner Stimme und – vor meinem Spiegel. Ich hätte Herrn Callot-Hoffmann sitzen können, nicht wahr, meine Liebe? Für das Modelliren hätte ich Reisegeld bekommen. Ich spüre, ich fange an, interessant zu werden. –

Die Ferien fangen morgen in vierzehn Tagen an; verweigert man die Erlaubniß, so gehe ich heimlich, ich bin mir selbst schuldig, einem unerträglichen Zustande ein Ende zu machen. Meine geistigen Kräfte sind gänzlich zerrüttet. Arbeiten ist mir unmöglich, ein dumpfes Brüten hat sich meiner bemeistert, in dem mir kaum ein Gedanke noch hell wird. Alles verzehrt sich in mir selbst; hätte ich einen Weg für mein Inneres, aber ich habe keinen Schrei für den Schmerz, kein Jauchzen für die Freude, keine Harmonie für die Seligkeit. Dies Stummsein ist meine Verdammniß. Ich habe dir's schon tausendmal gesagt: Lies meine Briefe nicht, – kalte, träge Worte! Könnte ich nur über dich einen vollen Ton ausgießen; – so schleppe ich dich in meine wüsten Irrgänge. Du sitzest jetzt im dunkeln Zimmer in deinen Thränen allein, bald trete ich zu dir. Seit vierzehn Tagen steht dein Bild beständig vor mir, ich sehe dich in jedem Traum. Dein Schatten schwebt immer vor mir, wie das Lichtzittern, wenn man in die Sonne gesehen. Ich lechze nach einer seligen Empfindung, die wird mir bald, bald, bei dir.

Mitte März 1834. An Wilhelmine Jaeglé in Strassburg

... Ich wäre untröstlich, mein armes Kind, wüßte ich nicht, was dich heilte. Ich schreibe jetzt täglich, schon gestern hatte ich einen Brief angefangen. Fast hätte ich Lust, statt nach Darmstadt, gleich nach Straßburg zu gehen. Nimmt dein Unwohlsein eine ernste Wendung, – ich bin dann im Augenblick da. Doch was sollen dergleichen Gedanken? Sie sind mir Unbegreiflichkeiten. – Mein Gesicht ist wie ein Osterei, über das die Freude rothe Flecken laufen läßt. Doch ich schreibe abscheulich, es greift deine Augen an, das vermehrt das Fieber. Aber nein, ich glaube nichts, es sind nur die Nachwehen des alten nagenden Schmerzes; die linde Frühlingsluft küßt alte Leute und hektische todt; dein Schmerz ist alt und abgezehrt, er stirbt, das ist Alles, und du meinst, dein Leben ginge mit. Siehst du denn nicht den neuen lichten Tag? Hörst du meine Tritte nicht, die sich wieder rückwärts zu dir wenden? Sieh, ich schicke dir Küsse, Schneeglöckchen, Schlüsselblumen, Veilchen, der Erde erste schüchterne Blicke ins flammende Auge des Sonnenjünglings. Den halben Tag sitze ich eingeschlossen mit deinem Bild und spreche mit dir. Gestern Morgen versprach ich dir Blumen; da sind sie. Was gibst du mir dafür? Wie gefällt dir mein Bedlam? Will ich etwas Ernstes thun, so komme ich mir vor, wie Larifari in der Komödie; will er das Schwerdt ziehen: so ist's ein Hasenschwanz......

Ich wollte, ich hätte geschwiegen. Es überfällt mich eine unsägliche Angst. Du schreibst gleich, doch um's Himmelswillen nicht, wenn es dich Anstrengung kostet. Du sprachst mir von einem Heilmittel; lieb Herz, schon lange schwebt es mir auf der Zunge. Ich liebte aber so unser stilles Geheimniß, – doch sage deinem Vater Alles, – doch zwei Bedingungen: *Schweigen,* selbst bei den nächsten Verwandten. Ich mag nicht hinter jedem Kusse die Kochtöpfe rasseln hören, und bei den verschiedenen Tanten das Familienvatersgesicht ziehen. Dann: nicht eher an meine Eltern zu schreiben, als bis ich selbst geschrieben. Ich überlasse dir Alles, thue, was dich beruhigen kann. Was kann ich sagen, als daß ich dich liebe; was versprechen, als was in dem Worte Liebe schon liegt, Treue? Aber die sogenannte Versorgung? Student noch zwei Jahre; die gewisse Aussicht auf ein stürmisches Leben, vielleicht bald auf fremdem Boden!

Zum Schlusse trete ich zu dir und singe dir einen alten Wiegengesang:

War nicht umsonst so still und schwach,
Verlass'ne Liebe trug sie nach.
In ihrer kleinen Kammer hoch
Sie stets an der Erinnerung sog;
An ihrem Brodschrank an der Wand
Er immer, immer vor ihr stand,
Und wenn ein Schlaf sie übernahm,
Er immer, immer wieder kam.

Und dann:

Denn immer, immer, immer doch
Schwebt ihr das Bild an Wänden noch
Von einem Menschen, welcher kam
Und ihr als Kind das Herze nahm.

Fast ausgelöscht ist sein Gesicht,
Doch seiner Worte Kraft noch nicht,
Und jener Stunden Seligkeit,
Ach jener Träume Wirklichkeit,
Die, angeboren jedermann,
Kein Mensch sich wirklich machen kann.

Nach Mitte März 1834. An Wilhelmine Jaeglé in Strassburg

... Ich werde gleich von hier nach Straßburg gehen, ohne D .... zu berühren; ich hätte dort auf Schwierigkeiten gestoßen, und meine Reise wäre vielleicht bis zu Ende der Vakanzen verschoben worden. Ich schreibe dir jedoch vorher noch einmal, sonst ertrag' ich's nicht vor Ungeduld; dieser Brief ist ohnedies so langweilig, wie ein Anmelden in einem vornehmen Hause: Herr Studiosus Büchner. Das ist Alles! Wie ich hier zusammenschrumpfe, ich erliege fast unter diesem *Bewußtsein*; ja sonst wäre es ziemlich gleichgiltig; wie man nur einen Betäubten oder Blödsinnigen beklagen mag! Aber du, was sagst du zu dem Invaliden? Ich wenigstens kann die Leute auf halbem Sold nicht ausstehen. Nous ferons un peu de romantique, pour nous tenir à la hauteur du siècle; et puis me faudra-t-il du fer à cheval pour faire de l'impression à un coeur de femme? Aujourd'hui on a le système nerveux un peu robuste. Adieu.

19. März 1834. An die Eltern in Darmstadt

Gießen, den 19. März 1834.

..... Wichtiger ist die Untersuchung wegen der Verbindungen; die Relegation steht wenigstens dreißig Studenten bevor. Ich wollte die Unschädlichkeit dieser Verschwörer eidlich bekräftigen. Die Regierung muß aber doch etwas zu thun haben! Sie dankt ihrem Himmel, wenn ein paar Kinder schleifen oder Ketten schaukeln! – Die in Friedberg Verhafteten sind frei, mit Ausnahme von Vieren. – ...

Nach 27. März 1834. An die Eltern in Darmstadt

Ich war im Aeußeren ruhig, doch war ich in tiefe Schwermuth verfallen; dabei engten mich die politischen Verhältnisse ein, ich schämte mich, ein Knecht mit Knechten zu sein, einem vermoderten Fürstengeschlecht und einem kriechenden Staatsdiener-Aristokratismus zu Gefallen. Ich komme nach Gießen in die niedrigsten Verhältnisse, Kummer und Widerwillen machen mich krank.

25. Mai 1834. An die Eltern in Darmstadt

Gießen, den 25. Mai 1834.

..... Das Treiben des „*Burschen*" kümmert mich wenig, gestern Abend hat er von dem Philister Schläge bekommen. Man schrie *Bursch heraus*! Es kam aber Niemand, als die Mitglieder zweier Verbindungen, die aber den Universitätsrichter rufen mußten, um sich vor den Schuster- und Schneiderbuben zu retten. Der Universitätsrichter war betrunken und schimpfte die Bürger; es wundert mich, daß er keine Schläge bekam; das Possierlichste ist, daß die Buben liberal sind und sich daher an die loyal gesinnten Verbindungen machten. Die Sache soll sich heute Abend wiederholen, man munkelt sogar von einem Auszug; ich hoffe, daß der Bursche wieder Schläge bekommt; *wir* halten zu den Bürgern und bleiben in der Stadt.....

2. Juli 1834. An die Eltern in Darmstadt

Gießen, den 2. Juli 1834.

..... Was sagt man zu der Verurtheilung von *Schulz*? – Mich wundert es nicht, es riecht nach Kommißbrod. – A propos, wißt Ihr die hübsche Geschichte vom Herrn Commissär, etc...? Der gute Columbus sollte in X.... bei einem Schreiner eine geheime Presse entdecken. Er besetzt das Haus, dringt ein. „Guter Mann, es ist Alles aus, führ' Er mich nur an die Presse." – Der Mann führt ihn an die Kelter. „Nein, Mann! Die Presse! Die Presse!" – Der Mann versteht ihn nicht, und der Commissär wagt sich in den Keller. Es ist dunkel. „Ein Licht, Mann!" – „Das müssen Sie kaufen, wenn Sie eins haben wollen." – Aber der Herr Commissär spart dem Lande überflüssige Ausgaben. Er rennt, wie Münchhausen, an einen Balken, er schlägt Feuer aus seinem Nasenbein, das Blut fließt, er achtet nichts und *findet nichts*. Unser lieber Großherzog wird ihm aus einem Civilverdienstorden ein Nasenfutteral machen. – ......

3. August 1834. An die Eltern in Darmstadt

Frankfurt, den 3. August 1834.

.... Ich benutze jeden Vorwand, um mich von meiner Kette loszumachen. *Freitag Abends* ging ich von Gießen weg; ich wählte die Nacht der gewaltigen Hitze wegen, und so wanderte ich in der lieblichsten Kühle unter hellem Sternenhimmel, an dessen fernstem Horizonte ein beständiges Blitzen leuchtete. Theils zu Fuß, theils fahrend mit Postillonen und sonstigem Gesindel, legte ich während der Nacht den größten Theil des Wegs zurück. Ich ruhte mehrmals unterwegs. Gegen Mittag war ich in Offenbach. Den kleinen Umweg machte ich, weil es von dieser Seite leichter ist, in die Stadt zu kommen, ohne angehalten zu werden. Die Zeit erlaubte mir nicht, mich mit den nöthigen Papieren zu versehen.....

5. AUGUST 1834. AN DIE ELTERN IN DARMSTADT

Gießen, den 5. August 1834.

.... Ich meine, ich hätte Euch erzählt, daß *Minnigerode* eine halbe Stunde vor meiner Abreise arretirt wurde, man hat ihn nach Friedberg abgeführt. Ich begreife den Grund seiner Verhaftung nicht. Unserem scharfsinnigen Universitätsrichter fiel es ein, in meiner Reise, wie es scheint, einen Zusammenhang mit der Verhaftung Minnigerode's zu finden. Als ich hier ankam, fand ich meinen Schrank *versiegelt*, und man sagte mir, meine Papiere seien durchsucht worden. Auf mein Verlangen wurden die Siegel sogleich abgenommen, auch gab man mir meine Papiere (nichts als Briefe von Euch und meinen Freunden) zurück, nur einige französische Briefe von *W...*, *Muston*, *L...* und *B...* wurden zurückbehalten, wahrscheinlich weil die Leute sich erst einen Sprachlehrer müssen kommen lassen, um sie zu lesen. Ich bin empört über ein solches Benehmen, es wird mir übel, wenn ich meine heiligsten Geheimnisse in den Händen dieser schmutzigen Menschen denke. Und das Alles – wißt Ihr auch warum? Weil ich an dem nämlichen Tag abgereist, an dem Minnigerode verhaftet wurde. Auf einen vagen Verdacht hin verletzte man die heiligsten Rechte und verlangte dann weiter Nichts, als daß ich mich über meine Reise ausweisen sollte!!! Das konnte ich natürlich mit der größten Leichtigkeit; ich habe Briefe von B., die jedes Wort bestätigen, das ich gesprochen, und unter meinen Papieren befindet sich *keine* Zeile, die mich compromittiren könnte. Ihr könnt über die Sache ganz unbesorgt sein. Ich bin auf freiem Fuß und es ist unmöglich, daß man einen Grund zur Verhaftung finde. Nur im Tiefsten bin ich über das Verfahren der Gerichte empört, auf den Verdacht eines möglichen Verdachts in die heiligsten Familiengeheimnisse einzubrechen. Man hat mich auf dem Universitätsgericht *bloß gefragt*, wo ich mich während der drei letzten Tage aufgehalten, und um sich darüber Aufschluß zu verschaffen, *erbricht* man schon am zweiten Tag in meiner Abwesenheit meinen Pult und bemächtigt sich meiner Papiere! Ich werde mit einigen Rechtskundigen sprechen und sehen, ob die Gesetze für eine solche Verletzung Genugthuung schaffen! ....

8. AUGUST 1834. AN DIE ELTERN IN DARMSTADT

Gießen, den 8. August 1834.

..... Ich gehe meinen Beschäftigungen wie gewöhnlich nach, vernommen bin ich nicht weiter geworden. Verdächtiges hat man nicht gefunden, nur die französischen Briefe scheinen noch nicht entziffert zu sein; der Herr Universitätsrichter muß sich wohl erst Unterricht im Französischen nehmen. Man hat mir sie noch nicht zurückgegeben..... Uebrigens habe ich mich bereits an das Disciplinargericht gewendet und es um Schutz gegen die Willkür des Universitätsrichters gebeten. Ich bin auf die Antwort begierig. Ich kann mich nicht entschließen, auf die mir gebührende Genugthuung zu verzichten. Das Verletzen meiner heiligsten Rechte und das Einbrechen in alle meine Geheimnisse, das Berühren von Papieren, die mir Heiligthümer sind, empörten mich zu tief, als daß ich nicht jedes Mittel ergreifen sollte, um mich an dem Urheber dieser Gewaltthat zu rächen. Den Universitätsrichter habe ich mittelst des höflichsten Spottes fast ums Leben gebracht. Wie ich zurückkam, mein Zimmer mir verboten und mein Pult versiegelt fand, lief ich zu ihm und sagte ihm ganz kaltblütig mit der größten Höflichkeit, in Gegenwart mehrerer Personen: wie ich vernommen, habe er in meiner Abwesenheit mein Zimmer mit seinem Besuche *beehrt*, ich komme, um ihn um den Grund seines gütigen Besuches zu fragen etc. – Es ist Schade, daß ich nicht nach dem Mittagessen gekommen, aber auch so barst er fast und mußte diese beißende Ironie mit der größten Höflichkeit beantworten. Das Gesetz sagt, nur in Fällen sehr *dringenden* Verdachts, ja nur eines Verdachtes, der statt *halben Beweises* gelten *könne*, dürfe eine Haussuchung vorgenommen werden. Ihr seht, wie man das Gesetz auslegt. Verdacht, am wenigsten ein dringender, kann nicht gegen mich vorliegen, sonst müßte ich verhaftet sein; in der Zeit, wo ich hier bin, könnte ich ja jede Untersuchung durch Verabreden gleichlautender Aussagen und dergleichen unmöglich machen. Es geht hieraus hervor, daß ich durch nichts compromittirt bin und daß die Haussuchung nur vorgenommen worden, weil ich nicht liederlich und nicht sclavisch genug aussehe, um für keinen Demagogen gehalten zu werden. Ein[e] solche Gewaltthat stillschweigend ertragen, hieße die Regierung zur Mitschuldigen machen; hieße aussprechen, daß es keine gesetzliche Garantie mehr gäbe; hieße erklären, daß das verletzte Recht keine Genugthuung mehr erhalte. Ich will unserer Regierung diese grobe Beleidigung nicht anthun.

Wir wissen nichts von Minnigerode; das Gerücht mit Offenbach ist jedenfalls reine Erfindung; daß ich auch schon da gewesen, kann mich nicht mehr compromittiren, als jeden anderen Reisenden.... – Sollte man, sowie man ohne die gesetzlich nothwendige Ursache meine Papiere durchsuchte, mich auch ohne dieselbe festnehmen, in Gottes Namen! ich kann so wenig darüber hinaus, und es ist dies so wenig meine Schuld, als wenn eine Heerde Banditen mich anhielte, plünderte oder mordete. Es ist Gewalt, der man sich fügen muß, wenn man nicht stark genug ist, ihr zu widerstehen; aus der Schwäche kann Einem kein Vorwurf gemacht werden......

Etwa 23. August 1834. An die Eltern in Darmstadt

Es sind jetzt fast drei Wochen seit der Haussuchung verflossen, und man hat mir in Bezug darauf noch nicht die *mindeste* Eröffnung gemacht. Die Vernehmung bei dem Universitätsrichter am ersten Tage kann nicht in Anschlag gebracht werden, sie steht damit in keinem *gesetzlichen* Zusammenhang; der Herr *Georgi* verlangt nur als *Universitätsrichter* von mir als *Studenten*: ich solle mich wegen meiner Reise ausweisen, während er die Haussuchung als *Regierungscommissär* vornahm. Ihr sehet also, wie weit man es in der *gesetzlichen Anarchie* gebracht hat. Ich vergaß, wenn ich nicht irre, den wichtigen Umstand anzuführen, daß die Haussuchung sogar ohne die drei, durch das Gesetz vorgeschriebenen *Urkundspersonen* vorgenommen wurde, und so um so mehr den Charakter eines *Einbruchs* an sich trägt. Das Verletzen unserer Familiengeheimnisse ist ohnehin ein bedeutenderer Diebstahl, als das Wegnehmen einiger Geldstücke. Das Einbrechen in meiner *Abwesenheit* ist ebenfalls ungesetzlich; man war nur berechtigt, meine Thüre zu versiegeln, und erst *dann* in meiner *Abwesenheit* zur Haussuchung zu schreiten, wenn ich mich auf *erfolgte Vorladung* nicht gestellt hätte. Es sind also *drei Verletzungen des Gesetzes* vorgefallen: Haussuchung *ohne dringenden Verdacht* (ich bin, wie gesagt, noch nicht vernommen worden, und es sind drei Wochen verflossen), Haussuchung *ohne Urkundspersonen*, und endlich Haussuchung am dritten Tage meiner Abwesenheit *ohne vorher erfolgte Vorladung*. –

Die Vorstellung an das Disciplinargericht war im Grund genommen überflüssig, weil der Universitätsrichter als *Regierungscommissär* nicht unter ihm steht. Ich that diesen Schritt nur vorerst, um nicht mit der Thüre ins Haus zu fallen; ich stellte mich unter seinen Schutz, ich überließ ihm meine Klage. Seiner Stellung gemäß *mußte* es meine Sache zu der *seinigen* machen, aber die Leute sind etwas furchtsamer Natur; ich bin überzeugt, daß sie mich an eine andere Behörde verweisen. Ich erwarte ihre Resolution.... Der Vorfall ist so einfach und liegt so klar am Tage, daß man mir entweder volle Genugthuung schaffen oder öffentlich erklären muß, das Gesetz sei aufgehoben und eine Gewalt an seine Stelle getreten, gegen die es keine Appellation, als Sturmglocken und Pflastersteine gebe.....

21. Februar 1835. An Johann David Sauerländer in Frankfurt am Main

Darmstadt d. 21. Febr. 35.

Geehrtester Herr!

Ich gebe mir die Ehre Ihnen mit dießen Zeilen ein Manuscript zu überschicken. Es ist ein dramatischer Versuch und behandelt einen Stoff der neueren Geschichte. Sollten Sie geneigt seyn das Verlag desselben zu übernehmen, so ersuche ich Sie mich so bald als möglich davon zu benachrichtigen, im entgegengesetzten Falle aber das Manuscript an die Heyerische Buchhandlung dahier zurückgehn zu lassen.

Sie würden mich sehr verbinden, wenn Sie dem Herrn Karl Guzkow den beygeschloßnen Brief überschicken und ihm das Drama zur Einsicht mittheilen wollten.

Haben Sie die Güte eine etwaige Antwort in einer Couverte mit der Adresse: an Frau Regierungsrath Reuss zu Darmstadt, an mich gelangen zu lassen. Verschiedne Umstände lassen mich dringend wünschen, daß dieß in möglichster Kürze der Fall sey.

Hochachtungsvoll verbleibe ich

Ihr ergebenster Diener *G. Büchner.*

21. Februar 1835. An Karl Gutzkow in Frankfurt am Main

Mein Herr!

Vielleicht hat es Ihnen die Beobachtung, vielleicht, im unglücklicheren Fall, die eigne Erfahrung schon gesagt, daß es einen Grad von Elend gibt, welcher jede Rücksicht vergessen und jedes Gefühl verstummen macht. Es gibt zwar Leute, welche behaupten, man solle sich in einem solchen Falle lieber zur Welt hinaushungern, aber ich könnte die Widerlegung in einem seit Kurzem erblindeten Hauptmann von der Gasse aufgreifen, welcher erklärt, er würde sich todtschießen, wenn er nicht gezwungen sei, seiner Familie durch sein Leben seine Besoldung zu erhalten. Das ist entsetzlich. Sie werden wohl einsehen, daß es ähnliche Verhältnisse geben kann, die Einen verhindern, seinen Leib zum Nothanker zu machen, um ihn von dem Wrack dieser Welt in das Wasser zu werfen und werden sich also nicht wundern, wie ich Ihre Thüre aufreiße, in Ihr Zimmer trete, Ihnen ein Manuscript auf die Brust setze und ein Allmosen abfordere. Ich bitte Sie nämlich, das Manuscript so schnell als möglich zu durchlesen, es, im Fall Ihnen Ihr *Gewissen als Kritiker* dieß *erlauben sollte*, dem Herrn S.. zu empfehlen, und sogleich zu antworten.

Ueber das Werk selbst kann ich Ihnen nichts weiter sagen, als daß unglückliche Verhältnisse mich zwangen, es in höchstens fünf Wochen zu schreiben. Ich sage dieß, um Ihr Urtheil über den Verfasser, nicht über das Drama an und für sich, zu motiviren. Was ich daraus machen soll, weiß ich selbst nicht, nur das weiß ich, daß ich alle Ursache habe, der Geschichte gegenüber roth zu werden; doch tröste ich mich mit dem Gedanken, daß, Shakespeare ausgenommen, alle Dichter vor ihr und der Natur wie Schulknaben dastehen.

Ich wiederhole meine Bitte um schnelle Antwort; im Falle eines günstigen Erfolgs können einige Zeilen von Ihrer Hand, wenn sie noch vor nächstem Mittwoch hier eintreffen, einen Unglücklichen vor einer sehr traurigen Lage bewahren.

Sollte Sie vielleicht der Ton dieses Briefes befremden, so bedenken Sie, daß es mir leichter fällt, in Lumpen zu betteln, als im Frack eine Supplik zu überreichen und fast leichter, die Pistole in der Hand: la bourse ou la vie! zu sagen, als mit bebenden Lippen ein: Gott lohn' es! zu flüstern.

G. *Büchner.*

9. März 1835. An die Eltern in Darmstadt

Weißenburg, den 9. März 1835.

Eben lange ich wohlbehalten hier an. Die Reise ging schnell und bequem vor sich. Ihr könnt, was meine persönliche Sicherheit anlangt, völlig ruhig sein. Sicheren Nachrichten gemäß bezweifle ich auch nicht, daß mir der Aufenthalt in Straßburg gestattet werden wird.... Nur die dringendsten Gründe konnten mich zwingen, Vaterland und Vaterhaus in der Art zu verlassen... Ich konnte mich unserer politischen Inquisition stellen; von dem Resultat einer Untersuchung hatte ich nichts zu befürchten, aber Alles von der Untersuchung selbst..... Ich bin überzeugt, daß nach einem Verlaufe von zwei bis drei Jahren meiner Rückkehr nichts mehr im Wege stehen wird. Diese Zeit hätte ich im Falle des Bleibens in einem Kerker zu Friedberg versessen; körperlich und geistig zerrüttet wäre ich dann entlassen worden. Dies stand mir so deutlich vor Augen, dessen war ich so gewiß, daß ich das große Uebel einer freiwilligen Verbannung wählte. Jetzt habe ich Hände und Kopf frei.... Es liegt jetzt Alles in meiner Hand. Ich werde das Studium der medicinisch-philosophischen Wissenschaften mit der größten Anstrengung betreiben, und auf *dem* Felde ist noch Raum genug, um etwas Tüchtiges zu leisten und unsere Zeit ist grade dazu gemacht, dergleichen anzuerkennen. Seit ich über der Grenze bin, habe ich frischen Lebensmuth, ich stehe jetzt ganz allein, aber gerade das steigert meine Kräfte. Der beständigen geheimen Angst vor Verhaftung und sonstigen Verfolgungen, die mich in Darmstadt beständig peinigte, enthoben zu sein, ist eine große Wohlthat.....

Mitte März 1835. An Karl Gutzkow in Frankfurt am Main

Straßburg.

Verehrtester!

Vielleicht haben Sie durch einen Steckbrief im Frankfurter Journal meine Abreise von Darmstadt erfahren. Seit einigen Tagen bin ich hier; ob ich bleiben werde, weiß ich nicht, das hängt von verschiedenen Umständen ab. Mein Manuscript wird unter der Hand seinen Kurs durchgemacht haben.

Meine Zukunft ist so problematisch, daß sie mich selbst zu interessiren anfängt, was viel heißen will. Zu dem subtilen Selbstmord durch *Arbeit* kann ich mich nicht leicht entschließen; ich hoffe, meine Faulheit wenigstens ein Vierteljahr lang fristen zu können, und nehme dann Handgeld entweder von den Jesuiten für den Dienst der Maria oder von den St. Simonisten für die femme libre, oder sterbe mit meiner Geliebten. Wir werden sehen. Vielleicht bin ich auch dabei, wenn noch einmal das Münster eine Jacobiner-Mütze aufsetzen sollte. Was sagen Sie dazu? Es ist nur mein Spaß. Aber Sie sollen noch erleben, zu was ein Deutscher nicht fähig ist, wenn er Hunger hat. Ich wollte, es ginge der ganzen Nation wie mir. Wenn es einmal ein Misjahr gibt, worin nur der Hanf geräth! Das sollte lustig gehen, wir wollten schon eine Boa Constriktor zusammen flechten. Mein Danton ist vorläufig ein seidnes Schnürchen und meine Muse ein verkleideter Samson.

27. März 1835. An die Eltern in Darmstadt

Straßburg, den 27. März 1835.

..... Ich fürchte sehr, daß das Resultat der Untersuchung den Schritt, welchen ich gethan, hinlänglich rechtfertigen wird; es sind wieder Verhaftungen erfolgt, und man erwartet nächstens deren noch mehr. Minnigerode ist in flagranti crimine ertappt worden; man betrachtet ihn als den Weg, der zur Entdeckung aller bisherigen revolutionären Umtriebe führen soll, man sucht ihm um jeden Preis sein Geheimniß zu entreißen; wie sollte seine schwache Constitution der langsamen Folter, auf die man ihn spannt, widerstehen können? .... Ist in den deutschen Zeitungen die Hinrichtung des Lieutenant Kosseritz auf dem Hohenasperg in Würtemberg bekannt gemacht worden? Er war *Mitwisser* um das Frankfurter Complott, und wurde vor einiger Zeit erschossen. Der Buchhändler *Frankh* aus Stuttgart ist mit noch mehreren Anderen aus der nämlichen Ursache zum Tode verurtheilt worden, und man glaubt, daß das Urtheil vollstreckt wird......

20. April 1835. An die Eltern in Darmstadt

Straßburg, den 20. April 1835.

..... Heute Morgen erhielt ich eine traurige Nachricht; ein Flüchtling aus der Gegend von Gießen ist hier angekommen; er erzählte mir, in der Gegend von Marburg seien mehrere Personen verhaftet und bei einem von ihnen eine Presse gefunden worden, außerdem sind meine Freunde L. *Becker* und *Klemm* eingezogen worden, und Rector *Weidig* von Butzbach wird verfolgt. Ich begreife unter solchen Umständen die Freilassung von P..... nicht. Jetzt erst bin ich froh, daß ich weg bin, man würde mich auf keinen Fall verschont haben.... Ich sehe meiner Zukunft sehr ruhig entgegen. Jedenfalls könnte ich von meinen schriftstellerischen Arbeiten leben..... Man hat mich auch aufgefordert, Kritiken über die neu erscheinenden französischen Werke in das Literaturblatt zu schicken, sie werden gut bezahlt. Ich würde mir noch weit mehr verdienen können, wenn ich mehr Zeit darauf verwenden wollte, aber ich bin entschlossen, meinen *Studienplan nicht aufzugeben......*

5. Mai 1835. An die Eltern in Darmstadt

Straßburg, den 5. Mai 1835.

Schulz und seine Frau gefallen mir sehr gut, ich habe schon seit längerer Zeit Bekanntschaft mit ihnen gemacht und besuche sie öfters. Schulz namentlich ist nichts weniger, als die unruhige Kanzleibürste, die ich mir unter ihm vorstellte; er ist ein ziemlich ruhiger und sehr anspruchsloser Mann. Er beabsichtigt in aller Nähe mit seiner Frau nach Nancy und in Zeit von einem Jahr ungefähr nach Zürich zu gehen, um dort zu dociren.... Die Verhältnisse der politischen Flüchtlinge sind in der Schweiz keineswegs so schlecht, als man sich einbildet; die strengen Maßregeln erstrecken sich nur auf diejenigen, welche durch ihre fortgesetzten Tollheiten die Schweiz in die unangenehmsten Verhältnisse mit dem Auslande gebracht und schon beinahe in einen Krieg mit demselben verwickelt haben..... Böckel und Baum sind fortwährend meine intimsten Freunde; Letzterer will seine Abhandlung über die Methodisten, wofür er einen Preis von 3000 Francs erhalten hat und öffentlich gekrönt worden ist, drucken lassen. Ich habe mich in seinem Namen an *Gutzkow* gewendet, mit dem ich fortwährend in Correspondenz stehe. Er ist im Augenblick in Berlin, muß aber bald wieder zurückkommen. Er scheint viel auf mich zu halten, ich bin froh darüber, sein Literaturblatt steht in großem Ansehn. ..... Im Juni wird er hierherkommen, wie er mir schreibt. Daß Mehreres aus meinem Drama im Phönix erschienen ist, hatte ich durch ihn erfahren, er versicherte mich auch, daß das Blatt viel Ehre damit eingelegt habe. Das Ganze muß bald erscheinen. Im Fall es euch zu Gesicht kommt, bitte ich euch, bei eurer Beurtheilung vorerst zu bedenken, daß ich der Geschichte treu bleiben und die Männer der Revolution geben mußte, wie sie waren, blutig, liederlich, energisch und cynisch. Ich betrachte mein Drama wie ein geschichtliches Gemälde, das seinem Original gleichen muß. ... Gutzkow hat mich um Kritiken, wie um eine besondere Gefälligkeit gebeten; ich konnte es nicht abschlagen, ich gebe mich ja doch in meinen freien Stunden mit Lectüre ab, und wenn ich dann manchmal die Feder in die Hand nehme und schreibe über das Gelesene etwas nieder, so ist dieß keine so große Mühe und nimmt wenig Zeit weg. ... Der Geburtstag des Königs ging sehr still vorüber, Niemand fragt nach dergleichen, selbst die Republikaner sind ruhig; sie wollen keine Emeuten mehr, aber ihre Grundsätze finden von Tag zu Tag, namentlich bei der jungen Generation mehr Anhang, und so wird wohl die Regierung nach und nach, ohne gewaltsame Umwälzung von selbst zusammenfallen. ... *Sartorius* ist verhaftet, sowie auch *Becker*. Heute habe ich auch die Verhaftung des Herrn *Weidig* und des Pfarrers *Flick* zu Petterweil erfahren......

10. Juni 1835. An die Eltern in Darmstadt

Straßburg, Mittwoch nach Pfingsten 1835

..... Was ihr mir von dem in Darmstadt verbreiteten Gerüchte hinsichtlich einer in Straßburg bestehenden Verbindung sagt, beunruhigt mich sehr. Es sind höchstens acht bis neun deutsche Flüchtlinge hier, ich komme fast in keine Berührung mit ihnen, und an eine politische Verbindung ist nicht zu denken. Sie sehen so gut wie ich ein, daß unter den jetzigen Umständen dergleichen im Ganzen unnütz und dem, der daran Theil nimmt, höchst verderblich ist. Sie haben nur einen Zweck, nämlich durch Arbeiten, Fleiß und gute Sitten das sehr gesunkene Ansehn der deutschen Flüchtlinge wieder zu heben, und ich finde das sehr lobenswerth. Straßburg schien übrigens unserer Regierung höchst verdächtig und sehr gefährlich, es wundern mich daher die umgehenden Gerüchte nicht im Geringsten, nur macht es mich besorgt, daß unsere Regierung die Ausweisung der Schuldigen verlangen will. Wir stehen hier unter keinem gesetzlichen Schutz, halten uns eigentlich gegen das Gesetz hier auf, sind nur *geduldet* und somit ganz der Willkür des Präfecten überlassen. Sollte ein derartiges Verlangen von unserer Regierung gestellt werden, so würde man nicht fragen: existirt eine solche Verbindung oder nicht? sondern man würde ausweisen, was da ist. Ich kann zwar auf Protection genug zählen, um mich hier halten zu können, aber das geht nur so lange, als die hessische Regierung nicht *besonders* meine Ausweisung verlangt, denn in diesem Falle spricht das Gesetz *zu* deutlich, als daß die Behörde ihm nicht nachkommen müßte. Doch hoffe ich, das Alles ist übertrieben. Uns berührt auch folgende Thatsache: Dr. *Schulz hat nämlich vor einigen Tagen den Befehl erhalten,* Straßburg zu verlassen; er hatte hier ganz zurückgezogen gelebt, sich ganz ruhig verhalten und *dennoch*! Ich hoffe, daß unsere Regierung mich für zu unbedeutend hielt, um auch gegen mich ähnliche Maßregeln zu ergreifen und daß ich somit ungestört bleiben werde. Sagt, ich sei in die Schweiz gegangen. – *Heumann* sprach ich gestern. – Auch sind in der letzten Zeit wieder fünf Flüchtlinge aus Darmstadt und Gießen hier eingetroffen und bereits in die Schweiz weiter gereist. *Rosenstiel, Wiener* und *Stamm* sind unter ihnen.....

Ende Juni / Anfang Juli 1835. An die Eltern in Darmstadt

..... Ich habe hier noch mündlich viel Unangenehmes aus Darmstadt erfahren. *Koch, Walloth, Geilfuß* und einer meiner Gießener Freunde, mit Namen *Becker*, sind vor Kurzem hier angekommen, auch ist der junge *Stamm* hier. Es sind sonst noch Mehrere angekommen, sie gehen aber sämmtlich weiter in die Schweiz oder in das Innere von Frankreich. Ich habe von Glück zu sagen und fühle mich manchmal recht frei und leicht, wenn ich den weiten, freien Raum um mich überblicke und mich dann in das Darmstädter Arresthaus zurückversetze. Die Unglücklichen! Minnigerode sitzt jetzt fast ein Jahr, er soll körperlich fast aufgerieben sein, aber zeigt er nicht eine heroische Standhaftigkeit? Es heißt, er sei schon mehrmals geschlagen worden, ich kann und mag es nicht glauben. *A. Becker* wird wohl von Gott und der Welt verlassen sein; seine Mutter starb, während er in Gießen im Gefängniß saß, *vierzehn Tage* darnach eröffnete man es ihm!!! *Kl...* ist ein Verräther, das ist gewiß, aber es ist mir doch immer, als ob ich träumte, wenn ich daran denke. Wißt Ihr denn, daß seine Schwester und seine Schwägerin ebenfalls verhaftet und nach Darmstadt gebracht worden sind, und zwar höchst wahrscheinlich auf seine eigne Aussage hin? Uebrigens gräbt er sich sein eignes Grab; seinen Zweck, die Heirath mit Fräulein v...... in Gießen, wird er doch nicht erreichen, und die öffentliche Verachtung, die ihn unfehlbar trifft, wird ihn tödten. Ich fürchte nur sehr, daß die bisherigen Verhaftungen nur das Vorspiel sind; es wird noch bunt hergehen. Die Regierung weiß sich nicht zu mäßigen; die Vortheile, welche ihr die Zeitumstände in die Hand geben, wird sie auf's Aeußerste mißbrauchen, und das ist sehr unklug und für uns sehr vortheilhaft. Auch der junge *v. Biegeleben, Weidenbusch, Floret* sind in eine Untersuchung verwickelt; das wird noch ins Unendliche gehen. Drei Pfarrer, *Flick, Weidig* und *Thudichum* sind unter den Verhafteten. Ich fürchte nur sehr, daß unsere Regierung uns hier nicht in Ruhe läßt, doch bin ich der Verwendung der Professoren Lauth, Duvernoy und des Doctor Boeckel's gewiß, die sämmtlich mit dem Präfecten gut stehen. – Mit meiner Uebersetzung bin ich längst fertig; wie es mit meinem Drama geht, weiß ich nicht; es mögen wohl fünf bis sechs Wochen sein, daß mir Gutzkow schrieb, es werde daran gedruckt, seit der Zeit habe ich nichts mehr darüber gehört. Ich denke es muß erschienen sein, und man schickt es mir erst, wenn die Recensionen erschienen sind, zugleich mit diesen zu. Anders weiß ich mir die Verzögerung nicht zu erklären. Nur fürchte ich zuweilen für *Gutzkow*; er ist ein Preuße und hat sich neuerdings durch eine Vorrede zu einem in Berlin erschienenen Werke das Mißfallen seiner Regierung zugezogen. Die Preußen machen kurzen Prozeß; er sitzt vielleicht jetzt auf einer preußischen Festung; doch wir wollen das Beste hoffen......

16. Juli 1835. An die Eltern in Darmstadt

Straßburg, 16. Juli 1835.

.... Ich lebe hier ganz unangefochten; es ist zwar vor einiger Zeit ein Rescript von Gießen gekommen, die Polizei scheint aber keine Notiz davon genommen zu haben. .... Es liegt schwer auf mir, wenn ich mir Darmstadt vorstelle; ich sehe unser Haus und den Garten und dann unwillkührlich das abscheuliche Arresthaus. Die Unglücklichen! Wie wird das enden? Wohl wie in Frankfurt, wo Einer nach dem Andern stirbt und in der Stille begraben wird. Ein Todesurtheil, ein Schaffot, was ist das? Man stirbt für seine Sache. Aber so im Gefängniß auf eine langsame Weise aufgerieben zu werden! Das ist entsetzlich! Könntet Ihr mir nicht sagen, wer in Darmstadt sitzt? Ich habe hier Vieles untereinander gehört, werde aber nicht klug daraus. *Kl*... scheint eine schändliche Rolle zu spielen. Ich hatte den Jungen sehr gern, er war grenzenlos leidenschaftlich, aber offen, lebhaft, muthig und aufgeweckt. Hört man nichts von Minnigerode? Sollte er wirklich Schläge erhalten? Es ist mir undenkbar. Seine heroische Standhaftigkeit sollte auch den verstocktesten Aristokraten Ehrfurcht einflößen......

28. Juli 1835. An die Eltern in Darmstadt

Straßburg, 28. Juli 1835.

..... Ueber mein Drama muß ich einige Worte sagen: erst muß ich bemerken, daß die Erlaubniß, einige Aenderungen machen zu dürfen, allzusehr benutzt worden ist. Fast auf jeder Seite weggelassen, zugesetzt, und fast immer auf die dem Ganzen nachtheiligste Weise. Manchmal ist der Sinn ganz entstellt oder ganz und gar weg, und fast platter Unsinn steht an der Stelle. Außerdem wimmelt das Buch von den abscheulichsten Druckfehlern. Man hatte mir keinen *Correcturbogen* zugeschickt. Der Titel ist abgeschmackt, und mein Name steht darauf, was ich ausdrücklich verboten hatte; er steht außerdem nicht auf dem Titel meines Manuscripts. Außerdem hat mir der Corrector einige Gemeinheiten in den Mund gelegt, die ich in meinem Leben nicht gesagt haben würde. Gutzkow's glänzende Kritiken habe ich gelesen und zu meiner Freude dabei bemerkt, daß ich keine Anlagen zur Eitelkeit habe. Was übrigens die sogenannte Unsittlichkeit meines Buchs angeht, so habe ich Folgendes zu antworten: der dramatische Dichter ist in meinen Augen nichts, als ein

Geschichtschreiber, steht aber *über* Letzterem dadurch, daß er uns die Geschichte zum zweiten Mal erschafft und uns gleich unmittelbar, statt eine trockne Erzählung zu geben, in das Leben einer Zeit hinein versetzt, uns statt Charakteristiken Charaktere, und statt Beschreibungen Gestalten gibt. Seine höchste Aufgabe ist, der Geschichte, wie sie sich wirklich begeben, so nahe als möglich zu kommen. Sein Buch darf weder *sittlicher* noch *unsittlicher* sein, als die *Geschichte selbst*; aber die Geschichte ist vom lieben Herrgott nicht zu einer Lectüre für junge Frauenzimmer geschaffen worden, und da ist es mir auch nicht übel zu nehmen, wenn mein Drama ebensowenig dazu geeignet ist. Ich kann doch aus einem Danton und den Banditen der Revolution nicht Tugendhelden machen! Wenn ich ihre Liederlichkeit schildern wollte, so mußte ich sie eben liederlich sein, wenn ich ihre Gottlosigkeit zeigen wollte, so mußte ich sie eben wie Atheisten sprechen lassen. Wenn einige unanständige Ausdrücke vorkommen, so denke man an die weltbekannte, obscöne Sprache der damaligen Zeit, wovon das, was ich meine Leute sagen lasse, nur ein schwacher Abriß ist. Man könnte mir nur noch vorwerfen, daß ich einen solchen Stoff gewählt hätte. Aber der Einwurf ist längst widerlegt. Wollte man ihn gelten lassen, so müßten die größten Meisterwerke der Poesie verworfen werden. Der Dichter ist kein Lehrer der Moral, er erfindet und schafft Gestalten, er macht vergangene Zeiten wieder aufleben, und die Leute mögen dann daraus lernen, so gut, wie aus dem Studium der Geschichte und der Beobachtung dessen, was im menschlichen Leben um sie herum vorgeht. Wenn man *so* wollte, dürfte man keine Geschichte studiren, weil sehr viele unmoralische Dinge darin erzählt werden, müßte mit verbundenen Augen über die Gasse gehen, weil man sonst Unanständigkeiten sehen könnte, und müßte über einen Gott Zeter schreien, der eine Welt erschaffen, worauf so viele Liederlichkeiten vorfallen. Wenn man mir übrigens noch sagen wollte, der Dichter müsse die Welt nicht zeigen wie sie ist, sondern wie sie sein solle, so antworte ich, daß ich es nicht besser machen will, als der liebe Gott, der die Welt gewiß gemacht hat, wie sie sein soll. Was noch die sogenannten Idealdichter anbetrifft, so finde ich, daß sie fast nichts als Marionetten mit himmelblauen Nasen und affectirtem Pathos, aber nicht Menschen von Fleisch und Blut gegeben haben, deren Leid und Freude mich mitempfinden macht, und deren Thun und Handeln mir Abscheu oder Bewunderung einflößt. Mit einem Wort, ich halte viel auf Goethe und Shakspeare, aber sehr wenig auf Schiller. Daß übrigens noch die ungünstigsten Kritiken erscheinen werden, versteht sich von selbst; denn die Regierungen müssen doch durch ihre bezahlten Schreiber beweisen lassen, daß ihre Gegner Dummköpfe oder unsittliche Menschen sind. Ich halte übrigens mein Werk keineswegs für vollkommen, und werde jede wahrhaft ästhetische Kritik mit Dank annehmen. –

Habt ihr von dem gewaltigen Blitzstrahl gehört, der vor einigen Tagen das Münster getroffen hat? Nie habe ich einen solchen Feuerglanz gesehen und einen solchen Schlag gehört, ich war einige Augenblicke wie betäubt. Der Schade ist der größte seit Wächtersgedenken. Die Steine wurden mit ungeheurer Gewalt zerschmettert und weit weg geschleudert; auf hundert Schritt im Umkreis wurden die Dächer der benachbarten Häuser von den herabfallenden Steinen durchgeschlagen. –

Es sind wieder drei Flüchtlinge hier eingetroffen, *Nievergelder* ist darunter; es sind in Gießen neuerdings zwei Studenten verhaftet worden. Ich bin äußerst vorsichtig. Wir wissen hier von Niemand, der auf der Grenze verhaftet worden sei. Die Geschichte muß ein Mährchen sein......

Nach 5. August 1835. An die Eltern in Darmstadt

..... Vor Allem muß ich Euch sagen, daß man mir auf besondere Verwendung eine Sicherheitskarte versprochen hat, im Fall ich einen *Geburts-* (nicht Heimats-) *Schein* vorweisen könnte. Es ist dies nur als eine vom Gesetze vorgeschriebene Förmlichkeit zu betrachten; ich muß ein Papier vorweisen können, so unbedeutend es auch sei. ... Doch lebe ich ganz unangefochten, es ist nur eine prophylactische Maßregel, die ich für die Zukunft nehme. Sprengt übrigens immerhin aus, ich sei nach Zürich gegangen; da ihr seit längerer Zeit keine Briefe von mir durch die Post erhalten habt, so kann die Polizei unmöglich mit Bestimmtheit wissen, wo ich mich aufhalte, zumal da ich meinen Freunden geschrieben, ich sei nach Zürich gegangen. Es sind wieder einige Flüchtlinge hier angekommen, ein Sohn des Professor *Vogt* ist darunter, sie bringen die Nachricht von neuen Verhaftungen dreier Familienväter! Der eine in Rödelheim, der andere in Frankfurt, der dritte in Offenbach. Auch ist eine Schwester des unglücklichen *Neuhof*, ein schönes und liebenswürdiges Mädchen, wie man sagt, verhaftet worden. Daß ein Frauenzimmer aus Gießen in das Darmstädter Arresthaus gebracht wurde, ist gewiß; man behauptet, sie sei die .... Die Regierung muß die Sachen sehr geheim halten, denn ihr scheint in Darmstadt sehr schlecht unterrichtet zu sein. Wir erfahren Alles durch die Flüchtlinge, welche es am besten wissen, da sie meistens zuvor in die Untersuchung verwickelt waren. Daß Minnigerode in Friedberg eine Zeit lang Ketten an den Händen hatte, weiß ich gewiß; ich weiß es von Einem, der mit ihm saß. Er soll tödtlich krank sein; wolle der Himmel, daß seine Leiden ein Ende hätten! Daß die Gefangenen die Gefangenkost bekommen und weder Licht noch Bücher erhalten, ist ausgemacht. Ich danke dem Himmel, daß ich voraussah, was kommen würde, ich wäre in so einem Loch verrückt geworden. ..... In der Politik fängt es hier wieder an, lebendig zu werden. Die Höllenmaschine in Paris und die der Kammer vorgelegten Gesetz-Entwürfe über die Presse machen viel Aufsehn. Die Regierung zeigt sich sehr unmoralisch; denn, obgleich es gerichtlich erwiesen ist, daß der Thäter ein verschmitzter Schurke ist, der schon allen Parteien gedient hat und wahrscheinlich durch Geld zu der That getrieben wurde, so sucht sie doch das Verbrechen den Republikanern und Carlisten auf den Hals zu laden und durch den momentanen Eindruck die unleidlichsten Beschränkungen der Presse zu erlangen. Man glaubt, daß das Gesetz in der Kammer durchgehen und vielleicht noch geschärft werden wird. Die Regierung ist sehr unklug; in sechs Wochen hat man die Höllenmaschine vergessen, und dann befindet sie sich mit ihrem Gesetz einem Volke gegenüber, das seit mehreren Jahren gewohnt ist, Alles, was ihm durch den Kopf kommt, öffentlich zu sagen.

Die feinsten Politiker reimen die Höllenmaschine mit der Revue in Kalisch zusammen. Ich kann ihnen nicht ganz Unrecht geben; die Höllenmaschine unter Bonaparte! der Rastadter Gesandtenmord!! .....

Wenn man sieht, wie die absoluten Mächte Alles wieder in die alte Unordnung zu bringen suchen, Polen, Italien, Deutschland wieder unter den Füßen! es fehlt nur noch Frankreich, es hängt ihnen immer, wie ein Schwerdt, über dem Kopf. So zum Zeitvertreib wirft man doch die Millionen in Kalisch nicht zum Fenster hinaus. Man hätte die auf den Tod des Königs folgende Verwirrung benutzt und hätte gerade nicht sehr viele Schritte gebraucht, um an den Rhein zu kommen. Ich kann mir das Attentat auf keine andere Weise erklären. Die Republikaner haben erstens kein Geld und sind zweitens in einer so elenden Lage, daß sie nichts hätten versuchen können, selbst wenn der König gefallen wäre. Höchstens könnten einige Legitimisten hinein verwickelt sein. Ich glaube nicht, daß die Justiz die Sache aufklären wird. ......

17. August 1835. An die Eltern in Darmstadt

Straßburg, den 17. August 1835.

Von Umtrieben weiß ich nichts. Ich und meine Freunde sind sämmtlich der Meinung, daß man für jetzt Alles der Zeit überlassen muß; übrigens kann der Mißbrauch, welchen die Fürsten mit ihrer wieder erlangten Gewalt treiben, nur zu unserem Vortheil gereichen. Ihr müßt Euch durch die verschiedenen Gerüchte nicht irre machen lassen; so soll sogar ein Mensch Euch besucht haben, der sich für Einen meiner Freunde ausgab. Ich erinnere mich gar nicht, den Menschen je gesehen zu haben; wie mir die Anderen jedoch erzählten, ist er ein ausgemachter Schurke, der wahrscheinlich auch das Gerücht von einer hier bestehenden Verbindung ausgesprengt hat. Die Gegenwart des Prinzen *Emil*, der eben hier ist, könnte vielleicht nachtheilige Folgen für uns haben, im Fall er von dem Präfecten unsere Ausweisung begehrte; doch halten wir uns für zu unbedeutend, als daß seine Hoheit sich mit uns beschäftigen sollte. Uebrigens sind fast sämmtliche Flüchtlinge in die Schweiz und in das Innere abgereist, und in wenigen Tagen gehen noch Mehrere, so daß höchstens fünf bis sechs hier bleiben werden......

Anfang September 1835. An Karl Gutzkow in Frankfurt am Main

Was Sie mir über die Zusendung aus der Schweiz sagen, macht mich lachen. Ich sehe schon, wo es herkommt. Ein Mensch, der mir einmal, es ist schon lange her, sehr lieb war, mir später zur unerträglichen Last geworden ist, den ich schon seit Jahren schleppe und der sich, ich weiß nicht aus welcher verdammten Nothwendigkeit, ohne Zuneigung, ohne Liebe, ohne Zutrauen an mich anklammert und quält und den ich wie ein nothwendiges Uebel getragen hab[e]! Es war mir wie einem Lahmen oder Krüppel zu Muth und ich

hatte mich so ziemlich in mein Leiden gefunden. Aber jetzt bin ich froh, es ist mir, als wäre ich von einer Todsünde absolvirt. Ich kann ihn endlich mit guter Manier vor die Thüre werfen. Ich war bisher unvernünftig gutmüthig, es wäre mir leichter gefallen ihn todtzuschlagen, als zu sagen: Pack dich! Aber jetzt bin ich ihn los! Gott sei Dank! Nichts kommt Einem doch in der Welt theurer zu stehen, als die Humanität.
[...]
Die ganze Revolution hat sich schon in Liberale und Absolutisten getheilt und muß von der ungebildeten und armen Klasse aufgefressen werden; das Verhältniß zwischen Armen und Reichen ist das einzige revolutionäre Element in der Welt, der Hunger allein kann die Freiheitsgöttin und nur ein Moses, der uns die sieben ägyptischen Plagen auf den Hals schickte, könnte ein Messias werden. Mästen Sie die Bauern, und die Revolution bekommt die Apoplexie. Ein *Huhn* im Topf jedes Bauern macht den gallischen *Hahn* verenden.

September 1835. An Wilhelm Büchner in Butzbach

...... Ich würde Dir das nicht sagen, wenn ich im Entferntesten jetzt an die Möglichkeit einer politischen Umwälzung glauben könnte. Ich habe mich seit einem halben Jahre vollkommen überzeugt, daß Nichts zu thun ist, und daß Jeder, der *im Augenblicke* sich aufopfert, seine Haut wie ein Narr zu Markte trägt. Ich kann Dir nichts Näheres sagen, aber ich kenne die Verhältnisse, ich weiß, wie schwach, wie unbedeutend, wie zerstückelt die liberale Partei ist, ich weiß, daß ein zweckmäßiges, übereinstimmendes Handeln unmöglich ist, und daß jeder Versuch auch nicht zum geringsten Resultate führt. [...] Eine genaue Bekanntschaft mit dem Treiben der deutschen Revolutionärs im Auslande hat mich überzeugt, daß auch von dieser Seite nicht das Geringste zu hoffen ist. Es herrscht unter ihnen eine babylonische Verwirrung, die nie gelöst werden wird. Hoffen wir auf die Zeit!

20. September 1835. An die Eltern in Darmstadt

Straßburg, den 20. September 1835.

...... Mir hat sich eine Quelle geöffnet; es handelt sich um ein großes Literaturblatt, *deutsche Revue* betitelt, das mit Anfang des neuen Jahres in Wochenheften erscheinen soll. *Gutzkow* und *Wienbarg* werden das Unternehmen leiten; man hat mich zu monatlichen Beiträgen aufgefordert. Ob das gleich eine Gelegenheit gewesen wäre, mir vielleicht ein regelmäßiges Einkommen zu sichern, so habe ich doch meiner Studien halber die Verpflichtung zu regelmäßigen Beiträgen abgelehnt. Vielleicht, daß Ende des Jahres noch etwas von mir erscheint. – *Kl*... also frei? Er ist mehr ein Unglücklicher, als ein Verbrecher, ich bemitleide ihn eher, als ich ihn verachte; man muß doch gar pfiffig die tolle Leidenschaft des armen Teufels benützt haben. Er hatte sonst Ehrgefühl, ich glaube nicht, daß er seine Schande wird ertragen können. Seine *Familie verleugnet* ihn, seinen älteren Bruder ausgenommen, der eine Hauptrolle in der Sache gespielt zu haben scheint. Es sind viel Leute dadurch unglücklich geworden. Mit Minnigerode soll es besser gehen. Hat denn *Gladbach* noch kein Urtheil? Das heiße ich einen doch lebendig begraben. Mich schaudert, wenn ich denke, was vielleicht mein Schicksal gewesen wäre! ......

Oktober 1835. An die Eltern in Darmstadt

..... Ich habe mir hier allerhand interessante Notizen über einen Freund Goethe's, einen unglücklichen Poeten Namens *Lenz* verschafft, der sich gleichzeitig mit Goethe hier aufhielt und halb verrückt wurde. Ich denke darüber einen Aufsatz in der deutschen Revue erscheinen zu lassen. Auch sehe ich mich eben nach Stoff zu einer Abhandlung über einen philosophischen oder naturhistorischen Gegenstand um. Jetzt noch eine Zeit lang anhaltendes Studium, und der Weg ist gebrochen. Es gibt hier Leute, die mir eine glänzende Zukunft prophezeien. Ich habe nichts dawider.......

2. November 1835. An die Eltern in Darmstadt

Straßburg, den 2. November 1835.

..... Ich weiß bestimmt, daß man mir in Darmstadt die abenteuerlichsten Dinge nachsagt; man hat mich bereits dreimal an der Grenze verhaften lassen. Ich finde es natürlich; die außerordentliche Anzahl von Verhaftungen und Steckbriefen muß Aufsehen machen, und da das Publikum jedenfalls nicht weiß, um was es sich eigentlich handelt, so macht es wunderliche Hypothesen......

..... Aus der Schweiz habe ich die besten Nachrichten. *Es wäre möglich*, daß ich noch vor Neujahr von der Züricher Facultät den Doctorhut erhielte, in welchem Fall ich alsdann nächste Ostern anfangen würde, dort zu dociren. In einem Alter von zwei und zwanzig Jahren wäre das Alles, was man fordern kann......

..... Neulich hat mein Name in der Allgemeinen Zeitung paradirt. Es handelte sich um eine große literärische Zeitschrift, *deutsche Revue*, für die ich Artikel zu liefern versprochen habe. Dieß Blatt ist schon vor seinem Erscheinen angegriffen worden, worauf es denn hieß, daß man nur die Herren *Heine, Börne, Mundt, Schulz, Büchner* etc. zu nennen brauche, um einen Begriff von dem Erfolge zu haben, den diese Zeitschrift haben würde. – Ueber die Art, wie Minnigerode mißhandelt wird, ist im Temps ein Artikel erschienen. Er scheint mir von Darmstadt aus geschrieben; man muß wahrhaftig weit gehen, um einmal klagen zu dürfen. Meine unglücklichen Freunde! .....

Ende November 1835. An Karl Gutzkow in Frankfurt am Main

Sie erhalten hiermit ein Bändchen Gedichte von meinem Freunde Stöber. Die Sagen sind schön, aber ich bin kein Verehrer der Manier à la Schwab und Uhland und der Parthei, die immer rückwärts ins Mittelalter greift, weil sie in der Gegenwart keinen Platz ausfüllen kann. Doch ist mir das Büchlein lieb; sollten Sie nichts Günstiges darüber zu sagen wissen, so bitte ich Sie, lieber zu schweigen. Ich habe mich ganz hier in das Land hineingelebt; die Vogesen sind ein Gebirg, das ich liebe wie eine Mutter, ich kenne jede Bergspitze und jedes Thal und die alten Sagen sind so originell und heimlich und die beiden Stöber sind alte Freunde, mit denen ich zum Erstenmal das Gebirg durchstrich. Adolph hat unstreitig Talent, auch wird Ihnen sein Name durch den Musenalmanach bekannt sein. August steht ihm nach, doch ist er gewandt in der Sprache.

Die Sache ist nicht ohne Bedeutung für das Elsaß, sie ist einer von den seltnen Versuchen, die noch manche Elsässer machen, um die deutsche Nationalität Frankreich gegenüber zu wahren und wenigstens das geistige Band zwischen ihnen und dem Vaterland nicht reißen zu lassen. Es wäre traurig, wenn das Münster einmal ganz auf fremdem Boden stünde. Die Absicht, welche zum Theil das Büchlein erstehen ließ, würde sehr gefördert werden, wenn das Unternehmen in Deutschland Anerkennung fände und von der Seite empfehle ich es Ihnen besonders.

Ich werde ganz dumm in dem Studium der Philosophie; ich lerne die Armseligkeit des menschlichen Geistes wieder von einer neuen Seite kennen. Meinetwegen! Wenn man sich nur einbilden könnte, die Löcher in unsern Hosen seien Pallastfenster, so könnte man schon wie ein König leben, so aber friert man erbärmlich.

1. Januar 1836. An die Eltern in Darmstadt

Straßburg, den 1. Januar 1836.

..... Das Verbot der *deutschen Revue* schadet mir nichts. Einige Artikel, die für sie bereit lagen, kann ich an den Phönix schicken. Ich muß lachen, wie fromm und moralisch plötzlich unsere Regierungen werden; der König von X..... läßt unsittliche Bücher verbieten! da darf er seine Biographie nicht erscheinen lassen, denn die wäre das Schmutzigste, was je geschrieben worden! Der Großherzog von Y...., erster Ritter vom doppelten M......, macht sich zum Ritter vom heiligen Geist und läßt *Gutzkow* arretiren, und der liebe deutsche Michel glaubt, es geschähe Alles aus Religion und Christenthum und klatscht in die Hände. Ich kenne die Bücher nicht, von denen überall die Rede ist; sie sind nicht in den Leihbibliotheken und zu theuer, als daß ich Geld daran wenden sollte. Sollte auch Alles sein, wie man sagt, so könnte ich darin nur die Verirrungen eines durch philosophische Sophismen falsch geleiteten Geistes sehen. Es ist der gewöhnlichste Kunstgriff, den großen Haufen auf seine Seite zu bekommen, wenn man mit recht vollen Backen: „unmoralisch!" schreit. Uebrigens gehört sehr viel Muth dazu, einen Schriftsteller anzugreifen,

der von einem deutschen Gefängniß aus antworten soll. *Gutzkow* hat bisher einen edlen, kräftigen Charakter gezeigt, er hat Proben von großem Talent abgelegt; woher denn plötzlich das Geschrei? Es kommt mir vor, als stritte man sehr um das Reich von dieser Welt, während man sich stellt, als müsse man der heiligen Dreifaltigkeit das Leben retten. Gutzkow hat in seiner Sphäre muthig für die Freiheit gekämpft; man muß doch die Wenigen, welche noch aufrecht stehn und zu sprechen wagen, verstummen machen! Uebrigens gehöre ich *für meine Person* keineswegs zu dem sogenannten *Jungen Deutschland*, der literarischen Partei Gutzkow's und Heine's. Nur ein völliges Mißkennen unserer gesellschaftlichen Verhältnisse konnte die Leute glauben machen, daß durch die Tagesliteratur eine völlige Umgestaltung unserer religiösen und gesellschaftlichen Ideen möglich sei. Auch theile ich *keineswegs ihre Meinung über die Ehe und das Christenthum*, aber ich ärgere mich doch, wenn Leute, die in der Praxis tausendfältig mehr gesündigt, als diese in der *Theorie*, gleich moralische Gesichter ziehn und den Stein auf ein jugendliches, tüchtiges Talent werfen. Ich gehe meinen Weg für mich und bleibe auf dem Felde des Drama's, das mit all diesen Streitfragen nichts zu thun hat; ich zeichne meine Charaktere, wie ich sie der Natur und der Geschichte angemessen halte, und lache über die Leute, welche mich für die Moralität oder Immoralität derselben verantwortlich machen wollen. Ich habe darüber meine eignen Gedanken......
..... Ich komme vom Christkindelsmarkt, überall Haufen zerlumpter, frierender Kinder, die mit aufgerissenen Augen und traurigen Gesichtern vor den Herrlichkeiten aus Wasser und Mehl, Dreck und Goldpapier standen. Der Gedanke, daß für die meisten Menschen auch die armseligsten Genüsse und Freuden unerreichbare Kostbarkeiten sind, machte mich sehr bitter......

1. Januar 1836. An Ludwig Büchner in Darmstadt

Prost Neujahr Hammelmaus!
Ich höre, daß Du ein braver Junge bist, die Eltern haben ihre Freude an Dir. Mache, daß es immer so sey. Es ist mir ein schönes Weihnachtgeschenk, dieß von Dir zu hören. Du zeichnest nett, fahre so fort, Louis Jaeglé hatte große Freude daran und am Büchsenlecker und da läßt er Dir durch mich ein Buch mit Zeichnungen schicken. Da hast Du etwas um Dich zu üben. – Ist Lottchen Cellarius mit Dir zufrieden und ist es mit dem Stück am Weihnachtabend gut gegangen? Wenn Du in die Klavirstunde gehst, so sage der Fräulein Lottchen einen schönen Gruß von mir, aber sage um des Himmelswillen Niemand ein Wort davon.

Nächstes Frühjahr gehe ich in die Schweiz. Wenn Du brav bist und etwas größer, als jezt, so mußt Du Stock und Ranzen nehmen und mich besuchen. Erst gehst Du auf das Straßburger Münster und dann gehn wir an den Rheinfall nach Schaffhausen und an de[n] Vierwaldstätter-See nach der Tellenplatte und der Tellskapelle. Adieu Mäuschen, ich denke Du bist jezt eine Maus und wenn Du so fort machst, kannst Du es noch weit bringen; ich hoffe, daß Du für den grauen Bieberrock jezt zu groß bist.

Lebwohl Dein Bruder Georg.

Nach Mitte Januar 1836. An Karl Gutzkow in Mannheim

Mein Lieber!

Ich weiß nicht ob bey der verdächtigen Adresse dieße Zeilen in ihre Hände gelangen werden.

Haben Sie den Brief von Boulet erhalten? Ich habe ihn nach Mannheim geschickt. Ich wagte damals nicht einige Zeilen an Sie beyzulegen. Ich hielt die Sache für ernsthafter. Nach den Zeitungen müssen Sie bald frei seyn. 4 Wochen. Das ist bald herum. Dann habe ich noch besondere Nachrichten über Sie aus Mannheim. Ihre Haft ist leicht. Sie dürfen Besuche annehmen, sogar ausgehen. *Verhält es* sich so?

Haben Sie nichts *weiter zu fürchten*? Geben Sie mir Auskunft so *bald, als möglich*! Die Frage ist nicht müßig. Glauben Sie, daß man sie frei läßt, nach Verlauf der *bestimmten Frist*? Sie sitzen im Amthaus, nicht wahr?

So bald Sie frei sind, verlassen Sie Teutschland so schnell, als möglich. Sie haben von Glück zu sagen, daß es *so* abzulaufen *scheint*. Es sollte mich wundern.

Im Fall Sie den Weg über Straßburg nehmen, so fragen Sie nach mir bey Herrn Schroot Gastwirth zum Rebstock.

Ich erwarte Sie mit Ungeduld. Ihr G.

26. Januar 1836. An Wilhelm Braubach in Zürich

Lieber Kater!

Eben bringt mir Fasan den beyliegenden Brief. Er lag 2 Tage in Deiner ehemaligen Wohnung. Es ist mir leid. Niemand wußte etwas davon. Er kommt aus Butzbach, wie mir Fasan sagt.

Es ist mir leid, daß Deine Schritte bisher so erfolglos waren. Deine Aufträge habe ich besorgt. Hier ist Alles beym Alten. Nächste Ostern bin ich *definitiv* in Zürich. – *Wiligens* hat soutenirt. Aus der Heimath haben wir nichts erfahren, als daß 2 von den Darmstädter Gefangnen sich zu entleiben versucht haben, der eine durch Oeffnen der Adern, der andre durch d. Strick. Beyde Versuche sind mißglückt. Wer? Das wissen wir nicht.

Grüße die Strömer. Wellers Brief habe ich erhalten. Ich lasse ihm vielmals danken. Lebewohl.

Dein G. *Büchner.*

15. März 1836. An die Eltern in Darmstadt

Straßburg, den 15. März 1836.

..... Ich begreife nicht, daß man gegen K..... r etwas in Händen haben soll; ich dachte, er sei mit nichts beschäftigt, als seine Praxis und Kenntnisse zu erweitern. Wenn er auch nur kurze Zeit sitzt, so ist doch wohl seine ganze Zukunft zerstört: man setzt ihn vorläufig in Freiheit, spricht ihn von der Instanz los, läßt ihn versprechen, das Land nicht zu verlassen, und verbietet ihm seine Praxis, was man nach den neusten Verfügungen kann. – Als sicher und gewiß kann ich Euch sagen, daß man vor Kurzem in Bayern zwei junge Leute, nachdem sie seit fast *vier Jahren* in strenger Haft gesessen, als *unschuldig* in Freiheit gesetzt hat! Außer K..... r und *Groß* sind noch drei Bürger aus Gießen verhaftet worden. Zwei von ihnen haben ihr Geschäft, und der eine ist obendrein Familienvater. Auch hörten wir, *Max v. Biegeleben* sei verhaftet, aber gleich darauf wieder gegen Caution in Freiheit gesetzt worden. *Gladbach* soll vor einiger Zeit zu acht Jahren Zuchthaus verurtheilt worden sein; das Urtheil sei aber wieder umgestoßen, und die Untersuchung fange von Neuem an. Ihr würdet mir einen Gefallen thun, wenn ihr mir über Beides Auskunft gäbet.

Ich will euch dafür sogleich eine sonderbare Geschichte erzählen, die Herr J. in den englischen Blättern gelesen, und die, wie dazu bemerkt, in den deutschen Blättern nicht mitgetheilt werden durfte. Der Director des Theaters zu X..... ist der bekannte Componist *Methfessel.* Er hat eine hübsche Frau, die dem Herzog gefällt, und ein Paar Augen, die er gern zudrückt, und ein Paar Hände, die er gern aufmacht. Der Herzog hat die sonderbare Manie, Madame Methfessel im Costüm zu bewundern. Er befindet sich daher gewöhnlich vor Anfang des Schauspiels mit ihr allein auf der Bühne. Nun intriguirt Methfessel gegen einen bekannten Schauspieler, dessen Name mir entfallen ist. Der Schauspieler will sich rächen, er gewinnt den Maschinisten, der Maschinist zieht an einem schönen Abend den Vorhang ein Viertelstündchen früher auf, und der Herzog spielt mit Madame Methfessel die erste Scene. Er geräth außer sich, zieht den Degen und ersticht den Maschinisten; der Schauspieler hat sich geflüchtet. –

Ich kann euch versichern, daß nicht das geringste politische Treiben unter den Flüchtlingen hier herrscht; die vielen und guten Examina, die hier gemacht werden, beweisen hinlänglich das Gegentheil. Uebrigens sind wir Flüchtigen und Verhafteten gerade nicht die Unwissendsten, Einfältigsten oder Liederlichsten! Ich sage nicht zuviel, daß bis jetzt die besten Schüler des Gymnasiums und die fleißigsten und unterrichtetsten Studenten dieß Schicksal getroffen hat, die mitgerechnet, welche von Examen und Staatsdienst zurückgewiesen sind. Es ist doch im Ganzen ein armseliges, junges Geschlecht, was eben in ...... herumläuft und sich ein Aemtchen zu erkriechen sucht!

1. Juni 1836. An Eugène Boeckel in Wien

D. 1. Juni. Straßburg.

Mein lieber Eugen!
Ich sitze noch hier, wie Du aus dem Datum siehst. „Sehr unvernünftig!" wirst Du sagen und ich sage: meinetwegen! Erst gestern ist meine Abhandlung vollständig fertig geworden. Sie hat sich viel weiter ausgedehnt, als ich Anfangs dachte und ich habe viel gute Zeit mit verloren; doch bilde ich mir dafür ein sie sey gut ausgefallen – und die société

d'histoire naturelle scheint der nämlichen Meinung zu seyn. Ich habe in 3 verschiednen Sitzungen 3 Vorträge darüber gehalten, worauf die Gesellschaft sogleich beschloß sie unter ihren Memoiren abdrucken zu lassen; obendrein machte sie mich zu ihrem correspondirenden Mitglied. Du siehst, der Zufall hat mir wider aus der Klemme geholfen, ich bin ihm überhaupt großen Dank schuldig und mein Leichtsinn, der im Grund genommen das unbegränzteste Gottvertrauen ist, hat dadurch wider großen Zuwachs erhalten. Ich brauche ihn aber auch; wenn ich meinen Doctor bezahlt habe, so bleibt mir kein Heller mehr und schreiben habe ich die Zeit nichts können. Ich muß eine Zeitlang vom lieben Kredit leben und sehen, wie ich mir in den nächsten 6-8 Wochen Rock und Hosen aus meinen großen weißen Papierbogen, die ich vollschmiren soll, schneiden werde. Ich denke: „befiehl du deine Wege." und lasse mich nicht stören.

Habe ich lange geschwiegen? Doch Du weißt warum und verzeihst mir. Ich war wie ein Kranker der eine ekelhafte Arznei so schnell, als möglich mit einem Schluck nimmt, ich konnte nichts weiter, als mir die fatale Arbeit vom Hals schaffen. Es ist mir unendlich wohl, seit ich das Ding aus dem Haus habe. – Ich denke den Sommer noch hier zu bleiben. Meine Mutter kommt im Herbst. Jezt nach Zürich, im Herbst wider zurück, Zeit und Geld verliren, das wäre Unsinn. Jedenfalls fange ich aber nächsten Wintersemester meinen Kurs an, auf den ich mich jezt in aller Gemächlichkeit fertig präparire.

Du hast frohe Tage auf Deiner Reise, wie es scheint. Ich freue mich darüber. Das Leben ist überhaupt etwas recht Schönes und jedenfalls ist es nicht so langweilig, als wenn es noch einmal so langweilig wäre. Spute Dich etwas im nächsten Herbst, komme zeitig, dann sehe ich Dich noch hier. Hast Du viel gelernt, unterwegs? Ist Dir die Kranken und Leichenschau noch nicht zur Last geworden? Ich meine eine Tour durch die Spitäler von halb Europa müßte einem sehr melancholisch und die Tour durch die Hörsäle unsrer Professoren müßte einem halb verrückt und die Tour durch unsre teutschen Staaten müßte einem ganz wüthend machen. 3 Dinge, die man übrigens auch ohne die drei Touren sehr leicht werden kann z. B. wenn es regnet und kalt ist, wie eben; wenn man Zahnweh hat, wie ich vor 8 Tagen, u. wenn man einen vollen Winter und ein halbes Frühjahr nicht aus seinen 4 Wänden gekommen, wie ich dieß Jahr.

Du siehst i[ch] stehe viel aus und ehe ich mir neulich meinen hohlen Zahn ausziehen lassen, habe ich im vollständigsten Ernst überlegt, ob ich mich nicht lieber todtschießen sollte, was jedenfalls weniger schmerzhaft ist.

Baum seufzt jeden Tag, bekommt dabey einen ungeheuren Bauch und macht ein so selbstmörderisches Gesicht, daß ich fürchte, er will sich auf subtile Weise durch einen Schlagfluß aus der Welt schaffen. Er ärgert sich dabey regelmäßig jeden Tag, seit ich ihn versichert habe, daß Aerger der Gesundheit sehr zuträglich sey. Das Fechten hat er eingestellt und ist dabey so entsetzlich faul, daß er zum großen Verdruß Deines Bruders noch keinen von Deinen Aufträgen ausgerichtet hat. Was ist mit dem Menschen anzufangen? Er muß Pfarrer werden, er zeigt die schönsten Dispositionen.

Die beyden Stöber sitzen noch in Oberbrunn. Leider bestätigt sich das Gerücht hinsichtlich der Frau Pfarrerin. Das arme Mädel hier ist ganz verlassen und unten sollen die Leute über die poetische Bedeutung des Ehebruchs philosophiren. Letztes glaube ich nicht, – aber zweideutig ist die Geschichte.

Was macht unser Freund und Vetter, Zipfel? Ist ihm die Zeit nirgends weiter gezündet worden? Siehst Du meinen Vetter aus Holland zuweilen? Grüße Beyde vielmals von mir.

Wilhelmine war lange Zeit unwohl, sie litt an einem chronischen Friesel, ohne jedoch je bedenklich krank gewesen zu seyn.

à propos, sie hat mir Deine beyden Briefe, unerbrochen gegeben, dennoch hätte ich es passender gefunden Du hättest schicklichkeitshalber eine Couverte um Deinen Brief gemacht; konnte ein Frauzimmer ihn nicht lesen, so war es unpassend ihn auch an ein Frauzimmer zu adressiren; mit einer Couverte ist es etwas andres. Ich hoffe Du verdenkst mir dieße kleine Zurechtweisung nicht.

Jedenfalls bin ich die nächsten 4 Wochen noch hier, während des Drucks meiner Abhandlung. Wirst Du mich noch mit einem Brief erfreuen, ehe Du aus Wien abreisest? à propos, Du machst ja ganz ästhetische Studien, Dem. Peche ist eine alte Bekanntin von mir.

Lebw[oh]l Dein *G. B.*

Etwa 1. Juni 1836. An Karl Gutzkow in Frankfurt am Main

Straßburg.

Lieber Freund!

War ich lange genug stumm? Was soll ich Ihnen sagen? Ich saß *auch* im Gefängniß und im langweiligsten unter der Sonne, ich habe eine Abhandlung geschrieben in die Länge, Breite und Tiefe. Tag und Nacht über der ekelhaften Geschichte, ich begreife nicht, wo ich die Geduld hergenommen. Ich habe nämlich die fixe Idee, im nächsten Semester zu Zürich einen Kurs über die Entwickelung der deutschen Philosophie seit Cartesius zu lesen; dazu muß ich mein Diplom haben und die Leute scheinen gar nicht geneigt, meinem lieben Sohn Danton den Doktorhut aufzusetzen.

Was war da zu machen?

Sie sind in Frankfurt, und unangefochten?

Es ist mir leid und doch wieder lieb, daß Sie noch nicht im Rebstöckel angeklopft haben. Ueber den Stand der modernen Literatur in Deutschland weiß ich so gut als nichts; nur einige versprengte Broschüren, die, ich weiß nicht wie, über den Rhein gekommen, fielen mir in die Hände.

Es zeigt sich in dem Kampf gegen Sie eine *gründliche* Niederträchtigkeit, eine recht *gesunde* Niederträchtigkeit, ich begreife gar nicht, wie wir noch so natürlich sein können! Und Menzels Hohn über die politischen Narren in den deutschen Festungen – und das von Leuten! mein Gott, ich könnte Ihnen übrigens erbauliche Geschichten erzählen.

Es hat mich im Tiefsten empört; meine armen Freunde! Glauben Sie nicht, daß Menzel nächstens eine Professur in München erhält?

Uebrigens; um aufrichtig zu sein, Sie und Ihre Freunde scheinen mir nicht grade den klügsten *Weg* gegangen zu sein. Die Gesellschaft mittelst der *Idee*, von der *gebildeten* Klasse aus reformiren? Unmöglich! Unsere Zeit ist rein *materiell*, wären Sie je directer politisch zu Werke gegangen, so wären Sie bald auf den Punkt gekommen, wo die Reform von selbst aufgehört hätte. Sie werden nie über den Riß zwischen der gebildeten und ungebildeten Gesellschaft hinauskommen.

Ich habe mich überzeugt, die gebildete und wohlhabende Minorität, so viel Concessionen sie auch von der Gewalt für sich begehrt, wird nie ihr spitzes Verhältniß zur großen Klasse aufgeben wollen. Und die große Klasse selbst? Für die gibt es nur zwei Hebel, materielles Elend und *religiöser Fanatismus*. Jede Parthei, welche dieße Hebel anzusetzen versteht, wird siegen. Unsre Zeit braucht Eisen und Brod – und dann ein *Kreuz* oder sonst so was. Ich glaube, man muß in socialen Dingen von einem absoluten *Rechts*grundsatz ausgehen, die Bildung eines neuen geistigen Lebens im *Volk* suchen und die abgelebte moderne Gesellschaft zum Teufel gehen lassen. Zu was soll ein Ding, wie dieße, zwischen Himmel und Erde herumlaufen? Das ganze Leben desselben besteht nur in Versuchen, sich die entsetzlichste Langeweile zu vertreiben. Sie mag aussterben, das ist das einzig Neue, was sie noch erleben kann.

Anfang Juni 1836. An die Eltern in Darmstadt

..... Ich bin fest entschlossen, bis zum nächsten Herbste hier zu bleiben. Die letzten Vorfälle in Zürich geben mir einen Hauptgrund dazu. Ihr wißt vielleicht, daß man unter dem Vorwande, die deutschen Flüchtlinge beabsichtigten einen Einfall in Deutschland, Verhaftungen unter denselben vorgenommen hat. Das Nämliche geschah an anderen Punkten der Schweiz. Selbst hier äußerte die einfältige Geschichte ihre Wirkung, und es war ziemlich ungewiß, ob wir hier bleiben dürften, weil man wissen wollte, daß wir (höchstens noch sieben bis acht an der Zahl) mit bewaffneter Hand über den Rhein gehen sollten! Doch hat sich Alles in Güte gemacht, und wir haben keine weiteren Schwierigkeiten zu besorgen. Unsere hessische Regierung scheint unserer zuweilen mit Liebe zu gedenken. .....

..... Was an der ganzen Sache eigentlich ist, weiß ich nicht; da ich jedoch weiß, daß die Mehrzahl der Flüchtlinge jeden directen revolutionären Versuch unter den jetzigen Verhältnissen für Unsinn hält, so konnte höchstens eine ganz unbedeutende, durch keine Erfahrung belehrte Minderzahl an dergleichen gedacht haben. Die Hauptrolle unter den Verschworenen soll ein gewisser Herr *v. Eib* gespielt haben. Daß dieses Individuum ein Agent des Bundestags sei, ist mehr als wahrscheinlich; die Pässe, welche die Züricher Polizei bei ihm fand, und der Umstand, daß er starke Summen von einem Frankfurter Handelshause bezog, sprechen auf das directeste dafür. Der Kerl soll ein ehemaliger Schuster sein, und dabei zieht er mit einer liederlichen Person aus Mannheim herum, die er für eine ungarische Gräfin ausgibt. Er scheint wirklich einige Esel unter den Flüchtlingen übertölpelt zu haben. Die ganze Geschichte hatte keinen andern Zweck, als, im Falle die Flüchtlinge sich zu einem öffentlichen Schritt hätten verleiten lassen, dem Bundestag einen gegründeten Vorwand zu geben, um auf die Ausweisung aller Refugiés aus der Schweiz zu dringen. Uebrigens war dieser *v. Eib* schon früher verdächtig, und man war schon mehrmals vor ihm gewarnt worden. Jedenfalls ist der Plan vereitelt und die Sache wird für die Mehrzahl der Flüchtlinge ohne Folgen bleiben. Nichts destoweniger fände ich es nicht räthlich, im Augenblick nach Zürich zu gehen; unter solchen Umständen hält man sich besser fern. Die Züricher Regierung ist natürlich eben etwas ängstlich und mißtrauisch, und so könnte man wohl unter den jetzigen Verhältnissen meinem Aufenthalte Schwierigkeiten machen. In Zeit von zwei bis drei Monaten ist dagegen die ganze Geschichte vergessen. .....

ETWA 25. JULI 1836. AN GEORG GEILFUS IN ZÜRICH

Werthester Hund!
Ich hoffe dieße Zeilen treffen Dich noch in Zürich, widrigenfalls erfährst Du nichts von ihnen, was Dich jedenfalls sehr bekümmern wird. Ich ersuche Dich um einen Gefallen, schreibe *mir doch sobald als möglich*, ob der Professor und Dekan der philosophischen Fakultät *Baiter* noch unter den Lebenden ist. Ich habe dem Menschen vor längerer Zeit geschrieben, aber keine Antwort erhalten. Da ich nun im Begriff bin meine Abhandlung nebst Doctorgebühren an ihn zu adressiren, so möchte ich doch sicher gehn. Du brauchst nur Weller zu fragen, der kennt ihn. Außerdem würdest Du mich sehr verbinden, wenn Du mir eine so weit es in Deinen Kräften steht menschliche Auskunft über den Stand der Dinge in Zürich gäbst. Soll wirklich eine von Russland, Preussen, Oestreich, Frankreich u. England unterzeichnete Note bey der Tagsatzung eingereicht worden seyn, welche die *unbedingte Ausweisung aller Flüchtlinge begehrt*? und, verhält es sich so, welche Resolution glaubt man, daß d. Tagsatzung fassen dürfte? Oder scheint es, daß die Ausweisung sich nur auf die bey den letzten Vorfällen Betheiligten erstrecken wird? – Geht Alles gut, so denke ich nächsten Winter meinen Kurs über Philosophie zu lesen und bin im October in Zürich. Glaubst Du daß ich Aussichten dort habe? Die Sachen sehen etwas bunt aus. – Aus Frankreich werden alle *ehemaligen und jetzigen* Mitglieder des jungen Teutschland verwiesen. Es ist doch ein Jammer was die lächerlichsten Dinge für Folge haben können. Anfangs amüsirte es einem die alten Esel wie kleine Buben spielen zu sehen, – und jezt ist Alles verzweifelt ernsthaft. Es ist gar kein Verhältniß zwischen der Veranlassung und der Folge, es ist doch jämmerlich sich mit einer hölzernen Pistole zu erschießen und mit einem blechernen Dolch zu erstechen – und wenn [man] noch gar bedenkt wie pathetisch und wichtig die Leute dabey zu Werk gehn. – Aus Darmstadt nichts Neues, als daß Advokat *Briel* auf Befehl des Appellationsgerichts gegen Handgelöbniß in Freiheit gesetzt worden ist.

Hier ist Alles beym Alten. *Schnaps* hat sein zweites Examen glücklich gemacht!
Was machen Weller, Mikes e. c. t? Ist Zopf noch in Liestal?

Viel Grüße an Alle.
Ich bitte *dringend* um *baldige* Antwort.

Lebwohl Dein *G. Bü.*

Daß Medicinalrath Graf u. Ploennies zum Bericht aufgefordert worden sind, ob Weidig Prügel vertragen könne und daß ihre Antwort bejahend ausgefallen sey, scheint nicht wohl bezweifelt werden zu können.

Sommer (?) 1836. An die Eltern in Darmstadt

Ich werde nicht alt werden.

Ludwig Büchner schreibt dazu in seiner Einleitung der *Nachgelassenen Schriften* (S. 33): „Seine Mutter und Schwester, die ihn diesen Sommer in seinem Exil besuchten, fanden ihn zwar gesund, aber doch in einer großen nervösen Aufgeregtheit und ermattet von den anhaltenden geistigen Anstrengungen. Er äußerte damals oft: ‚Ich werde [...]'."

Mitte August 1836. An die Eltern in Darmstadt

..... Es ist nicht im Entferntesten daran zu denken, daß im Augenblick ein Staat das Asylrecht aufgibt, weil ein solches Aufgeben ihn den Staaten gegenüber, auf deren Verlangen es geschieht, politisch annulliren würde. Die Schweiz würde durch einen solchen Schritt sich von den liberalen Staaten, zu denen sie ihrer Verfassung nach natürlich gehört, lossagen und sich an die absoluten anschließen, ein Verhältniß, woran unter den jetzigen politischen Constellationen nicht zu denken ist. Daß man aber Flüchtlinge, welche die Sicherheit des Staates, der sie aufgenommen, und das Verhältniß desselben zu den Nachbarstaaten compromittiren, ausweist, ist ganz natürlich und hebt das Asylrecht nicht auf. Auch hat die Tagsatzung bereits ihren Beschluß erlassen. Es werden *nur* diejenigen Flüchtlinge ausgewiesen, welche als Theilnehmer an dem *Savoyer Zuge schon früher waren ausgewiesen worden*, und diejenigen, welche *an den letzten Vorfällen Theil genommen haben*. Dieß ist *authentisch*. Die Mehrzahl der Flüchtlinge bleibt also ungefährdet, und es bleibt Jedem unbenommen, sich in die Schweiz zu begeben. Nur ist man in vielen Kantonen gezwungen, eine Caution zu stellen, was sich aber schon seit längerer Zeit so verhält. Meiner Reise nach Zürich steht also kein Hinderniß im Weg. – Ihr wißt, daß unsere Regierung uns hier chicanirt, und daß die Rede davon war, uns auszuweisen, weil wir mit den Narren in der Schweiz in Verbindung ständen. Der Präfect wollte genaue Auskunft, wie wir uns hier beschäftigten. Ich gab dem Polizeikommissär mein Diplom als Mitglied der Société d'histoire naturelle nebst einem von den Professoren mir ausgestellten Zeugnisse. Der Präfect war damit *außerordentlich* zufrieden, und man sagte mir, daß *ich namentlich* ganz ruhig sein könne. .....

2. SEPTEMBER 1836. AN WILHELM BÜCHNER IN DARMSTADT (ODER UMGEBUNG)

Straßburg, den 2. September 1836.

..... Ich bin ganz vergnügt in mir selbst, ausgenommen, wenn wir Landregen oder Nordwestwind haben, wo ich freilich einer von denjenigen werde, die Abends vor dem Bettgehn, wenn sie den einen Strumf vom Fuß haben, im Stande sind, sich an ihre Stubenthür zu hängen, weil es ihnen der Mühe zuviel ist, den andern ebenfalls auszuziehen. ..... Ich habe mich jetzt ganz auf das Studium der Naturwissenschaften und der Philosophie gelegt, und werde in Kurzem nach *Zürich* gehen, um in meiner Eigenschaft als überflüssiges Mitglied der Gesellschaft meinen Mitmenschen Vorlesungen über etwas ebenfalls höchst Ueberflüssiges, nämlich über die philosophischen Systeme der Deutschen seit Cartesius und Spinoza, zu halten. – Dabei bin ich gerade daran, sich einige Menschen auf dem Papier todtschlagen oder verheirathen zu lassen, und bitte den lieben Gott um einen einfältigen Buchhändler und ein groß Publikum mit so wenig Geschmack, als möglich. Man braucht einmal zu vielerlei Dingen unter der Sonne Muth, sogar, um Privatdocent der Philosophie zu sein .....

22. SEPTEMBER 1836. AN JOHANN JAKOB HESS IN ZÜRICH

Straßburg d. 22. September 1836

Euer Wohlgeboren

werden, wie ich hoffe, einen Fremden entschuldigen, der sich die Freiheit nimmt in einer für ihn höchst wichtigen Angelegenheit Ihre Güte in Anspruch zu nehmen.

Die politischen Verhältnisse Teutschlands zwangen mich mein Vaterland vor ungefähr anderthalb Jahren zu verlassen. Ich hatte mich der akademischen Laufbahn bestimmt. Ein Ziel aufzugeben, auf dessen Erreichung bisher all meine Kräfte gerichtet waren, konnte ich mich nicht entschließen und so setzte ich in Straßburg meine Studien fort, in der Hoffnung in der Schweiz meine Wünsche realisiren zu können. Wirklich hatte ich vor Kurzem die Ehre von der philosophischen Fakultät zu Zürich einmüthig zum Doctor kreirt zu werden. Nach einem so günstigen Urtheile über meine wissenschaftliche Befähigung konnte ich wohl hoffen auch als Privatdocent von der Züricher Universität angenommen zu werden und, im günstigen Fall, im nächsten Semester meine Vorlesungen beginnen zu können. Ich suchte daher bey den hiesigen Behörden um einen Paß nach. Dieße erklärten mir jedoch, es sey ihnen durch das Ministerium des Innern, auf Ansuchen der Schweiz, untersagt einem Flüchtling einen Paß auszustellen, der nicht von einer Schweizerbehörde die schriftliche Autorisation zum Aufenthalt in ihrem Bezirk vorweisen könne. In dießer Verlegenheit nun wende ich mich an Sie, hochgeehrtester Herr, als die oberste Magistratsperson Zürichs, mit der Bitte um die von den hiesigen Behörden verlangte Autorisation. Das beyliegende Zeugniß kann beweisen, daß ich seit der

Entfernung aus meinem Vaterlande allen politischen Umtrieben fremd geblieben bin und somit nicht unter die Kategorie derjenigen Flüchtlinge gehöre, gegen welche die Schweiz und Frankreich neuerdings die bekannten Maaßregeln ergriffen haben. Ich glaube daher auf die Erfüllung einer Bitte zählen zu dürfen, deren Verweigerung die Vernichtung meines ganzen Lebensplanes zur Folge haben würde.

Sollten Euer Wohlgeboren gesonnen seyn, mich mit einer Antwort auf dieß Gesuch zu beehren, so bitte ich dieselbe unter der Adresse: Dr. Büchner bey Herrn Weinhändler Siegfried an der Douane zu Straßburg, an mich gelangen zu lassen.

Mit der grösten Hochachtung

Ihr ergebenster *Dr. Büchner.*

26. September 1836. An das Präsidium des Erziehungsrats des Kantons Zürich

Herr Präsident, hochgeachtete Herren!

Nach Einreichung einer Abhandlung über einen naturhistorischen Gegenstand, hatte ich die Ehre von der philosophischen Facultät zu Zürich in ihrer Sitzung vom 3ten dieses Monats einmüthig zum Doctor philosophiae ernannt zu werden. Gestützt auf dieses Urteil über meine wissenschaftliche Befähigung wünsche ich mich als Privatdocent für Vorlesungen an der philosophischen Facultät zu Zürich zu habilitiren. Ich habe daher die Ehre mich an Sie mit der Bitte um Zulassung zu der für diesen Fall nach § 157 des Organisationsgesetzes über das Unterrichtswesen erforderlichen öffentlichen Probevorlesung zu wenden.

Mit der größten Hochachtung und Ergebenheit

Straßburg d 26 Sep. 1836. *G. Büchner Dr. phil.*

September 1836. An die Eltern in Darmstadt

Ich habe *meine zwei Dramen* noch nicht aus den Händen gegeben, ich bin noch mit Manchem unzufrieden und will nicht, daß es mir geht, wie das erste Mal. Das sind Arbeiten, mit denen man nicht zu einer bestimmten Zeit fertig werden kann, wie der Schneider mit seinem Kleid.

Ludwig Büchner schreibt dazu in seiner Einleitung der *Nachgelassenen Schriften* (S. 37): „Außerdem muß er in derselben Zeit [d. i. nach dem 1. Juli 1836] noch ein zweites Drama vollendet haben, das nicht mehr vorhanden ist; wenigstens schreibt er im September 1836, nachdem er von zwei fertigen Dramen schon in früheren Briefen gesprochen: ‚Ich habe […]'."

26. oder 25. Oktober 1836. An die Eltern in Darmstadt

Zürich, den 26. [oder 25.] October 1836.

.... Wie es mit dem Streite der Schweiz mit Frankreich gehen wird, weiß der Himmel. Doch hörte ich neulich Jemand sagen: „die Schweiz wird einen kleinen Knicks machen, und Frankreich wird sagen, es sei ein großer gewesen." Ich glaube, daß er Recht hat......

Ludwig Büchners Datierung des Briefes auf den 26. widerspricht der Angabe Caroline Büchners in ihrem Antwortbrief vom 30. Oktober, derzufolge am 27. Oktober von Georg ein „Brief vom 25ten Oktober" in Darmstadt eintraf. Es ist wenig wahrscheinlich, daß Büchner sowohl am 25. als auch am 26. einen Brief schrieb. Zudem hätte dieser vorgebliche Brief vom 26. noch rechtzeitig vor dem 30. in Darmstadt ankommen müssen. Möglicherweise beruht die Angabe „26. Oktober" also auf einem Schreib-, Lese- oder Setzerfehler.

20. November 1836. An die Eltern in Darmstadt

Zürich, den 20. November 1836.

.... Was das politische Treiben anlangt, so könnt Ihr ganz ruhig sein. Laßt euch nur nicht durch die Ammenmährchen in unseren Zeitungen stören. Die Schweiz ist eine Republik, und weil die Leute sich gewöhnlich nicht anders zu helfen wissen, als daß sie sagen, jede Republik sei unmöglich, so erzählen sie den guten Deutschen jeden Tag von Anarchie, Mord und Todtschlag. Ihr werdet überrascht sein, wenn ihr mich besucht; schon unterwegs überall freundliche Dörfer mit schönen Häusern, und dann, je mehr Ihr Euch Zürich nähert und gar am See hin, ein durchgreifender Wohlstand; Dörfer und Städtchen haben ein Aussehen, wovon man bei uns keinen Begriff hat. Die Straßen laufen hier nicht voll Soldaten, Accessisten und faulen Staatsdienern, man riskirt nicht von einer adligen Kutsche überfahren zu werden; dafür überall ein gesundes, kräftiges Volk, und um wenig Geld eine einfache, gute, rein *republikanische* Regierung, die sich durch eine *Vermögenssteuer* erhält, eine Art Steuer, die man bei uns überall als den Gipfel der Anarchie ausschreien würde...

Minnigerode ist todt, wie man mir schreibt, das heißt, er ist drei Jahre lang todt gequält worden. Drei Jahre! Die französischen Blutmänner brachten einen doch in ein paar Stunden um, das Urtheil und dann die Guillotine! Aber drei Jahre! Wir haben eine gar menschliche Regierung, sie kann kein Blut sehen. Und so sitzen noch an vierzig Menschen, und das ist keine Anarchie, das ist Ordnung und Recht, und die Herren fühlen sich empört, wenn sie an die anarchische Schweiz denken! Bei Gott, die Leute nehmen ein großes Kapital auf, das ihnen einmal mit schweren Zinsen kann abgetragen werden, mit sehr schweren. – .....

Mitte November 1836 bis Ende Januar 1837. An Wilhelm Büchner in Heidelberg

Ich sitze am Tage mit dem Scalpell und die Nacht mit den Büchern.

13. Januar 1837. An Wilhelmine Jaeglé in Strassburg

Mein lieb Kind! ..... Ich zähle die Wochen bis zu Ostern an den Fingern. Es wird immer öder. So im Anfange ging's: neue Umgebungen, Menschen, Verhältnisse, Beschäftigungen – aber jetzt, da ich an Alles gewöhnt bin, Alles mit Regelmäßigkeit vor sich geht, man vergißt sich nicht mehr. Das Beste ist, meine Phantasie ist thätig, und die mechanische Beschäftigung des Präparirens läßt ihr Raum. Ich sehe dich immer so halb durch zwischen Fischschwänzen, Froschzehen etc. Ist das nicht rührender, als die Geschichte von Abälard, wie sich ihm Heloise immer zwischen die Lippen und das Gebet drängt? O, ich werde jeden Tag poetischer, alle meine Gedanken schwimmen in Spiritus. Gott sei Dank, ich träume wieder viel Nachts, mein Schlaf ist nicht mehr so schwer.

20. Januar 1837. An Wilhelmine Jaeglé in Strassburg

Ich habe mich verkältet und im Bett gelegen. Aber jetzt ist's besser. Wenn man so ein wenig unwohl ist, hat man ein so groß Gelüsten nach Faulheit; aber das Mühlrad dreht sich als fort ohne Rast und Ruh.... Heute und gestern gönne ich mir jedoch ein wenig Ruhe und lese nicht; morgen geht's wieder im alten Trab, du glaubst nicht, wie regelmäßig und ordentlich. Ich gehe fast so richtig, wie eine Schwarzwälder Uhr. Doch ist's gut: auf all das aufgeregte, geistige Leben Ruhe, und dabei die Freude am Schaffen meiner poetischen Produkte. Der arme Shakspeare war Schreiber den Tag über und mußte Nachts dichten, und ich, der ich nicht werth bin, ihm die Schuhriemen zu lösen, hab's weit besser. – ...... Lernst Du bis Ostern die *Volkslieder* singen, wenn's Dich nicht angreift? Man hört hier keine Stimme; das *Volk* singt nicht, und Du weißt, wie ich die Frauenzimmer lieb habe, die in einer Soiree oder einem Concerte einige Töne todtschreien oder winseln. Ich komme dem Volk und dem Mittelalter immer näher, jeden Tag wird mir's heller – und gelt, du singst die Lieder? Ich bekomme halb das Heimweh, wenn ich mir eine Melodie summe........ Jeden Abend sitz' ich eine oder zwei Stunden im Casino; Du kennst meine Vorliebe für schöne Säle, Lichter und Menschen um mich.

Vermutlich weiterer Inhalt: Ludwig Büchner schreibt in seiner Einleitung der *Nachgelassenen Schriften* (S. 39), sein Bruder habe kurz „vor Beginn der tödtlichen Krankheit" mitgeteilt, er werde „in längstens acht Tagen Leonce und Lena *mit noch zwei anderen Dramen* erscheinen lassen."

27. Januar 1837. An Wilhelmine Jaeglé in Strassburg

Mein lieb Kind, Du bist voll zärtlicher Besorgniß und willst krank werden vor Angst; ich glaube gar, Du stirbst – aber *ich* habe keine Lust zum Sterben und bin gesund wie je. Ich glaube, die Furcht vor der Pflege hier hat mich gesund gemacht; in Straßburg wäre es ganz angenehm gewesen, und ich hätte mich mit dem größten Behagen in's Bett gelegt, vierzehn Tage lang, rue St. Guillaume Nro. 66, links eine Treppe hoch, in einem etwas überzwergen Zimmer, mit grüner Tapete! Hätt' ich dort umsonst geklingelt? Es ist mir heut einigermaßen innerlich wohl, ich zehre noch von gestern, die Sonne war groß und warm im reinsten Himmel – und dazu hab' ich meine Laterne gelöscht und einen edlen Menschen an die Brust gedrückt, nämlich einen kleinen Wirth, der aussieht, wie ein betrunkenes Kaninchen, und mir in seinem prächtigen Hause vor der Stadt ein großes elegantes Zimmer vermiethet hat. Edler Mensch! Das Haus steht nicht weit vom See, vor meinen Fenstern die Wasserfläche und von allen Seiten die Alpen, wie sonnenglänzendes Gewölk. – Du kommst bald? mit dem Jugendmuth ist's fort, ich bekomme sonst graue Haare, ich muß mich bald wieder an Deiner inneren Glückseligkeit stärken und Deiner göttlichen Unbefangenheit und Deinem lieben Leichtsinn und all Deinen bösen Eigenschaften, böses Mädchen. Adio piccol[a] mia!

Editorische Notizen

Für die Textkonstitution der vorliegenden Ausgabe legten wir die zehnbändige *Historisch-kritische Ausgabe mit Quellendokumentation und Kommentar (Marburger Ausgabe) sämtlicher Werke und Schriften* von Georg Büchner (MBA) zugrunde, die von 2000 bis 2013 bei der Wissenschaftlichen Buchgesellschaft in Darmstadt erschienen ist. Die Herausgeber waren in unterschiedlicher Weise an der Erarbeitung dieser Ausgabe beteiligt. Sie bietet die editionsphilologisch zuverlässigsten Texte der Werke und Briefe Büchners. Für die vorliegende Ausgabe wurden diese Texte, wie im Folgenden erläutert, vereinheitlicht, gelegentlich auch revidiert und punktuell durch Neulesungen der Handschriften ergänzt. Bei *Lenz* wurde auf die überlieferte Druckfassung zurückgegriffen.

Der Hessische Landbote

Entstehung

Der Hessische Landbote wurde von Georg Büchner und Friedrich Ludwig Weidig verfasst und ist die erste Publikation, an der Büchner als Autor beteiligt war. Sein Freund August Becker machte Büchner Anfang 1834 mit dem oppositionellen Theologen und Rektor der Schule in Butzbach, Friedrich Ludwig Weidig (1791–1837), bekannt. Mit ihm verabredete Büchner, eine Flugschrift zu verfassen, um die Bauern und Handwerker im Großherzogtum Hessen für einen revolutionären Umsturz zu gewinnen. Büchner schrieb nach dem ersten Treffen der durch ihn nach französischem Vorbild gegründeten Gießener *Gesellschaft der Menschenrechte* im März 1834 einen Entwurf des *Hessischen Landboten*, den er vermutlich in dieser Gruppe auch diskutierte. Anschließend schrieb August Becker das Manuskript für ihn ab und brachte die Abschrift etwa Ende April, Anfang Mai von Gießen nach Butzbach zu Weidig. Dieser überarbeitete und ergänzte bis Ende Juni das Manuskript, ohne sich hierbei weiter mit Büchner abzustimmen. Bei einem Treffen verschiedener oppositioneller und republikanisch gesinnter Gruppen aus dem Großherzogtum und aus Kurhessen auf der Badenburg bei Gießen am 3. Juli 1834, bei dem beide Verfasser des *Landboten* anwesend waren, wurde trotz Büchners Einspruch beschlossen, die von Weidig redigierte Flugschrift zu drucken und zu verbreiten.

Für eine Einschätzung der Überarbeitungsschritte Weidigs und für eine Bestimmung der von ihm verfassten Textteile am *Landboten* steht als einziger Zeuge, der sowohl Büchners Entwurf als auch die gedruckte Fassung kannte, August Becker zur Verfügung. Er hat sich im Herbst 1837 in zahlreichen Aussagen gegenüber den Untersuchungsbehörden dazu geäußert. Von Weidig stammten, so Becker, der Titel, der Vorbericht, die Bibelstellen, eine Passage über „die Wirksamkeit der constitutionellen Verfassung" und der Schluss. Büchner habe, so Becker außerdem, in der Flugschrift „die Reichen" durch „die Vornehmen" ersetzt, also die sozialrevolutionäre Stoßrichtung zu einer nur antifeudalen abgeschwächt. Die Prüfung verschiedener Hypothesen zur Autorschaft einzelner Passagen ergab eine Textverteilung zwischen Büchner und Weidig von ca. zwei Dritteln zu einem Drittel. Beim *Hessischen Landboten* handelt es sich damit primär um einen Text von Büchner, der von Weidig partiell überarbeitet und um einen von ihm allein verfassten Schlussteil ergänzt wurde.

Georg Büchner war zwar mit Weidigs Eingriffen in seinen Text alles andere als zufrieden. Dennoch brachte er gemeinsam mit dem Studenten Jakob Friedrich Schütz die Druckvorlage des *Landboten* Anfang Juli 1834 von Butzbach nach Offenbach, wo die achtseitige Flugschrift in einer Auflage von vermutlich 1200 Exemplaren in der Bredeschen Druckerei von Carl Preller gedruckt und dann im August und September 1834 in Oberhessen verteilt wurde.

Quellen

Hauptquelle des *Hessischen Landboten* ist Georg Wilhelm Justin Wagners *Statistisch-topographisch-historische Beschreibung des Großherzogthums Hessen*, deren vierten Band (Darmstadt 1831) sich Büchner kurz vor Niederschrift des Manuskripts von Weidig auslieh. Als Vorbilder für seinen argumentativen Rückgriff auf die Finanzstatistik konnten Büchner dabei Flugschriften von Wilhelm Schulz sowie Texte von Friedrich Schüler, Philipp Jakob Siebenpfeiffer oder Ludwig Börne dienen. Die zweite wichtige Quelle des *Landboten* ist die Bibel in der Lutherübersetzung. Hieraus stammten die von Weidig eingefügten Zitate, vor allem aber partizipierten beide Verfasser an der dort vorgefundenen Rhetorik und Bildersprache, die den ganzen Text durchzieht. Als weitere literarische Anregung diente Büchner eine metaphernreiche Rede zur Aufwiegelung des Volkes in Jean Pauls Roman *Hesperus*. Daneben kannte er sicher auch Auguste Blanquis Angriffe auf die staatliche Ordnung in seiner Verteidigungsrede im *Procès de quinze* von 1832, in der die Formel vom „Krieg der Reichen und der Armen" prominent vorgebracht wurde.

Überlieferung

Von den Arbeiten am *Hessischen Landboten* liegen keine Handschriften mehr vor. Überliefert sind einige Druckexemplare, die von den Behörden sichergestellt wurden. Ihnen galt der *Landbote* als besonders gefährliche Druckschrift der radikalen Oppositionsbewegung. Genaue Angaben über die tatsächliche Verbreitung sowie über die Rezeption und Wirkung des *Landboten* bei den hessischen Bauern lassen sich allerdings nicht machen. Die Organisatoren der Flugschriftenaktion bewerteten sie jedoch als so erfolgreich, dass sie eine zweite Auflage des *Hessischen Landboten* planten und die Schrift anderen, gemäßigteren Flugschriftenentwürfen vorzogen. Diese zweite Auflage erschien im November 1834 und wurde in Marburg bei Elwert in einer Auflage von rund 400 Exemplaren gedruckt. An dieser Fassung war Georg Büchner nicht mehr beteiligt. Weidig hatte das Manuskript der ersten Auflage dazu noch einmal mit Rücksicht auf moderatere Oppositionelle verändert und anschließend von dem Arzt Leopold Eichelberg geringfügig überarbeiten lassen.

Zum Text

Der Text folgt MBA 2 (2013), S. 5–13. Hervorhebungen werden statt durch Sperrungen einheitlich durch Kursivierungen markiert. Druckfehler wurden in eckigen Klammern [ ] emendiert.

Danton's Tod

Entstehung

Danton's Tod war nicht nur Georg Büchners erste eigenständige literarische Arbeit, sondern auch die einzige, die zu seinen Lebzeiten erschienen ist. Die Uraufführung des Stückes fand allerdings erst 1902 in Berlin am Belle-Alliance-Theater durch die *Neue Freie Volksbühne* statt. Büchner schrieb das Stück im Januar und Februar 1835 in Darmstadt – parallel zu seinen naturwissenschaftlichen Studien und seinen konspirativen politischen Aktivitäten – „in höchstens fünf Wochen", wie er in einem Brief vom 21. Februar 1835 berichtete. Vorarbeiten reichen jedoch wenigstens bis zum Herbst 1834 zurück und sind durch Ausleihen von ihm verwendeter Quellen aus der Darmstädtischen Großherzoglichen Hofbibliothek seit dem 1. Oktober belegt. Am 21. Februar 1835 übersandte Büchner ein Manuskript des Dramas an den Frankfurter Verleger Johann David Sauerländer und dessen Redakteur, den Schriftsteller und Literaturkritiker Karl Gutzkow, mit der Bitte um rasche Publikation. Gegen das mäßige Honorar von zehn Friedrichsd'or sagte Sauerländer eine Publikation des Dramas zu. Es erschien zunächst in Auszügen in zehn Folgen vom 26. März bis zum 7. April 1835 in der Zeitung *Phönix*, dessen *Literatur-Blatt* Gutzkow betreute, dann kurz darauf, Anfang Juli, als Buch in einer Auflage von rund 400 Exemplaren. Beide Druckfassungen waren von Gutzkow stark bearbeitet worden, um der Zensur des Journaldrucks und einem Verbot des Buches durch die Behörden zuvorzukommen. Gutzkows Koredakteur Eduard Duller hatte außerdem den Untertitel „Dramatische Bilder aus Frankreichs Schreckensherrschaft" hinzugesetzt. Büchner, der zwar die Erlaubnis zu Änderungen gegeben, aber die rund 200 Eingriffe wie auch den Untertitel nicht im Einzelnen autorisiert hatte, war über das Ergebnis verärgert. Gutzkow hatte, neben einigen blasphemischen Äußerungen und Vulgarismen, vor allem sexuell Anstößiges getilgt oder entschärft. „Der *ächte Danton* von Büchner ist *nicht* erschienen. Was davon herauskam ist ein nothdürftiger Rest, die Ruine einer Verwüstung, die mich Ueberwindung genug gekostet hat", schrieb er 1837 in seinem Büchner-Nachruf „Ein Kind der neuen Zeit" im *Frankfurter Telegraph*.

Zum Stoff

Büchners Drama bringt mit der Verhaftung, Verurteilung und Hinrichtung Georges Dantons und seiner Anhänger eine historische Krisenphase der Französischen Revolution während der Herrschaft des Wohlfahrtsausschusses auf die Bühne, die als „Terreur" bezeichnet wird. Der Handlungszeitraum setzt am 28. März 1794 ein und endet neun Tage später, am 5. April 1794, nach einem von der Regierung manipulierten Prozess mit der Guillotinierung der Dantonisten. Historische Rückverweise, wie auf die Septembermorde an den politischen Gefangenen 1792, und Vorausdeutungen, wie auf den Sturz der Robespierristen wenige Monate später, weiten den zeitlichen Horizont des Stückes aus. Büchner wechselt in der losen Szenenfolge seines Dramas zwischen privaten und öffentlichen Schauplätzen hin und her. Für die Gestaltung der Letzteren stützte er sich auf umfangreiche Quellenstudien.

Quellen

Büchner zog bei seiner Arbeit an *Danton's Tod* verschiedene historiographische Texte heran. Sie dienten ihm sowohl als Orientierung für den Handlungsverlauf wie auch als Stoff- und Textfundus für seine Dramenfiguren. Rund 20 Prozent seines Textes übernahm er von dort und montierte Zitate aus Reden, Personencharakterisierungen und Situationsbeschreibungen in den Dramentext. Als die beiden Hauptquellen sind zu nennen Johann Konrad Friederichs *Unsere Zeit, oder geschichtliche Uebersicht der merkwürdigsten Ereignisse von 1789–1830* (1826–1828) – ein populäres Sammelwerk in Fortsetzungsheftchen mit historischen Dokumenten und plastischen Schilderungen der Revolutionsereignisse, das Büchner schon aus seinem Elternhaus von abendlichen Lesungen her kannte – sowie der sechste Band von Louis Adolphe Thiers' *Histoire de la Révolution française* (1825). Thiers' Revolutionsgeschichte, die mit ihrem Fokus auf der Eigendynamik gesellschaftlicher Umwälzungen der ‚fatalistischen' Schule der Geschichtsschreibung zugerechnet wurde, hatte Büchner vermutlich schon im Januar 1834 studiert und zog sie bei seiner Arbeit an *Danton's Tod* vor allem als Strukturquelle für den Handlungsverlauf und die politischen Kontroversen nun erneut heran. Daneben nutzte er den vierten Band des biographischen Lexikons *Galerie historique des contemporains* (1818) für die Darstellung Dantons und Camille Desmoulins, die Skizzensammlung *Le Nouveau Paris* (1799) von Louis-Sébastien Mercier, den er auch als Dramenfigur auftreten lässt, und Charles Nodiers *Souvenirs, épisodes et portraits pour servir à l'histoire de la Révolution et de l'Empire* von 1831. Kurz vor Absendung des Manuskripts veranlasste ihn die Lektüre von Heinrich Heines Abhandlung *Zur Geschichte der Religion und Philosophie in Deutschland* (1835) noch zu Randeinträgen in der ersten Szene. Literarische Anregungen erhielt Büchner vor allem von den Dramen Shakespeares. Daneben lassen sich zahlreiche Einflüsse von Goethe und Tieck, am Rande auch von Schiller nachweisen.

Überlieferung
Von den Entwürfen und Arbeitsphasen an *Danton's Tod* sind keine Zeugnisse überliefert. Erhalten hat sich jedoch die an Sauerländer übersandte Handschrift, die die Grundlage für Gutzkows Bearbeitung des Textes und die Druckfassungen lieferte. Damit ist *Danton's Tod* das einzige poetische Werk Büchners, das in einer gültigen Endfassung handschriftlich überliefert ist.

Zum Text
Unser Text folgt dem Emendierten Text in MBA 3.2 (2000), S. 1–81, und wurde leicht modifiziert; dazu wurden die dort stillschweigend vorgenommenen Emendationen anhand der Genetischen Darstellung in MBA 3.1 (2000), S. 339–493, teilweise restituiert und in eckige Klammern [ ] gesetzt. Normierungen der Interpunktion in den gesprochenen Repliken wurden nicht eigens gekennzeichnet. Hervorhebungen sind statt durch Sperrung durch Kursivierung markiert. Zwei nach Drucklegung des Dramas und Zurückerhalt des Manuskripts in Straßburg von Büchner vorgenommene Änderungen in der Handschrift blieben unberücksichtigt (vgl. dazu MBA 3.2, S. 296–298), da hier der zeitlich fixierte Zustand der Handschrift zum Zeitpunkt der Drucklegung editorisch relevant ist. Es handelt sich um die Überschreibung des Wortes „Unschuldige" durch „Unglückliche" in IV/1 und die Umstellung der Szenen IV/1 und IV/2.

Lenz

Entstehung
Mit der Arbeit an seiner Erzählung zu dem Sturm-und-Drang-Autor Jacob Michael Reinhold Lenz (1751–1792) begann Büchner frühestens im Mai 1835 und arbeitete daran bis zum Herbst 1835. Einer Einarbeitungsphase in seine Quellen folgten verschiedene Entwürfe, deren Entstehung nicht sicher zu datieren ist. Anhand des überlieferten Textes und seines heterogenen Charakters lassen sich jedoch hypothetisch verschiedene Arbeitsphasen rekonstruieren. In einer vermutlich frühen Arbeitsphase paraphrasierte und ergänzte Büchner lediglich seine Hauptquelle, den Bericht des Pfarrers Oberlin, und blickte mit ihr von außen chronikalisch auf das Geschehen. Dies macht ca. 20 Prozent des Textes aus. In einem zweiten Schritt näherte sich Büchner der Krankheit seines Protagonisten in Form einer resümierenden wissenschaftlich-psychiatrischen Skizze. Dies macht rund zehn Prozent des überlieferten Textes aus. 70 Prozent von *Lenz* – das sind die ersten zwei Drittel und der durch einen Trennstrich abgesetzte Schluss – stammen aus der vermutlich letzten Arbeitsphase, in der Büchner mit der personalen Figurenperspektive sein Darstellungsverfahren für die Krankheitsgeschichte gefunden hatte. Büchner brach das Projekt in einem relativ fortgeschrittenen Stadium vermutlich im Dezember 1835 ab. Karl Gutzkow hatte durch sein Drängen und die Zusage einer Publikation des Textes in der geplanten *Deutschen Revue* die Arbeit an dem Projekt

vorangetrieben. Diese Publikationsmöglichkeit war mit dem Verbot der jungdeutschen Literatur am 14. November und der Verhaftung Gutzkows am 3. Dezember hinfällig geworden.

Zum Stoff
Büchners einziger Erzähltext schildert eine kurze, historisch belegte Phase im Leben von Jacob Michael Reinhold Lenz. In der Zeit vom 20. Januar bis zum 8. Februar 1778 hielt sich Lenz bei dem als Pädagoge und Reformer bekannten Pfarrer Johann Friedrich Oberlin (1740–1826) im Vogesendorf Waldersbach auf, um dort eine beginnende und unübersehbare psychische Erkrankung zu kurieren. Der Text setzt mit der Ankunft des Dichters im Steintal ein und endet mit seinem Abtransport nach Emmendingen knapp drei Wochen später.

Quellen
Ausschlaggebend für Büchners intensive Beschäftigung mit der Krankengeschichte von Lenz war wahrscheinlich die Lektüre von Oberlins Bericht *Herr L ......* über Lenz' Aufenthalt im Steintal. Der Bericht wurde zur Hauptquelle für Büchners literarische Pathographie. Neben der Chronologie der Ereignisse fand er dort die zentralen Schilderungen von Lenz' Krankheitssymptomen. Oberlin diktierte seinen Bericht unmittelbar nach der Abreise von Lenz 1778. Er diente ihm vor allem zur Rechtfertigung seiner gescheiterten Bemühungen um Lenz in seinem Freundes- und Bekanntenkreis. Ehrenfried Stoeber hatte den Bericht 1826 bei seinen Recherchen zu einer Oberlin-Biographie entdeckt und abgeschrieben. Mit dessen Sohn August Stoeber befreundete sich Büchner während seines ersten Straßburger Aufenthaltes 1831 und von ihm erhielt er spätestens im Frühjahr 1835 den Oberlin-Bericht und weitere Materialen zu Lenz, die Stoeber seinerseits für seinen Aufsatz „Der Dichter Lenz" recherchiert hatte. Dieser Aufsatz erschien vom 19. Oktober bis 10. Dezember 1831 im *Morgenblatt für gebildete Stände* und diente Büchner als zweite zentrale Quelle für seine Lenz-Erzählung.

Rund ein Sechstel von *Lenz* ist wörtlich aus den Quellen übernommen und in den Text einmontiert. Büchner interpretiert die konsultierten Quellen jedoch mithilfe der aktuellen psychiatrischen Literatur. Welche Texte er dazu herangezogen hat, lässt sich im Einzelnen nicht mehr rekonstruieren. Seine Darstellung steht den empirisch bzw. somatisch orientierten Positionen von Psychiatern wie Philippe Pinel, Jean Étienne Dominique Esquirol und Friedrich Bird nahe. Literarische Anregungen erhielt Büchner für seine Erzählung von Goethe, von Tiecks Erzählungen sowie von E. T. A. Hoffmanns Künstlernovellen. Sicher bekannt war Büchner auch das zwiespältige Porträt von Lenz, das Goethe im 3. Teil von *Dichtung und Wahrheit* (1814) entworfen hatte, sowie die von Ludwig Tieck herausgegebenen *Gesammelten Schriften* von Lenz (1828).

Die Landschaft der Vogesen und wahrscheinlich auch Waldersbach kannte Büchner aus eigener Anschauung.

Überlieferung

Von Büchners Handschriften zur Lenz-Erzählung und ihren Abschriften ist nichts mehr erhalten. Überliefert ist einzig die von Karl Gutzkow im Januar 1839 im *Telegraph für Deutschland* in acht Folgen unter dem Titel *Lenz. Eine Reliquie von Georg Büchner* publizierte Druckfassung, die aus Textteilen zusammengestellt ist, die sich im Nachlass Büchners fanden. Abschriften davon hatte Gutzkow von Wilhelmine Jaeglé im September 1837 erhalten. Zu den „Bruchstücken" des Nachlasses gehörte außer *Leonce und Lena* das „Fragment" einer „Novelle", wie Gutzkow in seiner Einleitung zu Büchners Text bemerkte. Über den Stand der Ausarbeitung des Textes und den von Büchner beabsichtigten Titel lassen sich daher keine sicheren Aussagen treffen. Offensichtlich aber fügte Gutzkow Textteile aus verschiedenen Arbeitsphasen zusammen: Den ersten zwei Dritteln des Textes folgen chronologisch zwei Textteile aus vermutlich früheren Arbeitsphasen – die Paraphrase des Oberlin-Berichts und die Skizze im wissenschaftlichen Duktus –, an die eine kurze Schlusspassage angehängt ist, die wieder dem Stil des Textanfangs entspricht. An einer Stelle wird dies durch die von Gutzkow übernommene Arbeitsnotiz Büchners „Siehe die Briefe" deutlich. Hier ist also von einer Arbeitslücke auszugehen, die Büchner offenbar anhand des von Stoeber stammenden Materials noch füllen wollte. Ob Textanfang und -schluss der Druckfassung auch die von Büchner beabsichtigten Textgrenzen markieren, oder ob sein Lenz-Projekt über die geschilderte Lebensphase noch hätte hinausgehen sollen, lässt sich ebenfalls nicht ermitteln. Auch über die Veränderungen, die Büchners Handschrift bereits durch Jaeglés Abschrift sowie die Redaktion Gutzkows und schließlich durch die Eingriffe des Setzers bei der Drucklegung erfuhr, lassen sich keine sicheren Aussagen machen.

Zum Text

Druckvorlage: „Lenz. Eine Reliquie von Georg Büchner". In: „Telegraph für Deutschland", Hamburg. Nr. 5, Nr. 7 – 11, Nr. 13 u. Nr. 14, Januar 1839, S. 34 – 40, 52 – 56, 59 – 62, 69 – 72, 77 f., 84 – 87, 100 – 104, 108 – 111. Die einzelnen Folgen wurden im vorliegenden Text, anders als in der MBA, durch Leerzeilen voneinander getrennt. Korrekturen der Druck- bzw. Lesefehler sind in eckige Klammern [ ] gesetzt. Hervorhebungen durch Sperrung wurden einheitlich durch Kursivierung ersetzt.

Leonce und Lena

Entstehung

Mit der Arbeit an *Leonce und Lena* begann Büchner vermutlich nicht vor Abschluss seiner Doktorarbeit, dem *Mémoire sur le système nerveux du barbeau*, im Juni 1836. Er plante zu diesem Zeitpunkt eine Buchpublikation mit Dramen, zu denen neben *Leonce und Lena* auch *Woyzeck* zählte. Außerdem hatte Büchner vermutlich seit Februar Kenntnis von der Ausschreibung eines Wettbewerbs für „ein- oder zweiaktige Lustspiele" durch die

Cotta'sche Buchhandlung mit Einsendeschluss am 1. Juli 1836. Das Preisgeld war dreimal so hoch wie das Honorar, das Büchner für *Danton's Tod* erhalten hatte. Das eingesandte Manuskript von *Leonce und Lena* erreichte den Verlag jedoch zu spät, so dass Büchner es vermutlich noch im Juli ungeöffnet zurückbekam. In der Folgezeit und vor allem nach seiner Übersiedlung nach Zürich im Oktober 1836 erweiterte er das Manuskript für die Buchfassung von zwei auf drei Akte und nahm Änderungen vor, die sich unter anderem aus der Arbeit an *Woyzeck* ergaben. Es ist ferner davon auszugehen, dass Büchner bei der Überarbeitung des Manuskripts weniger Rücksichten auf Dezenz und politisch Provokantes nehmen musste als noch in der Wettbewerbsfassung. Das Stück gilt als weitgehend abgeschlossen, bevor er am 2. Februar 1837 schwer erkrankte und 17 Tage später starb. Es erschien als Teildruck erstmals 1838 und annähernd vollständig 1850. Seine Uraufführung erlebte *Leonce und Lena* im Verein „Intimes Theater" in München, bei einer Freilichtaufführung unter Theaterliebhabern am 31. Mai 1895. Auf einer öffentlichen Bühne war das Stück erstmals am 30. Dezember 1911 in Wien und am 27. Januar 1912 in Düsseldorf zu sehen.

Zum Stoff

Büchners einziges Lustspiel verbindet politische Satire mit Elementen der romantischen Komödie. Die Hochzeit des hessischen Thronfolgers, des Erbgroßherzogs Ludwig, mit der bayerischen Prinzessin Mathilde am 26. Dezember 1833 in München und die damit einhergehenden Feierlichkeiten wie ein öffentliches „Gabelfrühstück" in Offenbach und der Einzug des Brautpaares in Darmstadt am 10. Januar 1834 lieferten Büchner vermutlich den Anlass für die Hof- und Fürstensatire in *Leonce und Lena*. Für das Handlungsgerüst des Dramas – die Flucht vor einer Zwangsheirat, die dann doch unwissentlich vollzogen wird – und für die Personengestaltung, insbesondere die des melancholischen Prinzen, griff er hingegen auf die romantische Komödientradition zurück. Die lineare Handlung erstreckt sich über eineinhalb Tage und mündet in eine sensualistisch-märchenhafte Schlussutopie.

Quellen

Während sich Büchner für die satirischen Passagen seines Dramas möglicherweise durch die von Heinrich Küntzel und Friederich Metz 1834 herausgegebene *Chronik der Feierlichkeiten, welche auf Veranlassung der hohen Vermählung Seiner Hoheit des Erbgroßherzogs Ludwig von Hessen mit Ihrer Königl. Hoheit der Prinzessin Mathilde von Bayern in Bayern und Hessen Statt fanden* anregen ließ, dienten ihm für den Lustspielcharakter seines Stücks zwei romantische Komödie als zentrale Quellen. In Alfred de Mussets *Fantasio* (1834) ist es weniger die strukturelle Analogie der Fürstenhochzeit als vor allem die Personenzeichnung und -konstellation, die Büchner als Vorbild dienten. Auch thematisch lassen sich viele Berührungspunkte finden: Langeweile, Melancholie, Weltschmerz sind hier wie dort stete Bezugspunkte. Die zweite Hauptquelle für *Leonce und Lena* bildete Clemens Brentanos *Ponce de Leon* (1803). Hier sind es vor allem szenische Analogien oder Teile der Handlung, wie die Heilung des melancholischen Müßiggängers durch die Liebe, die Büchners Drama prägten. Anregen ließ sich Büchner auch von den lyrischen Passagen Brentanos. Wörtliche Entsprechungen finden sich vor allem auf der Ebene der Wortspiele, die zum zentralen Gestaltungsmerkmal von Büchners Lustspiel zählen. Im Übrigen erhielt Büchner eine Fülle von Anregungen durch Texte von Shakespeare, Tieck, Goethe, Eichendorff, Lenz, Jean Paul u. a. Vieles davon nutzte er für intertextuelle Anspielungen. *Leonce und Lena* erweist sich damit über weite Strecken als Literatur aus Literatur.

Überlieferung

Leonce und Lena wurde erst nach Büchners Tod veröffentlicht. Das Drama erschien in zwei gleichwertigen, jedoch unzuverlässigen Druckfassungen; zuerst in fünf Folgen im *Telegraph für Deutschland* vom 10. bis 19. Mai 1838, herausgegeben von Karl Gutzkow; dann 1850 in den *Nachgelassenen Schriften von Georg Büchner*, herausgegeben von Ludwig Büchner. Den beiden Herausgebern lag jeweils eine Abschrift des in Büchners Nachlass gefundenen Dramas vor, einmal durch die Hand Wilhelmine Jaeglés, im zweiten Fall durch Luise Büchner. Diese Abschriften gehen vermutlich auf das gleiche Zürcher Manuskript zurück, das von den Abschreiberinnen jedoch gelegentlich unterschiedlich interpretiert wurde. Dieses Manuskript ist ebenso wie die beiden Abschriften verloren. Von Büchners Handschriften haben sich lediglich zwei Entwurfsbruchstücke und ein ausgeschiedenes Bruchstück erhalten. Diese Szenenfragmente zu *Leonce und Lena* entstammen früheren Entwurfsstufen und sind damit für eine Textedition des Dramentextes nicht von Bedeutung. Anders verhält sich dies bei dem unterschiedlichen Textbestand der vorliegenden Drucküberlieferung. Da nicht von vornherein zu entscheiden ist, welcher Druckfassung der Vorzug zu geben ist, muss bei jeder Abweichung im Einzelfall entschieden werden, welcher Text als gültig zu bewerten ist. Beide Herausgeber griffen in den Text ein: Gutzkow paraphrasierte den ersten Akt des Dramas und brachte aus ihm nur einzelne Zitate. Ludwig Büchner präsentierte hier rund ein Viertel mehr Text, nahm jedoch an anderen Stellen Streichungen satirischer Angriffe vor und tilgte Stellen, die die Dezenznormen verletzten. Hinzu kommen Eingriffe der jeweiligen Setzer in Orthographie und Interpunktion entsprechend der zeitüblichen Konvention.

Zum Text

Der Text folgt dem Emendierten Text in MBA 6 (2003), S. 99–154. Wir verzichten hier jedoch auf eine Auszeichnung des Textes, welche die unterschiedlichen Druckvorlagen kenntlich macht. Hervorhebungen werden statt durch Sperrung einheitlich durch Kursivierung markiert.

Woyzeck

Entstehung

Büchners Drama über einen Mordfall und seine Vorgeschichte ist Fragment geblieben und konnte von seinem Autor nicht mehr abgeschlossen werden. Durch die Analyse der Papiersorten und der verwendeten Tinten lassen sich die überlieferten vier Entwurfshandschriften (H1–H4) zeitlich ordnen. Sie entstanden in Straßburg (H1 und H2) und Zürich (H3 und H4). An ihnen wird die sukzessive Entstehung des *Woyzeck* als work in progress ablesbar, ein vollständiger Text entsteht so nicht. Büchner begann frühestens Anfang Juli 1836 mit der Arbeit an dem Stück, das gemeinsam mit *Leonce und Lena* als Buch erscheinen sollte. Für die Zeit bis Anfang Oktober 1836 ist von zwei Arbeitsschritten auszugehen: Büchner entwirft in H1 in einer vermutlich blockweisen Niederschrift die Handlungsfolge in noch wenig ausgeführten Szenen. Am einen Ende des Spektrums stehen die Szenen H1,3, H1,9, H1,12 und H1,21. Sie sind bloße Notate einer einzelnen kurzen Replik und halten nur den Kern einer Situation fest. Am andern Ende des Spektrums stehen weiter ausgeformte Szenen wie H1,2, H1,14 und H1,17, die bereits wechselnde Situationen an einem szenischen Ort vereinen. In der nur scheinbar längeren Szene H1,11 sucht Büchner in mehrmaligem Anlauf für dieselbe Situation den angemessenen sprachlichen Ausdruck. Das in H1 Notierte dürfte den ersten zusammenhängenden Entwurf des Dramas darstellen. Es lassen sich dabei drei Handlungskomplexe unterscheiden: die Jahrmarktsszenen, Woyzecks Eifersucht und der Mord mit der anschließenden Entdeckung des Täters.

Mit H2 folgt eine Erweiterung des ersten Drittels von H1. Der Hauptmann und der Doktor kommen als Figuren hinzu und mit Letzterem auch das Ernährungsexperiment, das wesentlich zu Woyzecks Halluzinationen beiträgt. Die Szenen sind nun stärker ausgearbeitet, die beiden Hauptpersonen Louis und Margreth wurden umbenannt in Woyzeck und Louise bzw. Louisel. Abgesehen von H2,9 sind die Szenen dieses zweiten Entwurfs bereits ausgearbeitet und enthalten eine längere Reihe von Repliken, gelegentlich (H2,2 und H2,7) auch mehrere Auftritte.

Mit der Übersiedlung nach Zürich Ende Oktober und nach Fertigstellung der Probevorlesung entsteht vermutlich ab dem 5. November 1836 und bis zum Ausbruch von Büchners tödlicher Erkrankung am 2. Februar 1837 die Entwurfshandschrift H4. Sie stellt eine Überarbeitung und Erweiterung der vorherigen Entwürfe dar. Szenen, die Büchner von dort übernimmt und verändert, streicht er in den früheren Handschriften mit einem (meist) senkrechten Strich durch, so bei H1,4, H1,5, H1,6, H1,7, H1,9, H1,10, H2,1, H2,2, H2,4, H2,6, H2,8, H2,9. Außerdem kommen neue Szenen hinzu, so beispielsweise H4,4 bis H4,6. Büchner akzentuiert nun stärker die Verführung Louises, die jetzt Marie heißt, zieht sozial schärfere Konturen und betont Woyzecks Armut, seine soziale Deklassierung und die zwanghafte Eifersucht gleichermaßen. Fünf nicht berücksichtigte Szenen aus H1 und H2 waren mit diesem Arbeitsschritt konzeptionell überholt, zwei weitere blieben noch ohne Überführung in eine neue Gestalt. H4 repräsentiert die fortgeschrittenste Entwurfsstufe des *Woyzeck*, bleibt aber aufgrund zahlreicher Arbeitslücken und des Handlungsabbruchs vor dem Mord Fragment. Nach der Szenenüberschrift *Buden. Lichter. Volk.* etwa bleiben zwei Drittel der Seite sowie die folgende Seite unbeschriftet, und zwar offenbar in der Absicht, das in H1,1 bis H1,3 sowie in H2,3 und H2,5 vorliegende Material zu überarbeiten.

Die zwei in H3 notierten, voneinander unabhängigen Szenenentwürfe sind als Ergänzung zu H4 zu betrachten und entstanden vermutlich zeitgleich zur Arbeit an H4, ohne dass eindeutig zu bestimmen wäre, wo sie dort ihren Platz gefunden hätten. Mit *Der Hof des Professors.* (H3,1) probierte Büchner eine Alternative oder Ergänzung zu der in der Doktor-Szene H2,6 festgehaltenen Situation aus, der in H4 notierte Handlungsverlauf lässt für die in H3,1 dargestellte Situation jedoch keinen Platz. Aus diesem Grund ließe sich eine Datierung, die H3 auf H4 folgen lässt, nur rechtfertigen mit der zusätzlichen Annahme, Büchner habe die in H4 fixierte Handlungsfolge noch einmal radikal ändern wollen. Für diese Zusatzannahme gibt es indes keinen Anhaltspunkt. Mit *Der Idiot. Das Kind. Woyzeck.* (H3,2) notierte Büchner möglicherweise einen Zusatz zu dem in H1,14 bis H1,21 entworfenen Mordkomplex. Was von den Szenen zur Mordhandlung Büchner aus H1 jedoch übernommen und wie er es überarbeitet hätte, lässt sich nicht bestimmen. Gleiches gilt für die Jahrmarktsszenen.

Zum Stoff

Als historische Vorlagen für Büchners kriminalistische und psychopathologische Fallgeschichte ließen sich vier Fälle ermitteln: die Ermordung des Druckereigesellen Bernhard Lebrecht durch den verschuldeten Schustergesellen und Soldaten Johann Philipp Schneider bei Darmstadt am 15. April 1816; die aus innerem Zwang erfolgte Erstechung seiner Geliebten durch den Tabakspinnergesellen Daniel Schmolling am 25. September 1817 in der Nähe von Berlin; der Mord des Leinwebers Johann Dieß an seiner Verlobten am 15. August 1830 in Darmstadt und der Eifersuchtsmord des arbeitslosen Perückenmachers und ehemaligen Soldaten Johann Christian Woyzeck an der Witwe Johanna Christiane Woost in Leipzig am 2. Juni 1821. Während der erste Fall für Büchner bei der Darstellung der Mordhandlung relevant wurde, gewann der letzte Fall während der Arbeit an dem Drama so zentrale Bedeutung, dass Büchner seiner Hauptfigur den gleichen Nachnamen gab. Damit bezog er sich explizit auf einen Fall, der einer breiteren Öffentlichkeit durch die Debatte über die Zurechnungsfähigkeit des Täters bekannt geworden war. Der historische Woyzeck war durch den Leipziger Psychiater Johann Christian August Clarus begutachtet und für schuldfähig erklärt worden. Er wurde daraufhin am 22. Februar 1822 zum Tode verurteilt. Die für den 13. November 1822 anberaumte Hinrichtung musste jedoch wegen Zeugenaussagen, die die Zurechnungsfähigkeit Woyzecks erneut in Frage stellten, ausgesetzt werden. Nach einer weiteren Begutachtung durch Clarus, die das Erstgutachten bestätigte, wurde Woyzeck schließlich am 27. August 1824 auf dem Leipziger Marktplatz der Kopf abgeschlagen. Das 1825 publizierte zweite Gutachten von Clarus rief in der Fachwelt heftigen Widerspruch hervor. Der moralisierenden juristischen Position, die dem Täter seinen Lebenswandel als schuldhaft anrechnete, wie sie Clarus und Christian August Heinroth vertraten, standen die Positionen etlicher liberaler Psychopathologen wie Carl Moritz Marc oder Christian August Grohmann gegenüber, die anhand der von Clarus gelieferten Anamnese und Beschreibung der Symptome Woyzecks auf somatische und psychische Ursachen für seine Schuldunfähigkeit hinwiesen und seine eingeschränkte Willensfreiheit betonten. Dies kulminierte 1835 in der Aussage Johann Baptist Friedreichs, bei Woyzecks Hinrichtung habe es sich um einen „Justizmord" gehandelt. Büchners Drama partizipiert an dieser Debatte, indem es die destruktiven Folgen der Lebensumstände Woyzecks zeigt. Wäre es 1837 fertiggestellt und publiziert worden, hätte es als literarischer Beitrag zu der Debatte um die Schuldfähigkeit Woyzecks eine Figur gezeigt, die kaum jemand für zurechnungsfähig gehalten hätte.

Quellen

Büchners Hauptquelle und die einzige, die ihm vermutlich auch beim Schreiben des Dramas vorlag, ist das zweite Clarus-Gutachten, „Die Zurechnungsfähigkeit des Mörders Johann Christian Woyzeck, nach Grundsätzen der Staatsarzneikunde aktenmäßig erwiesen", in der *Zeitschrift für die Staatsarzneikunde* (1825). Büchner orientierte sich an der ausführlichen Anamnese Woyzecks durch Clarus und nutzte die mitgeteilten Informationen über die Lebensumstände des historischen Woyzeck und insbesondere die sozialen und erotischen Kränkungen für die Gestaltung seiner Figur. Auch für die Eifersuchts- und Mordphantasien Woyzecks fand er hier zahlreiche Anregungen. Büchner verwendete das Clarus-Gutachten allerdings in gegenläufiger Intention zu seinem Verfasser und rekonstruierte mit seiner Hilfe die Pathogenese Woyzecks. Als weiteres Gutachten kannte Büchner vermutlich das von Ernst Horn im Fall Schmolling aufgrund des fehlenden Tatmotivs erstellte, das im *Archiv für medizinische Erfahrung im Gebiete der praktischen Medizin und Staatsarzneikunde* 1820 publiziert worden war. Ferner kannte er Philipp Bopps Bericht „Meuchelmord" über den Mordfall Schneider in der *Bibliothek gewählter Strafrechtsfälle* (1834; zuerst 1816), der ihm die Struktur für den Mordkomplex in H1,14–20 lieferte: vom Tathergang über die zurückgelassene Tatwaffe, den Besuch eines Wirtshauses in blutverschmierter Kleidung, die Rückkehr zum Tatort und den Versuch, die Kleider auszuwaschen, bis hin zur Entdeckung der Tat durch einen Barbier. Möglicherweise kannte er auch noch Bopps Bericht „Zurechenbarkeit oder nicht?" über den Mordfall Dieß in der *Zeitschrift für Staatsarzneikunde* (1836), in dem ebenfalls die Schuldfähigkeit des Angeklagten zur Debatte stand.

Daneben bezog Büchner, wie bei seinen anderen Werken auch, eine Fülle von Anregungen aus literarischen Werken, insbesondere aus Dramen von Goethe, Shakespeare und Lenz sowie Texten von Tieck, Jean Paul, Heine, E. T. A. Hoffmann und Brentano. Deutlich stärker als in seinen früheren Arbeiten nimmt er im *Woyzeck* Bezug auf Märchen sowie Volkslieder und Kinderreime.

Überlieferung

Überliefert ist ein titelloses Konvolut aus verschiedenen Entwurfshandschriften, bestehend aus fünf Blättern im Kanzleiformat, gefaltet zu Doppelblättern (Doppelblatt I–V) in Folioformat (H1 und H2 mit 21 bzw. neun Szenen); einem Einzelblatt im Quartformat (H3 mit zwei Szenen); sechs Blättern im Folioformat, gefaltet zu sechs Doppelblättern in Quartformat, gelegt in drei Lagen von je zwei Doppelblättern (Lage I–III; H4 mit 17 Szenen). Es handelt sich vermutlich um die vollständig erhaltenen Entwürfe zu dem geplanten Drama.

Büchners überlieferte Entwurfshandschriften galten lange Zeit als nicht entzifferbar und schwer in einen Zusammenhang zu bringen. Eine erste Transkription von Teilen von H4 durch Alexander und Ludwig Büchner führte nicht zur Aufnahme des Textes in die von Ludwig Büchner herausgegebenen *Nachgelassenen Schriften* (1850). Eine Teilveröffentlichung des Dramas erfolgte erst durch Karl Emil Franzos in der *Neuen Freien Presse* am 3., 5. und 23. November 1875. Er hatte das Manuskript am 29. Juli von Ludwig Büchner erhalten und entziffert, ging dabei jedoch von einer durch Büchner willkürlich gesetzten Szenenreihenfolge aus. Weitere Druckfassungen mit mehr Text präsentierte Franzos am 5., 12. und 13. Oktober 1878 in der Wochenschrift *Mehr Licht!* unter der Überschrift „Wozzeck. Ein Trauerspiel-Fragment von Georg Büchner" sowie 1879 in den von ihm herausgegebenen *Sämmtlichen Werken und handschriftlichen Nachlass* Büchners. Franzos kompilierte bei seiner Textfassung verschiedene Entwurfsstufen und brachte die Szenen in eine ihm plausibel scheinende Reihenfolge. Er las jedoch zahlreiche Textstellen und den Namen des Protagonisten falsch und fügte eigenen Text hinzu. Revisionen der Szenenfolge nahm dann Paul Landau (1909) vor, dessen Fassung auch die Grundlage für Alban Bergs Oper *Wozzeck* (1921) wurde. Franzos' Eingriffe in den Text wurden 1920 durch Georg Witkowski aufgedeckt, nachdem bereits 1914 mit der Wiederentdeckung des Clarus-Gutachtens durch Hugo Bieber der Bezug zum historischen Fall Woyzeck hergestellt werden konnte. Es folgten Neulesungen der Manuskripte und eine korrekte Anordnung der Szenenfolge u. a. durch die Ausgabe von Fritz Bergemann (1922). Auf der Bühne entfaltete jedoch zunächst und bis weit ins 20. Jahrhundert hinein Franzos' Textfassung ihre Wirkung. Die Uraufführung des *Wozzeck* fand am 8. November 1913 im Münchner Residenztheater statt. Bergs gleichnamige Oper wurde erstmals 1925 aufgeführt.

Zum Text

Auf die Erstellung einer Lese- oder Bühnenfassung, die eine konzeptionelle Abgeschlossenheit des Stücks suggeriert und die leicht übersehen lässt, dass das Stück nur als Fragment und in unterschiedlichen Entwürfen überliefert ist, wurde hier verzichtet. Eine Edition der Handschriften ist darüber hinaus mit einer Vielzahl von editionsphilologisch komplizierten Fragestellungen konfrontiert, die hier nicht im Einzelnen erörtert werden können. Transkriptionsprobleme ergeben sich vor allem bei der Bewertung von Verschleifungen bzw. Apo- und Synkopierungen. In Büchners Drama lassen sich solche Abbreviationen als Mittel identifizieren, Hoch- und Umgangssprache zu differenzieren und Sprache zur sozialen Charakterisierung, nicht aber als regionales Dialektspezifikum, einzusetzen. Der hier präsentierte Text folgt dem Emendierten Text in MBA 7.2 (2005),

S. 1–32, wurde aber an einigen Stellen neu gelesen und verbessert. Weitgehend normiert wurden darüber hinaus die Zeichensetzung im Szenenkopf, die Sprecherbezeichnungen und die auf eine Sprecherbezeichnung folgenden Szenenanweisungen. Kleinschreibung nach Punkt sowie Szenenanweisungen innerhalb des Sprechtextes oder zwischen den Repliken blieben unverändert. Normierungen der Interpunktion in den gesprochenen Repliken wurden nicht eigens gekennzeichnet, Kommata am Ende einer Replik jedoch beibehalten. Alle übrigen Herausgebereingriffe sind durch eckige Klammern [ ] markiert. Nicht entzifferte Buchstaben wurden entsprechend der hypothetischen Anzahl durch + gekennzeichnet. Vermutliche Arbeitslücken Büchners wurden nicht markiert. Randzeichnungen und Kritzeleien blieben unberücksichtigt. Hervorhebungen im Sprechtext werden einheitlich durch Kursivierung angezeigt.

BRIEFE

Büchners Briefe zählen zu seinen meistzitierten und wichtigsten Texten. Sie stehen damit gleichberechtigt neben seinen literarischen Arbeiten. Ihre Überlieferungssituation ist jedoch äußerst lücken- und bruchstückhaft.

Unserem Druck liegen als Überlieferungen zugrunde:

1. Handschriftliche Briefe (H).
2. Druck in: *Nachgelassene Schriften von Georg Büchner.* [Hrsg. v. Ludwig Büchner.] Frankfurt a. M. 1850 (N).
3. Druck in: K.[arl] G.[utzkow]: „Ein Kind der neuen Zeit“. In: *Frankfurter Telegraph (Neue Folge).* Nr. 42 – Nr. 44, Juni 1837, S. 329–332, 337–340 u. 345–348 (G 1837).
4. Druck in: Karl Gutzkow: „Georg Büchner“. In: Ders.: *Götter, Helden, Don-Quixote. Abstimmungen zur Beurtheilung der literarischen Epoche.* Hamburg: Hoffmann u. Campe 1838, S. 19–50 (G 1838).

Handschriftlich und damit vollständig haben sich lediglich 13 Briefe erhalten. Daneben sind 59 Briefausschnitte und -bruchstücke im Druck überliefert, im Umfang zum Teil nicht länger als ein einziger Satz. Diese Brieffragmente waren zum Teil in biographisch erzählende Texte von Karl Gutzkow und Ludwig Büchner integriert. Ihre Auswahl folgte dabei den jeweiligen Darstellungsinteressen der Herausgeber. In den *Nachgelassenen Schriften* (N) von 1850 hatte Georg Büchners Bruder Ludwig ausgewählte Auszüge aus den ihm vorliegenden, inzwischen verlorenen Briefen publiziert (erkennbar nicht zuletzt an den fehlenden Briefköpfen bzw. Anreden und Grußformeln sowie an den Auslassungspunkten am Anfang und Ende, mitunter auch innerhalb der Briefe). Im Unterschied zur relativen thematischen Offenheit der in der biographischen Einleitung seiner Werkausgabe (N 1–50) mitgeteilten Briefauszüge des Bruders ist das Spektrum der unter der Rubrik *Briefe* dort versammelten Schreiben an die Eltern wie auch weitgehend der Ausschnitte aus den Briefen an Gutzkow und Wilhelm Büchner deutlich eingeschränkt. Ludwig Büchner teilte hier „beinahe nur das" mit, „was zur Kenntniß der politischen Bewegungen jener Zeit und des Antheils, den Büchner daran hatte, wichtig erschien" (N 50). Dagegen wählte Ludwig Büchner aus den ihm vorliegenden Abschriften von Briefen an Wilhelmine Jaeglé Stellen aus, ohne deren Kenntnis man seines Erachtens Büchners Verhalten in Gießen und vor allem die Tatsache, dass er sich gegen seine früheren Absichten und Einsichten doch in die „Gießener Winkelpolitik und revolutionären Kinderstreiche" (Juni 33) eingelassen hatte, nicht verstehen konnte. Die überwiegend politisch fokussierte Auswahl erklärt, warum wir über private Umstände (Krankheiten, Alltagsvergnügungen, Freundschaften) in der Briefsammlung kaum und über dichterische und akademisch-berufliche Pläne und Tätigkeiten nur eingeschränkt informiert werden.

Auch Gutzkow zitierte in seinem Nachruf „Ein Kind der neuen Zeit" im *Frankfurter Telegraph (Neue Folge)* (1837) und in der Buchfassung dieses Beitrags in *Götter, Helden, Don-Quixote* (1838) die an ihn adressierten Briefe Büchners mit einem bestimmten Ziel. Er zeichnete von Büchner das Bild eines jungen Revolutionärs und literarischen Genies in der Nachfolge des Sturm und Drang, der im Exil zum philosophierenden Klassiker gereift sei. Er zitierte Büchners Briefe, um diese These an Beispielen zu belegen, und wählte die wiedergegebenen Briefstellen diesem Zweck entsprechend aus.

Das Textcorpus der Briefe repräsentiert daher nur ein sehr unvollständiges Bild der tatsächlichen Korrespondenz Büchners. Dies wird besonders deutlich, wo sich durch die Ermittlung der durchschnittlichen Schreibfrequenz das Verlorengegangene abschätzen lässt. So schrieb Büchner seinen Eltern regelmäßig in einem Abstand von ungefähr 12 Tagen. Für die Zeiträume seiner Abwesenheit von zu Hause ergäbe das ein zu erwartendes Textkonvolut von rund 100 Briefen. Tatsächlich sind lediglich Auszüge aus 43 Briefen an die Eltern und aus drei an den Bruder Wilhelm überliefert. Noch ungünstiger ist das Verhältnis beim Briefwechsel mit seiner Verlobten Wilhelmine Jaeglé. Hier wäre bei einer hypothetischen wöchentlichen Korrespondenz ebenfalls mit knapp 100 Briefen zu rechnen. Überliefert sind jedoch nur Auszüge aus acht Briefen, also ein verschwindend kleiner Anteil. Am besten belegt ist der Briefwechsel mit Karl Gutzkow. Hier sind sechs von mindestens 12 Briefen Büchners bekannt, und es haben sich 13 Gegenbriefe Gutzkows handschriftlich erhalten. Gutzkows Briefe sind ebenso wie 12 weitere überlieferte Briefe an Georg Büchner in Band 10 der MBA, *Briefwechsel*, abgedruckt, wurden aber in die vorliegende Ausgabe nicht aufgenommen.

Aus der Korrespondenz mit anderen Briefpartnern sind von Büchner nur einige wenige oder nur ein einziger Brief überliefert, so an den Cousin von Büchners Mutter, den Religionshistoriker Edouard Reuss, die Straßburger Freunde August und Adolph Stöber, den Medizinstudenten Eugène Boeckel oder die Flüchtlinge Wilhelm Braubach und Georg Geilfus. Zahlreiche wahrscheinliche Adressaten sind in den überlieferten Briefzeugnissen überhaupt nicht repräsentiert, darunter etwa Büchners übrige Geschwister, seine Großmutter, Verwandte in Holland, der Onkel Georg Reuß, die

Freunde Alexis Muston, Jean-Moÿse Lambossy, Wilhelm Baum, August Becker, Gustav Clemm und etliche politische Flüchtlinge.

Aus der Überlieferungssituation ergeben sich für eine Edition vor allem Datierungsprobleme der jeweiligen Ausschnitte. Hier muss häufig aus dem Mitgeteilten erschlossen werden, von wann der Brief stammt. Nicht selten können nur ungefähre Zeiträume angegeben werden. Dies gilt auch für die undatierten handschriftlich überlieferten Briefe.

Zum Text

Die Handschriften der Briefe befinden sich in Archiven in Deutschland (Frankfurt a. M., Marburg, Darmstadt, Butzbach), der Schweiz (Basel, Zürich) und Frankreich (Straßburg). Sie wurden für den Band 10 der historisch-kritischen Marburger Ausgabe (2012), auf der unser Text fußt, neu transkribiert. Die Briefe von Büchner werden hier in leicht vereinfachter Form, aber ohne Veränderung der Orthographie wiedergegeben. Emendationen in der Interpunktion wurden nicht eigens kenntlich gemacht. Mit eckigen Klammern [ ] sind Korrekturen und Ergänzungen der Herausgeber (etwa bei Textverlusten durch Papierausriss etc.) vermerkt. Hervorhebungen werden einheitlich durch Kursivierung markiert. Die in Gutzkows „Ein Kind der neuen Zeit" von der Zensur im Zeitschriftendruck 1837 beanstandeten und veränderten bzw. gestrichenen Passagen restituierte Gutzkow im Zweitdruck seines Büchner-Porträts in seinem Buch *Götter, Helden, Don-Quixote* von 1838. Die Passagen, die wir aus diesem Druck übernehmen, werden durch eine abweichende Drucktype kenntlich gemacht.

Im Folgenden werden die handschriftlich überlieferten Briefe und die Druckvorlagen der hier wiedergegebenen Briefe nachgewiesen (Sigle und Seitenzahl in Klammern hinter dem Adressaten):

1831 Nach 4. Dezember 1831. An die Eltern (N 237 f.). – Dezember 1831. An die Eltern (N 238).

1832 Mitte April 1832. An die Eltern (N 238). – 20. August 1832. An Edouard Reuss (H). – 24. August 1832. An August (und Adolph) Stöber (H). – 3. November 1832. An Adolph Stöber (H). – Vor Mitte Dezember 1832. An die Eltern (N 239).

1833 Anfang Januar 1833. An die Eltern (N 239). – 5. April 1833. An die Eltern (N 240 f.). – Frühjahr 1833. An die Eltern (N 3). – Frühestens 28. Mai 1833. An die Eltern (N 241–243). – Juni 1833. An die Eltern (N 243 und, ab Klammer, N 3). – 8. Juli 1833. An die Eltern (N 243–245). – 31. August 1833. An Edouard Reuss (H). – 1. November 1833. An die Eltern (N 245). – 14. November 1833. An die Eltern (N 245 f.). – 9. Dezember 1833. An August Stöber (H).

1834 Nach Mitte Januar 1834. An Wilhelmine Jaeglé (N 282 f.). – Anfang (?) 1834. An die Eltern (N 4). – Etwa 16. Februar 1834. An Wilhelmine Jaeglé (N 283). – Nach Mitte Februar 1834. An die Eltern (N 246–248). – Etwa 8. März 1834.

An Wilhelmine Jaeglé (N 283–285). – Mitte März 1834. An Wilhelmine Jaeglé (N 286 f.). – Nach Mitte März 1834. An Wilhelmine Jaeglé (N 285). – 19. März 1834. An die Eltern (N 248). – Nach 27. März 1834. An die Eltern (N 8) – 25. Mai 1834. An die Eltern (N 248). – 2. Juli 1834. An die Eltern (N 249). – 3. August 1834. An die Eltern (N 249 f.). – 5. August 1834. An die Eltern (N 250 f.). – 8. August 1834. An die Eltern (N 251–253). – Etwa 23. August 1834. An die Eltern (N 253–255).

1835 21. Februar 1835. An Johann David Sauerländer (H). – 21. Februar 1835. An Karl Gutzkow (G 1837, 331 f.). – 9. März 1835. An die Eltern (N 255 f.). – Mitte März 1835. An Karl Gutzkow (G 1837, 338; Passagen in abweichender Drucktype nach: G 1838, 34 f.). – 27. März 1835. An die Eltern (N 256 f.). – 20. April 1835. An die Eltern (N 257). – 5. Mai 1835. An die Eltern (N 257–259). – 10. Juni 1835. An die Eltern (N 259–261). – Ende Juni / Anfang Juli 1835. An die Eltern (N 261–263) – 16. Juli 1835. An die Eltern (N 263 f.). – 28. Juli 1835. An die Eltern (N 264–267). – Nach 5. August 1835. An die Eltern (N 267–269). – 17. August 1835. An die Eltern (N 269 f.). – Anfang September 1835. An Karl Gutzkow (1. Teil: G 1837, 340; 2. Teil: G 1838, 36 f.). – September 1835. An Wilhelm Büchner (N 28, dort zwei Bruchstücke). – 20. September 1835. An die Eltern (N 270). – Oktober 1835. An die Eltern in Darmstadt (N 271). – 2. November 1835. An die Eltern (N 271 f.). – Ende November 1835. An Karl Gutzkow (G 1837, 346 f.).

1836 1. Januar 1836. An die Eltern (N 272–274). – 1. Januar 1836. An Ludwig Büchner (H). – Nach Mitte Januar 1836. An Karl Gutzkow (H). – 26. Januar 1836. An Wilhelm Braubach (H). – 15. März 1836. An die Eltern (N 274 f.). – 1. Juni 1836. An Eugène Boeckel (H). – Etwa 1. Juni 1836. An Karl Gutzkow (G 1837, 346; Passagen in abweichender Drucktype nach: G 1838, 41–45). – Anfang Juni 1836. An die Eltern (N 276 f.). – Etwa 25. Juli 1836. An Georg Geilfus (H). – Sommer (?) 1836. An die Eltern (N 33). – Mitte August 1836. An die Eltern (N 277 f.). – 2. September 1836. An Wilhelm Büchner (N 278 f.). – 22. September 1836. An Johann Jakob Hess (H). – 26. September 1836. An das Präsidium des Erziehungsrats des Kantons Zürich (H). – September 1836. An die Eltern (N 37). – 26. oder 25. Oktober 1836. An die Eltern (N 279). – 20. November 1836. An die Eltern (N 279 f.). – Mitte November 1836 bis Ende Januar 1837. An Wilhelm Büchner (N 38).

1837 13. Januar 1837. An Wilhelmine Jaeglé (N 40 f.). – 20. Januar 1837. An Wilhelmine Jaeglé (N 41 f.). – 27. Januar 1837. An Wilhelmine Jaeglé (N 42).

Zeittafel

1813 Carl *Georg* Büchner wird am 17. Oktober in Goddelau (Großherzogtum Hessen-Darmstadt) geboren. Die Eltern sind *Ernst* Karl Büchner (1786–1861), Amtschirurg von Dornberg und Hospitalchirurg in Hofheim und seine Frau Sybille *Caroline* Friedericke Louise Büchner, geborene Reuß (1791–1858). Als Geschwister folgen *Mathilde* Louise (1815–1888), *Wilhelm* Ludwig (1816–1892), Karl Ernst (1818–1818), Elisabeth *Luise* Emma (1821–1877), Friedrich Karl Christian *Ludwig* (1824–1899) und *Alexander* Karl Ludwig (1827–1904).

1816 Die Familie Büchner siedelt im Herbst in die nahe gelegene Residenzstadt Darmstadt über, wohin Ernst Büchner als Amts- und Stadtchirurg versetzt wurde; ab 1825 ist er dort als Großherzoglicher Medizinalrat tätig. Die Familie bezieht zunächst eine Dienstwohnung in der Hospitalstraße (spätere Grafenstraße); ab 1819 wohnt sie am Marktplatz, ab 1821/22 am heutigen Ludwigsplatz, ab 1825 in der Grafenstraße 39.

1821 Einschulung Georg Büchners in die neu eröffnete „Privat-Erziehungs- und Unterrichts-Anstalt für Knaben" von Carl Weitershausen in Darmstadt.

1825 Am 26. März wechselt Büchner an das sogenannte „Pädagog", das humanistische Großherzogliche Gymnasium in Darmstadt.

1828 Am 26. Mai Konfirmation Büchners in der Darmstädter Stadtkirche. – Gründung eines literarischen Primanerzirkels, dem neben Georg Büchner auch die Brüder Friedrich (1814–1884) und Georg (1814–1881) Zimmermann, Ludwig Wilhelm Luck (1813–1881) und Karl Neuner (1814–1882), möglicherweise auch Karl Minnigerode (1814–1894) angehören. – Büchner schreibt zu Weihnachten sein erstes Gelegenheitsgedicht.

1829 Weitere Gelegenheitsgedichte und der Schulaufsatz *Helden-Tod der vierhundert Pforzheimer* sowie *Ueber den Traum eines Arcadiers* entstehen.

1830 Bei einer öffentlichen Schulfeier hält Büchner am 29. September eine Rede zur Verteidigung des Cato von Utika. Im Sommer Rezension eines Mitschüleraufsatzes über den Selbstmord.

1831 Am 30. März erhält Büchner sein Schulabgangszeugnis durch Carl Dilthey. Zur Abschlussfeier des Wintersemesters hält er in lateinischer Sprache die Rede des *Menenius Agrippa an das römische Volk auf dem heiligen Berge.* – Am 30. Oktober zieht Büchner nach Straßburg um und wohnt zunächst bei Margarethe Reuss, dann bei der Familie des Pfarrers Johann Jacob Jaeglé (1763–1837) in der Rue St. Guillaume N° 66. Am 9. November immatrikuliert er sich an der Medizinischen Fakultät der Académie de Strasbourg. Dort besucht er Veranstaltungen in Chemie, Physik, Zoologie, Anatomie, Physiologie und Arzneimittellehre; außerdem bringt er sich privat Italienisch bei. Büchner befreundet sich mit den Medizinstudenten Eugène Boeckel, Jean-Moÿse Lambossy, Charles-Théophile Held und Adolphe Schwebel sowie mit den Theologen Wilhelm Baum, August und Adolph Stöber, Daniel Scherb und Eduard Lange. Am 17. November nimmt Büchner erstmals an einer Sitzung der Studentenverbindung *Eugenia* teil. Am 4. Dezember erlebt er den triumphalen Empfang der Generäle des gescheiterten polnischen Befreiungskampfes Girolamo Ramorino (1792–1849), Daniel Gottfried Langermann (1791–1861) und Franciszek Sznayde (1790–1850) in Straßburg.

1832 Heimliche Verlobung Büchners mit Louise Wilhelmine Jaeglé, der Tochter seines Hauswirts, die ihn während einer Erkrankung gepflegt hatte. – Am Hambacher Fest am 27. Mai in Neustadt an der Weinstraße nimmt Büchner nicht teil. – Am 10. Juni wird er zum „Dauergast" in der Studentenverbindung *Eugenia* ernannt und führt dort wiederholt politische Diskussionen. – Die Ferien verbringt er von August bis Oktober in Darmstadt und kehrt Ende Oktober nach Straßburg zurück. Büchner beginnt mit Präparationsarbeiten in der Anatomie.

1833 Am 3. April Frankfurter Wachensturm, ein Putschversuch republikanischer Bürger und Studenten am Sitz der Deutschen Bundesversammlung in Frankfurt am Main mit neun Toten und 24 Verletzten. Unter den maßgeblichen Initiatoren befindet sich der Butzbacher Schulrektor Friedrich Ludwig Weidig (1791–1837), in die Pläne eingeweiht oder aktiv an der Vorbereitung beteiligt sind neun Absolventen des Darmstädter „Pädagogs", darunter auch ehemalige Klassenkameraden von Büchner, der sich jedoch wegen der fehlenden Aussicht auf Erfolg von der Aktion distanziert. – Bei der Musterung der in Darmstadt gemeldeten Militärpflichtigen des Geburtsjahrgangs 1813 vom 13. bis 15. Mai wird Büchner, vermutlich aufgrund seiner Kurzsichtigkeit, für „untauglich" erklärt. – Ab dem 25. Juni unternimmt Büchner mit seinem Verwandten Edouard Reuss, dem späteren Ägyptologen Richard Lepsius und drei weiteren Studenten eine mehrtägige Wanderung durch die Vogesen. – Am 31. Juli verlässt er mit dem Ende der bewilligten Studienjahre im Ausland Straßburg und kehrt nach Darmstadt zurück, um ab dem 31. Oktober sein Studium an der großherzoglich hessischen Landesuniversität in Gießen fortzusetzen; er wohnt im Seltersweg bei dem Kaufmann Hoffmann. – Ab dem 20. September hält sich der Straßburger Theologiestudent Alexis Muston (1810–1888) in Darmstadt auf, und es kommt zu mehreren Begegnungen mit Büchner. Enge Freundschaft verbindet Büchner mit dem ehemaligen Theologiestudenten August Becker (1812–1871). – Am 11. November nimmt Büchner an einem Bankett zu Ehren der oppositionellen Abgeordneten des aufgelösten hessischen Landtages teil. – Anfang Dezember zieht er wegen einer Hirnhautentzündung zwischenzeitlich wieder zu seinen Eltern nach Darmstadt.

1834 Anfang Januar kehrt Büchner zum Studium nach Gießen zurück. Er logiert bei dem Rentamtmann Bott im Seltersweg 46. An der Gießener Universität besucht er bei Joseph Hillebrand Kollegs über *Logik* und über *Naturrecht und allgemeine Politik*. Außerdem hört er bei Friedrich Wernekinck *Vergleichende Anatomie* und belegt Sezierkurse. – Vermutlich von Januar bis März liest Büchner erstmals Louis Adolphe Thiers' *Histoire de la Revolution française*. – Über August Becker macht Büchner Anfang des Jahres die Bekanntschaft des Butzbacher Schulrektors Dr. Friedrich Ludwig Weidig, eines der wichtigsten oberhessischen Oppositionellen und seit Januar Herausgeber der illegalen politischen Flugschrift *Leuchter und Beleuchter für Hessen*. Mit ihm verabredet er, eine Flugschrift zur Agitation der Bauern und Handwerker zu verfassen. Von Büchner initiiert, formieren sich im März in Gießen und im April in Darmstadt nach dem Vorbild französischer Republikaner- und Arbeitervereine revolutionäre Geheimorganisationen. Ihre Ziele sind neben der Lektüre revolutionärer Schriften das Erstellen und Verbreiten von Flugschriften, Fluchthilfe und Befreiung von politischen Gefangenen sowie Waffenübungen. Mitglieder sind vor allem die aus der Untersuchungshaft entlassenen Verdächtigen im Zusammenhang mit dem Wachensturm. In Anlehnung an die *Société des droits de l´homme et du citoyen*, deren Sektionsmitglied Büchner in Straßburg vermutlich war, tragen sie zwischenzeitlich den Namen *Gesellschaft der Menschenrechte*. Mitte März holt Büchner bei Weidig in Butzbach den vierten Band der *Statistisch-topographisch-historischen Beschreibung des Großherzogthums Hessen* von Georg Wilhelm Justin Wagner ab, der ihm als Quelle für den unmittelbar darauf geschriebenen ersten Entwurf der – später von Weidig so betitelten – Flugschrift *Der Hessische Landbote* dient. – Ende März reist Büchner ohne Benachrichtigung der ihn erwartenden Eltern nach Straßburg. Von dort teilt er ihnen über Edouard Reuss seine Verlobung mit Wilhelmine Jaeglé mit. Mitte April kehrt er ins Darmstädter Elternhaus zurück und setzt ab dem 28. April sein Studium an der Gießener Universität fort. – Vermutlich Anfang Mai bringen August Becker und Gustav Clemm die Reinschrift des *Hessischen Landboten* zu

Weidig nach Butzbach. Am 3. Juli findet auf Einladung Weidigs im Ausflugslokal auf der Badenburg bei Gießen eine Versammlung hessen-darmstädtischer und kurhessischer Demokraten zur Gründung eines konspirativen „Preßvereins" statt, an der auch Büchner teilnimmt und bei der u. a. Druck und Verteilung des *Hessischen Landboten* beschlossen werden. Am 5. Juli bringt Büchner das von Weidig überarbeitete Manuskript des *Hessischen Landboten* zum Druck nach Offenbach. Am 1. August wird der Jurastudent Karl Minnigerode aufgrund eines Verrats mit 139 Exemplaren des *Hessischen Landboten* am Gießener Selzertor verhaftet und in Friedberg (ab 1835 in Darmstadt) inhaftiert. Büchner bricht daraufhin zu Fuß nach Butzbach und Offenbach auf, um die an der Flugschrift Beteiligten zu warnen und belastende Spuren zu verwischen, was ihm auch gelingt. Das Hofgericht in Darmstadt erlässt aufgrund einer Denunziation am 2. August Haftbefehl gegen Georg Büchner als mutmaßlichen Verfasser des *Hessischen Landboten.* Daraufhin lässt der Gießener Universitätsrichter Konrad Georgi am 4. August in Abwesenheit Büchners dessen Zimmer durchsuchen und Briefe beschlagnahmen, findet jedoch kein belastendes Material. Büchner wird nach seiner Rückkehr nach Gießen am 5. August bei Georgi vorstellig, um sich über die Zimmerdurchsuchung zu beschweren. Er wird bei dieser Gelegenheit verhört, jedoch nicht verhaftet. Im August und September wird die erste Auflage des *Hessischen Landboten* verteilt. Nach Vorlesungsende Mitte August hält sich Büchner bei seinen Eltern in Darmstadt auf; im September kommt seine Verlobte Wilhelmine Jaeglé zu Besuch. Ab Anfang Oktober entleiht er Bücher zur Französischen Revolution aus der Darmstädter Hofbibliothek zwecks Quellenstudien in Vorbereitung auf *Danton's Tod.* – Im November wird die zweite Auflage des *Hessischen Landboten* in Marburg gedruckt, deren Text ohne Beteiligung Büchners von Weidig und Leopold Eichelberg weiter verändert worden ist.

1835 Ab Mitte Januar beginnt Büchner mit der Reinschrift von *Danton's Tod* und kann am 21. Februar das Manuskript an den Frankfurter Verleger Johann David Sauerländer und dessen Redakteur Karl Gutzkow versenden, die das Drama zur Publikation annehmen. Am gleichen Tag beantragt Büchner, in Vorbereitung seiner Flucht nach Frankreich, beim Pfarrer in Goddelau die Ausstellung eines Geburtsscheines, der ihm jedoch versagt wird. – Vermutlich am 27. Februar wird er zur Zeugenvernehmung im Darmstädter Arresthaus vorgeladen; anstelle Georgs geht jedoch sein Bruder Wilhelm zu der Vorladung, um zu sehen, ob eine Verhaftung geplant ist. Am 6. März flieht Büchner über Weißenburg/Wissembourg nach Straßburg, wo er vermutlich zunächst wieder bei den Jaeglés einzieht. Im April folgt nach Geständnissen von Gustav Clemm eine Verhaftungswelle unter Oppositionellen im Großherzogtum Hessen, unter den Festgenommenen befindet sich auch Weidig. – Vom 26. März bis 7. April erscheint der von Gutzkow bearbeitete auszugsweise Vorabdruck von *Danton's Tod* in Sauerländers Zeitschrift

Phönix. Für Sauerländer übersetzt Georg Büchner in den folgenden Wochen (etwa bis Juni) für ein Honorar von 100 Gulden die Dramen *Lucrèce Borgia* und *Marie Tudor* (beide 1833) von Victor Hugo. Zusätzlich bietet ihm Gutzkow an, für den *Phönix* Literaturkritiken über französische Neuerscheinungen zu verfassen. Im Mai äußert Büchner gegenüber Gutzkow offenbar erste Pläne zu einer „Novelle Lenz". – Am 18. Juni wird erstmals in der *Großherzoglichen Hessischen Zeitung* und in der *Beilage zum Frankfurter Journal* ein Steckbrief Georg Büchners abgedruckt. – Am 11. Juli erscheint die Buchausgabe von *Danton's Tod* in der von Gutzkow bearbeiteten Fassung, Anfang Oktober der Band mit den Hugo-Übersetzungen. – Vermutlich im Sommer und Herbst beginnt Büchner mit Exzerpten zur griechischen Philosophie und zu Spinoza, die ihm als Vorbereitung zu Lehrveranstaltungen an der Universität Zürich dienen sollen. Gleichzeitig unternimmt er intensive Vorarbeiten (insbesondere Fischpräparationen) für seine Dissertation in vergleichender Anatomie, *Mémoire sur le système nerveux du barbeau (Cyprinus barbus L.)*, die er ebenfalls in Zürich einreichen will. – Im Oktober erhält Büchner eine sogenannte „Sicherheitskarte", die ihm den Aufenthalt in Straßburg gestattet und eine Ausweisung ins Landesinnere verhindert. Anfang Dezember erfolgt seine reguläre Anmeldung bei den Straßburger Polizeibehörden. Er wohnt in der Rue de la Douane N° 18. – Am 26. Oktober kündigen Gutzkow und Wienbarg ihre neue Zeitschrift *Deutsche Revue* in der *Augsburger Allgemeinen Zeitung* an und nennen darin auch Büchner als zukünftigen Mitarbeiter. Büchner hatte vermutlich seine Lenz-Erzählung für dieses Blatt vorgesehen. Sein Erscheinen wird jedoch durch das am 14. November erfolgte Verbot aller jungdeutschen Schriften in Preußen verhindert. Am 30. November wird Karl Gutzkow in Mannheim verhaftet und wegen „Angriffes auf die christliche Religion" in seinem kurz zuvor erschienenen Roman *Wally, die Zweiflerin* zu einer Gefängnisstrafe (bis 10. Februar 1836) verurteilt. Am 10. Dezember folgt der Verbotsbeschluss des Deutschen Bundestages „gegen die Verfasser, Verleger, Drucker und Verbreiter der Schriften aus der unter der Bezeichnung ‚das junge Deutschland' oder ‚die junge Literatur' bekannten literarischen Schule".

1836 In den ersten Monaten arbeitet Büchner intensiv an seinem Dissertationsprojekt. Am 13. und 20. April sowie am 4. Mai trägt er seine Untersuchungen in drei Sitzungen der *Société d'histoire naturelle de Strasbourg* vor. Die Arbeit wird daraufhin in die Schriftenreihe der Gesellschaft aufgenommen. Bis zum 31. Mai bereitet Büchner den *Mémoire* für den Druck vor und plant, noch bis zum Herbst in Straßburg zu bleiben. – Von Juni bis Mitte Oktober arbeitet er an dem Lustspiel *Leonce und Lena* und an Entwürfen zu *Woyzeck*, möglicherweise auch an einem Drama über den Renaissance-Schriftsteller Pietro Aretino, von dem jedoch nichts überliefert ist. Mit einer frühen Fassung von *Leonce und Lena* nimmt er an einem Lustspiel-Wettbewerb der Cotta'schen Buchhandlung teil, verpasst jedoch knapp den Einsendeschluss am 1. Juli und erhält sein Manuskript ungeöffnet zurück. Im Juni oder Juli entstehen auch das Cartesius-Skript und der zweite Teil des Spinoza-Skripts für die geplante philosophiegeschichtliche Lehrveranstaltung in Zürich. – Im Spätsommer besucht ihn seine Mutter mit der Schwester Mathilde in Straßburg. – Nach Einreichung der Dissertation wird Büchner von der Universität Zürich am 3. September 1836 die philosophische Doktorwürde verliehen. Um als Privatdozent an der Universität Zürich zugelassen und habilitiert zu werden, muss Büchner dort eine Probevorlesung halten. Am 18. Oktober verlässt Büchner Straßburg und reist in die Schweiz. Ab dem 24. Oktober wohnt er in Zürich bei dem Regierungsrat Johann Ulrich Zehnder in der Steingasse (heute Spiegelgasse) 12, gemeinsam mit dem befreundeten Ehepaar Wilhelm und Caroline Schulz. Dort bereitet er seine Probevorlesung über Schädelnerven vor, die er am 5. November hält und daraufhin vom Erziehungsrat noch am selben Tag als Privatdozent zugelassen wird. Am 15. November beginnt er mit drei Hörern seine Lehrveranstaltungen (*Zootomische Demonstrationen*) über vergleichende Anatomie. – Am 26. November werden ihm vorläufig sechs Monate Asyl im Kanton Zürich gewährt.

1837 Im Januar äußert Büchner gegenüber Wilhelmine Jaeglé, er werde „in längstens acht Tagen Leonce und Lena mit noch zwei anderen Dramen erscheinen lassen". Daneben plant er einen Umzug innerhalb Zürichs. – Am 2. Februar bricht Büchners tödliche Typhuserkrankung aus. Er wird von dem Arzt Johann Lukas Schönlein (1793–1864) und seinem Hauswirt Zehnder, der ebenfalls Arzt ist, behandelt. Am 17. Februar trifft Wilhelmine Jaeglé bei dem delirierenden Fieberkranken ein. Zwei Tage später stirbt Büchner und wird am 21. Februar in Zürich beerdigt. Am gleichen Tag stirbt Weidig in der Untersuchungshaft nach schweren Misshandlungen vermutlich durch Selbstmord. In Büchners Nachlass befinden sich die Entwurfshandschriften zu *Woyzeck*, das weitgehend abgeschlossene Lustspiel *Leonce und Lena* und Manuskripte zu *Lenz*; außerdem die umfangreichen Skripten zur Vorbereitung einer philosophischen Vorlesung. Seine Dissertation erscheint am 8. April.

Büchner inszenieren. Büchner illustrieren. Ein Werkstattbericht

Was Sie abends im Theater sehen, ist das Resultat einer langen gemeinschaftlichen Arbeit. Szenisch zu proben, bedeutet zu suchen, was man nicht kennt, und zu finden, was man nicht erwartet. Es bedeutet Konzentration und Verdichtung auf das Wesentliche sowie Zeit und Raum auch für das Scheitern. Denn eine für immer gültige Spielweise, eine zeitlose, finale Interpretation gibt es nicht: Wenn Sie nur Büchners Text wollen, müssen Sie ihn lesen.

Was Sie abends im Theater sehen, ist dagegen eine sehr persönliche Auseinandersetzung mit einem Text. Die Stücke verändern sich im Lauf der Generationen und sie werden von Darstellern und Regieteams bei jeder Aufführung neu geschaffen. Diese lebendigen Momente in einem zeichnerischen Strich einzufangen, sie der Vergänglichkeit zu entreißen, das ist die Kunst der Illustration von Benjamin Kniebe. Seine zeichnerische Begabung wird von großem Kenntnisreichtum und geduldigem Zuhören begleitet. Während eine Szene im Kopf entsteht und man sie vorsichtig und zögernd in Worte fasst, lässt sein Stift schon die ersten Umrisse erahnen. Das ist verblüffend, beinahe magisch, als blicke man sich selbst in den Kopf. Zwölf dieser Bilder sehen Sie in diesem Band. Es sind Szenen aus unserer Theaterarbeit; Inszenierungen der Dramen Georg Büchners am Staatstheater Darmstadt unweit seiner Geburtsstadt, ergänzt um Illustrationen zu Briefen, dem *Landboten* und zur Novelle *Lenz*, die in langen Gesprächen am Zeichentisch entstanden sind.

„Buden. Lichter. Volk", die Jahrmarktsszene aus *Woyzeck*, hat den Abend eröffnet. Der geheimnisvolle Zirkus, im Grunde ein Panoptikum, war zunächst hinter hohen Mauern verborgen. Die zweite Abbildung zeigt den Schluss: Vor den Augen der Öffentlichkeit hält Woyzeck die von ihm ermordete Marie im Arm. Es ist ein grotesk zärtlicher Moment, vielleicht sogar der Augenblick größter Nähe, und Woyzeck mag denken, Marie sei nur eingeschlafen und erwache bald in seinen Armen.

Die Macht der Öffentlichkeit, die Beobachtung durch Dritte und der Zwang, der auf den Einzelnen ausgeübt wird: Das sind Themen, die ich neben den offensichtlichen und vielfach kommentierten in allen Stücken Büchners nachhaltig beschrieben finde. Nicht ohne Grund bevölkern die Figuren in meinen Inszenierungen dieser Stücke auch die Szenen, die eigentlich privat oder gar intim sind: „Maries Kammer" ist kein Ort, an dem sich Doktor oder Hauptmann normalerweise aufhalten. Gerade deswegen ist die kommentarlose Anwesenheit dieser Charaktere beklemmend. Ich glaube sogar: Sie machen uns auf subtile Weise deutlich, dass wir als Zuschauer beinahe voyeuristisch zusehen.

Ein Zeitgenosse der Französischen Revolution, der Engländer Jeremy Bentham, hat das Panoptikum als das ideale Gefängnis beschrieben – die potentiell permanente Kontrolle des totalen Blicks. Der Philosoph Michel Foucault wiederum hat diese Architektur in unserer Gesellschaft wiedererkannt; nachzulesen in seinem Buch *Überwachen und Strafen* von 1975. Foucault ist seither umfassend kritisiert worden; die Machtstrukturen und Kontrollmechanismen, die sich aus den Entwicklungen der jüngeren Vergangenheit insbesondere im Kommunikationsbereich ergeben, sind jedoch noch kaum absehbar.

Die erste Abbildung zu *Danton's Tod* zeigt Thomas Payne, Camille Desmoulins und Danton im Gefängnis: ein Vorgriff unserer Theaterfassung auf das, was in Büchners Stück erst im zweiten Teil geschehen wird. Im Hintergrund sehen wir bereits das Tribunal; wie schon bei *Woyzeck* finden die Szenen auch hier immer vor den Augen aller statt. Die zweite Illustration lässt das Tribunal erkennen; Danton, Robespierre und St. Just im Vordergrund. Die Menge auf den Rängen ist einem antiken Chor entlehnt: Die Kraft des gesprochenen Wortes wird durch die chorische Sprachbehandlung zu einer zerstörenden Waffe.

Leonce und Lena schließlich interpretiere ich im Dreiklang dieses dramatischen Werks als Satyrspiel, als Zynismus der Post-Postmoderne, als Abgesang. Es ist, ästhetisch gesehen, von allen Inszenierungen der am deutlichsten im Jetzt unserer Zeit verankerte Abend, mithin ein Spiegel unserer selbstreferentiellen Gegenwart. Die Handlung dieser sich als Komödie tarnenden Bösartigkeit ist bekanntlich denkbar dünn. Büchners Blick auf die vergnügungssatte Gesellschaft ist jedoch unschwer auf die Gegenwart zu übertragen. Das Geschehen verorten wir zunächst in einer Lounge, einem Ort des modernen *chill-out*, dem sich Leonce hingibt.

Das Bild einer Telefonzelle entwickelt einen eigenen Kommentar auf die Kommunikationsgesellschaft: Wer hier in Kontakt treten will, tut es eingeschlossen wie in einem gläsernen Sarg; die Prinzessin und der Prinz sind Figuren aus einem Märchen. In diesem Kosmos kommt Rosetta nur noch als auto-erotische Phantasie des Prinzen vor, die zu allem Schrecken nicht nur durch Valerio beobachtet, sondern als überlebensgroße Projektion an die zusehende Welt gesendet wird. Wichtiger Nebeneffekt dieses durchaus großen Eingriffs in die Partitur des Stückes: die Gleichzeitigkeit der Perspektiven. Wir erleben Rosetta als *persona* (im antiken Griechenland das Wort für

Maske), wissen zugleich um das Spiel durch Leonce, sehen sein von uns abgewendetes Gesicht durch eine Kamera gespiegelt überlebensgroß projiziert und darüberhinaus sogar noch eine Wertung der Szenerie durch den beobachtenden Valerio… das ist die Stärke des Theaters: der weite, stets totale Blick auf das Geschehen.

Es ist dies auch die dritte Variante des weiter oben beschriebenen Panoptikums, und der Schritt zur Totalität der sozialen Überwachung durch Smartphones und Social Networks ist ebenso kurz wie zu dem durch diese Technik nachhaltig erhöhten Potential zur Revolution.

Was Sie abends im Theater sehen, ist im Fall einer gelungenen Klassikerinszenierung ein Moment der verdichteten Wirklichkeit, eine Brücke aus der Vergangenheit, möglichst nah an der Gegenwart und angeschlossen an eine mögliche Zukunft. So sehen Sie hier einen ungewöhnlichen Versuch der Abbildung dessen, was sonst nur in der Erinnerung lebendig bliebe. Das Ergebnis ringt dem flüchtigen und vergänglichen Medium Theater einige Momente ab, die zu erhalten mir ein großes Anliegen ist. Aber sehen Sie selbst.

Malte Kreutzfeldt, Regisseur,
im Sommer 2012

Zum Illustrator

Benjamin Kniebe, geboren 1973 in Stuttgart, begann schon als Kind zu zeichnen. Deshalb führte das Studium an der Filmhochschule Ludwigsburg zwar unbeabsichtigt, aber doch unweigerlich zum Beruf des Storyboard-Zeichners. Mit wachsenden malerischen Fähigkeiten kamen bald weitere illustrative Arbeiten für Filmproduktionen hinzu.

Benjamin Kniebe lebt heute mit seiner Familie in Berlin. Mit dieser Ausgabe gibt er seinen Einstand als Buchillustrator. Für die zwölf großformatigen Zeichnungen, die in engem Austausch mit dem Regisseur Malte Kreutzfeldt entstanden, verwendete er schwarzen Buntstift und Tusche auf Aquarellpapier.

Übersicht über die Illustrationen